Walkin Klein 2003

Jan Fennell

Mit Hunden sprechen

Jan Fennell

Mit Hunden sprechen

Aus dem Englischen
von Henriette Zeltner

ULLSTEIN

Die Originalausgabe erschien 2000 unter dem Titel
The Dog Listener. Learning the Language of Your Best Friend
bei HarperCollinsPublishers, London.

5. Auflage 2003

Ullstein Verlag
Ullstein ist ein Verlag des Verlagshauses
Ullstein Heyne List GmbH & Co. KG
www.ullstein-verlag.de

ISBN 3-550-07156-6

© der deutschen Ausgabe 2001 by
Ullstein Heyne List GmbH & Co. KG, München
© Jan Fennell 2000
Alle Rechte vorbehalten
Printed in Germany
Gesetzt aus der 12/14 Punkt Van Dijck MT
Satz: Schaber Satz- und Datentechnik, Wels
Herstellung: Helga Schörnig
Druck und Bindung: Bercker Graphischer Betrieb, Kevelaer

Für meinen Sohn Tony

Hinweis

Es erscheint mir wichtig, an dieser Stelle darauf hinzuweisen, dass meine Methode bei keinem Hund die Neigung zur Aggressivität beseitigen kann. Bestimmte Rassen hat man speziell zu Kampfhunden gezüchtet und mit meinen Empfehlungen wird man ihr potenziell wildes Naturell niemals ändern können. Was meine Methode jedoch zu leisten vermag, ist, Menschen in die Lage zu versetzen, mit ihrem Tier so umzugehen, dass sein aggressiver Instinkt niemals geweckt wird. Bitte lassen Sie größte Vorsicht walten, wenn Sie mit solchen Hunden arbeiten.

Inhalt

Vorwort von Monty Roberts 11
Einführung 13

1 Die verlorene Sprache 21
2 Ein Leben mit Hunden 29
3 Zuhören und lernen 41
4 Die Führung übernehmen 51
5 Der erste Test 65
6 Amichien Bonding:
   Die Führung im Rudel etablieren 73
7 Jedem sein eigenes Leben:
   Mit Trennungsängsten fertig werden 101
8 Böse und launisch:
   Vom Umgang mit nervöser Aggression 111
9 Frieden schaffen: Bissige Hunde 117
10 Die Bodyguards: Überbeschützende Hunde 131
11 Das Auf-und-ab-Spiel:
   Hunde, die hochspringen 141

12 Gedächtnislücken:
Hunde, die ohne Leine weglaufen 147
13 Hund gegen Hund: Konfrontationen
zwischen Artgenossen entschärfen 155
14 Das Unerwartete erwarten:
Angst vor Geräuschen 167
15 Junge Hunde, alte Tricks:
Welpen ihr Zuhause zeigen 177
16 Kleine Kobolde:
Vom Umgang mit Problem-Welpen 185
17 Das Territorium markieren:
Wenn Hunde ins Haus machen 193
18 Stellenangebot: Probleme mit der
Rangordnung ein einem erweiterten Rudel 201
19 Der Biss in die fütternde Hand: Schwierige Esser .. 207
20 Habe Hund, kann nicht verreisen:
Chaos im Auto 215
21 Pfotenkauen und den eigenen Schwanz jagen:
Wie man nervliche Wracks rettet 221

22 Der Jo-Jo-Effekt: Die Probleme
   von Hunden aus dem Tierheim lösen 227
23 Spielzeug statt Beute: Die Macht des Spiels 233
24 »Wie haben Sie das bloß geschafft, Lady?« 239

Dank 251

Bildnachweis 255

Vorwort

von Monty Roberts

Hunde haben in meinem Leben immer eine wichtige Rolle gespielt. Meine Frau Pat und unsere Familie haben im Laufe der Jahre einige Hunde gehabt, die liebevolle Gefährten und wichtige Familienmitglieder waren. Dennoch hat ein anderes wunderbares Geschöpf meinen Werdegang bestimmt. Ich habe mein Leben lang an der von mir entdeckten Methode zur Kommunikation mit Pferden gearbeitet – und diese oft verteidigen müssen.

Die Begeisterung, die Hundebesitzer für meine Ideen aufbrachten, war immer unübersehbar. Wo auch immer in der Welt ich hinkomme, überall gibt es viermal so viele Hundebesitzer und -trainer wie Pferdeausbilder. Fast jeder von ihnen könnte meine Methode überzeugend und im positiven Sinne kommentieren.

Wenn ich noch mal von vorne anfangen dürfte, würde ich mich mit Begeisterung der Herausforderung stellen, meine Ideen zu adaptieren und auf die Welt der Hunde zu übertragen. Tatsächlich habe ich aber mehr als genug mit meiner eigenen Disziplin zu tun und damit, dieses Wissen weiterzugeben. Voller Freude bin ich in den letzten Jahren allerdings auf eine begabte Hundetrainerin aufmerksam geworden, die sich – inspiriert von meiner Methode – dieser Aufgabe widmet.

Als ich zum ersten Mal mit der Arbeit von Jan Fennell in Berührung kam, wurde mir ganz warm ums Herz. Ich hatte das Glück, Jan in England persönlich zu treffen, und was sie mir berichtete, erinnerte mich an meine eigenen frühen Erfahrungen. Wie ich empfindet auch Jan die Art, wie der Mensch ein Tier, das er als seinen Freund bezeichnet, manchmal misshandelt, als großes Unrecht. Leidenschaftlich vertritt auch sie die Überzeugung, dass Gewalt in unserer Beziehung zu Tieren nichts verloren hat, und träumt von einer Welt, in der alle Spezies in Frieden miteinander leben.

Und so wie bei mir hat es auch bei Jan eine Weile gedauert, bis sie den Mut gefasst hat, ihre Geschichte zu erzählen. Ich habe mir lange Zeit gelassen, bis ich mein erstes Buch, *Der mit den Pferden spricht*, schrieb. Jan war ebenso zögerlich, bevor sie ihre Ideen in druckreife Form brachte. Heute vertraut sie auf ihre Erfahrung und ist bereit, ihre bemerkenswerte Arbeit mit einem größeren Publikum zu teilen.

Bei diesem Unterfangen wünsche ich ihr und ihren Ideen das Beste. Ich bin sicher, dass Jan Fennell auch Gegner auf den Plan rufen wird. Denn wenn meine Erfahrung mich eines gelehrt hat, dann die grenzenlose Fähigkeit der menschlichen Natur zur Negativität. Dabei sollte sich jeder von uns der Tatsache bewusst sein, dass uns zum Ausgleich für jedes Körnchen Negativität unter den Menschen viel Positives im Umgang mit Tieren erwartet. Zudem kommen auf jeden Pessimisten Hunderte von Leuten, die sich nach einer besseren Methode für das Zusammenleben mit dem besten Freund des Menschen sehnen.

Ich bin stolz darauf, dass die Beharrlichkeit, mit der ich meine Ideen vertreten habe, dazu beigetragen hat, diese Welt zu einem besseren Ort für Pferde – und hoffentlich auch für Menschen – zu machen. Ich hoffe, dass dieses Buch das Gleiche für eine andere, ganz besondere Kreatur erreicht, für den Hund.

Monty Roberts, Kalifornien, im März 2000

Einführung

Ich bin der festen Überzeugung, dass wir aus den Fehlern lernen, die wir im Laufe unseres Lebens machen. Und das muss ich auch sein, denn ich habe in meinen Beziehungen zu Menschen wie zu Hunden mehr als genug davon gemacht. Von all den Lektionen, die Letztere mich gelehrt haben, war keine so schmerzhaft wie jene im Winter des Jahres 1972. Es erscheint mir passend, mein Buch mit der Tragödie von Purdey zu beginnen. Wie Sie gleich sehen werden, ist ihre Geschichte untrennbar mit der meinen verbunden.

Zu jener Zeit war ich verheiratet und zog zwei kleine Kinder auf: meine Tochter Ellie, die im Februar desselben Jahres zur Welt gekommen war, und den damals zweieinhalb Jahre alten Tony. Wir lebten in London, hatten jedoch gerade beschlossen aufs Land zu ziehen, und zwar in ein kleines Dorf in Lincolnshire, im Herzen Englands. Wie so viele Menschen, die das Leben auf dem Lande fasziniert, freuten auch wir uns auf lange Spaziergänge und beschlossen einen Hund als Gefährten mitzunehmen. Wir wollten keinen Welpen kaufen, sondern lieber einen Hund retten. Uns gefiel die Vorstellung, einem Tier, das ein schweres Schicksal hinter sich hatte, ein neues Zuhause zu geben, und so begaben wir uns ins Tierheim. Dort sahen wir diese unheimlich süße, sechs Monate alte, schwarzweiße Mischung aus einem Border Collie und einem Whippet [englischer Rennhund, Anm. d. Ü.]. Wir nahmen sie mit nach Hause und nannten sie Purdey.

Purdey war nicht der erste Hund in meinem Leben. Das war Shane gewesen, ein prachtvoller, dreifarbiger Border Collie, den mir mein Vater geschenkt hatte, als ich dreizehn Jahre alt war und wir im Westen Londons, in Fulham, wohnten. Ich hatte Hunde schon immer geliebt und mir als kleines Mädchen sogar einen imaginären Hund namens Lady ausgedacht. Ich erinnere mich daran, dass meine Großmutter mir den Gefallen tat, sich mit mir und meiner nicht existierenden Freundin zu unterhalten. Ich glaube, dass ich Hunde damals schon so sah wie heute – als Wesen, die unerschütterlich lieben können und absolut loyal sind. Eigenschaften, die man bei Menschen nur ganz selten findet. Shanes Einzug in unsere Familie hatte diese Gefühle bei mir nur noch verstärkt.

Ich bildete Shane zusammen mit meinem Vater aus, und zwar nach der Methode, die Dad schon als Junge bei seinen Hunden angewandt hatte. Dad war ein sanftmütiger Mann, aber er war auch entschlossen, den Hund dazu zu bringen, zu tun, was er sagte. Wenn Shane etwas falsch machte, bekam er einen Klaps auf die Schnauze oder das Hinterteil. Weil ich selbst auch manchmal was hinten drauf bekam, fand ich das in Ordnung. Außerdem war Shane ein äußerst kluges Geschöpf und schien zu verstehen, was wir von ihm wollten. Ich kann mich bis heute daran erinnern, wie stolz ich war, mit ihm im Bus Nummer 74 nach Putney Heath und Wimbledon Common zu fahren. Shane saß die ganze Zeit über ohne Leine neben mir und benahm sich tadellos. Er war einfach ein toller Hund.

Wenn etwas funktioniert, hat man sich schnell daran gewöhnt. Man repariert nichts, was nicht kaputt ist, lautet ein beliebtes englisches Sprichwort. Als wir Purdey bekamen, beschloss ich deshalb die gleiche Methode wie bei Shane anzuwenden und ihr den Unterschied zwischen richtig und falsch mit einer Mischung aus Liebe, Zuneigung und – falls nötig – Gewalt beizubringen.

Zunächst schien dieses Verfahren auch bei Purdey zu funktionieren. Sie benahm sich gut und schien sich leicht in unsere Familie in London einzufügen. Die Schwierigkeiten begannen, als wir schließlich im September jenes Jahres nach Lincolnshire zogen. Unser neues Zuhause hätte kein schärferer Kontrast zum lärmenden, dicht bevölkerten London sein können. Es gab keine Straßenbeleuchtung, die Busse verkehrten nur zweimal wöchentlich, und um zum nächsten Laden zu kommen, bedurfte es einer Vier-Meilen-Wanderung. Ich erinnere mich, wie man mit mir, als ich noch ein Kleinkind war, zum ersten Mal ans Meer fuhr. Ich warf einen Blick darauf und rannte dann wieder den Hügel hinauf, nur fort davon. Als Dreijährige beschrieb ich meinen Eindruck mit den Worten »zu groß genug«, und wenn sie hätte sprechen können, wäre das sicher auch Purdeys Kommentar zu ihrem neuen Zuhause gewesen. Alles schien »zu groß genug« zu sein.

Bald nach unserer Ankunft begann Purdey mit einem Verhalten, dass mir damals zwar seltsam, aber in keinster Weise Besorgnis erregend erschien. Sie rannte weg ins Gelände, blieb für Stunden verschwunden und kam dann zurück, nachdem sie irgendwo offenbar viel Spaß gehabt hatte. Sie war auch hyperaktiv und schien von der kleinsten Sache oder dem geringsten Geräusch irritiert. Sie folgte mir auf Schritt und Tritt, was ein wenig lästig ist, wenn man zwei kleine Kinder zu versorgen hat. Ich war nicht glücklich über ihr Streunen. Jeder Hundebesitzer ist schließlich dafür verantwortlich, dass sein Tier keinen Schaden verursacht und niemanden belästigt. Aber schließlich hatte ich mich für diesen Hund entschieden und war entschlossen, das durchzustehen. Ich schuldete ihr den Versuch, ihr zu helfen, zur Ruhe zu kommen. Und genau darauf hoffte ich, als die Ereignisse eine eigene Dynamik entwickelten.

Die erste Ahnung davon, dass etwas nicht in Ordnung sei, bekam ich, als ein einheimischer Bauer zu uns kam. Er sagte mir ganz unverblümt, dass er diesen Hund erschießen würde, wenn es uns nicht gelänge, besser auf ihn aufzupassen. Ich war natürlich am Boden zerstört, konnte ihn jedoch auch verstehen, denn er besaß Vieh. Purdey rannte offenbar zwischen den Tieren herum und versetzte sie in Angst und Schrecken. Also steckten wir sie in unseren riesigen, knapp zwei Quadratkilometer großen Garten, legten sie an eine Leine, die wir wiederum an der Wäscheleine befestigten, sodass sie nicht weit weglaufen konnte. Sie riss aber dennoch aus, sooft sie konnte.

Die Situation wurde an einem kalten Wintermorgen kurz vor Weihnachten noch schlimmer. Ich war gerade mit den Kindern heruntergekommen und absolvierte unser übliches Programm am Beginn eines Tages. Purdey sprang, wie sie es jeden Morgen als Erstes tat, wie verrückt herum. Ich erinnere mich, dass Ellie auf dem Boden herumkrabbelte, während Tony den kleinen Helfer spielte und Wäsche sortierte, die im Wohnzimmer lag. Ich war gerade auf dem Weg in die Küche, um die Fläschchen für die Kinder zu holen, als ich einen lauten Krach hörte. Ich werde nie vergessen, was ich sah, als ich mich umdrehte. Der Hund hatte Tony angesprungen und ihn gegen eine Scheibe der gläsernen Schiebetür geworfen. Überall waren Scherben. Von da an schien alles in Zeitlupe zu passieren. Ich erinnere mich, dass Tony mich mit diesem erstaunten, irgendwie eingefrorenen Ausdruck ansah, während Blut über sein kleines Gesicht strömte. Ich weiß noch, dass ich zu ihm rannte, ihn hochnahm und mir ein sauberes Frotteetuch vom Wäschestapel griff. Aus der Zeit als freiwillige Helferin in der St. John's Ambulanz wusste ich, dass ich zuerst nach Glassplittern schauen musste. Glücklicherweise waren da keine, und ich presste das Handtuch so fest wie möglich auf sein Gesicht, um die Blutung zu stillen. Dann schloss ich ihn fest in die Arme und suchte nach Ellie, die wundersamerweise ganz still in diesem Meer aus zerbrochenem Glas saß. Ich klemmte sie unter meinen freien Arm, lag auf den Knien und rief um Hilfe. Die ganze Zeit über raste Purdey wie eine Wahnsinnige durch die Gegend, bellte und sprang in die Luft, als ob sie sich ein fantastisches Spiel ausgedacht hätte.

Das war der Albtraum aller Eltern. Als endlich Hilfe eintraf, waren die Freunde und Verwandten sich einig. Tonys Verletzungen waren schrecklich und würden lebenslang Narben hinterlassen. »Dieser Hund ist böse, ein missratenes Tier«, sagten sie. Ich fühlte mich jedoch nach wie vor für Purdey verantwortlich und wollte ihr noch eine Chance geben. Sie brachte sich von Zeit zu Zeit immer mal wieder in Schwierigkeiten, aber wenigstens ein paar Monate lang war es relativ ruhig.

Doch an einem sonnigen Wintermorgen im Februar, kurz vor Ellies erstem Geburtstag, befand ich mich in einer anderen Ecke des Hauses, während Ellie unter den Augen meiner Mutter auf dem Fußboden spielte. In dem Moment, als ich meine Mutter schreien hörte, wusste ich schon, dass etwas passiert war. Als ich ins Wohnzimmer kam, rief meine Mutter: »Der Hund hat sie gebissen. Ellie hat nichts getan und der Hund hat sie gebissen. Er ist durchgedreht.« Ich wollte das nicht glauben. Aber als ich dieses hässliche kleine Loch über Ellies Auge sah, blieb mir gar nichts anderes übrig. In meinem Kopf drehte sich alles. Warum war das geschehen? Was hatte Ellie getan? Wo hatte meine Hundeerziehung versagt? Aber ich wusste auch, dass jetzt keine Zeit mehr für Fragen blieb.

Sobald mein Vater die Neuigkeit erfahren hatte, kam er mich besuchen. Als kleines Mädchen hatte ich ihn von einem seiner Lieblingshunde, einem Altenglischen Schäferhund-Mischling namens Gyp, erzählen hören und davon, wie dieser Hund durchgedreht war. Meine Großmutter hatte versucht ihn vom Sofa zu vertreiben, und er hatte nach ihr geschnappt. In den Augen meines Großvaters war ein Hund verloren, wenn er sich gegen die Hand wendete, die ihn fütterte, also wurde Gyp beseitigt. Mein Vater musste mir das nicht explizit sagen. »Du weißt, was du zu tun hast, mein Mädchen. Wenn sie einmal so weit gegangen sind, gibt es kein Zurück mehr«, sagte er traurig. »Verlier keine Zeit, tu es einfach.« Als mein Mann an jenem Abend nach Hause kam, fragte er: »Wo ist der Hund?« – »Sie ist tot«, antwortete ich. Ich hatte sie am selben Nachmittag zum Tierarzt gebracht und einschläfern lassen.

Lange Zeit glaubte ein Teil von mir, mit Purdey das Richtige getan zu haben. Doch zugleich hatte ich immer das Gefühl, ihr gegenüber versagt zu haben. Als wäre es mein Fehler gewesen, nicht ihrer. Noch als ich sie einschläfern ließ, kam es mir vor, als hätte ich sie im Stich gelassen. Ich habe fast zwanzig Jahre gebraucht, um mir meinen Verdacht zu bestätigen. Heute weiß ich, dass Purdeys Verhalten allein von meiner Unfähigkeit, diesen Hund zu verstehen, hervorgerufen wurde. Ich war nicht in der Lage gewesen, mit ihr zu kommunizieren, ihr zu zeigen, was ich tatsächlich von ihr erwartete. Kurz gesagt: Sie war ein Hund, ein Mitglied der Kaniden, nicht der menschlichen Rasse, trotzdem habe ich ihr gegenüber die menschliche Sprache benutzt.

In den letzten zehn Jahren habe ich gelernt, der Sprache der Hunde zu lauschen und sie zu verstehen. Weil dieses Verständnis ständig wuchs, war es mir dann möglich, mit Hunden zu kommunizieren, um ihnen – und ihren Besitzern – beim Lösen ihrer Probleme zu helfen. In vielen Fällen hat mein Eingreifen einen Hund vor dem Einschläfern wegen einer scheinbar nicht zu behebenden Verhaltensstörung gerettet. Die Freude, die ich jedes Mal verspürte, wenn ich auf diese Weise das Leben eines Hundes rettete, war ungeheuer. Aber ich würde lügen, wenn ich nicht zugeben könnte, dass sie auch jedes Mal mit dem Bedauern verbunden ist, diese Grundsätze nicht rechtzeitig gelernt zu haben, um Purdey zu retten.

Ziel dieses Buches ist es, das Wissen, das ich mir erworben habe, weiterzugeben. Ich möchte Ihnen erklären, wie ich zu der Methode gekommen bin, die ich heute anwende. Im Folgenden werde ich Ihnen zeigen, wie Sie diese Sprache selbst lernen können. Wie mit allen Sprachen muss man sich auch mit ihr ernsthaft auseinander setzen. Wer sie nicht mit Engagement, sondern nur halbherzig lernt, wird damit nichts anderes erreichen als Verwirrung zwischen sich und dem Hund, mit dem er doch kommunizieren will. Lernen Sie sie deshalb gewissenhaft, dann kann ich Ihnen versichern, dass Ihr Tier Sie mit Kooperationsbereitschaft, Loyalität und Liebe belohnen wird.

Kapitel 1

Die verlorene Sprache

»In seinem eigenen Haus ist der Hund ein Löwe.«
Persisches Sprichwort

Die Menschheit hat im Laufe ihrer Geschichte viele Geheimnisse, die sie einmal kannte, vergessen. Die wahre Natur unserer Beziehung zum Hund ist eines davon. Wie so viele Millionen Menschen auf der ganzen Welt hatte ich schon immer das Gefühl, dass es zwischen diesen beiden Spezies eine besondere Affinität gibt. Diese geht über bloße Bewunderung für die Sportlichkeit, die Klugheit und das Aussehen des Hundes hinaus. Es gibt da ein unzertrennliches Band, etwas Besonderes, das uns verbindet – und das wohl schon seit frühester Zeit.

Lange gründete dieses Gefühl bei mir auf kaum mehr als einem Instinkt, einer Art Glauben, wenn Sie so wollen. Heute jedoch ist die Beziehung des Menschen zum Hund ein sich ständig weiterentwickelndes, absolut fesselndes wissenschaftliches Thema. Die ernsthafte Beschäftigung mit dieser Frage hat nicht nur bewiesen, dass der Hund der beste Freund des Menschen ist, sondern auch sein ältester.

Gemäß den aktuellsten Forschungsberichte, die ich gelesen habe, begann die Verflechtung der Geschichten beider Spezies schon 100 000 v. Chr. Damals ging der moderne Mensch, der *Homo sapiens*, in Afrika und dem Nahen Osten aus seinen Neandertaler-Vorfahren hervor. Um diese Zeit herum begann auch der Wolf, *Canis lupus*, sich zum Hund, *Canis familiaris*, zu entwickeln. Es gibt kaum Zweifel daran, dass diese beiden Ereignisse miteinander verknüpft waren und dass diese Verbindung den frühesten Domestizierungsversuch des Menschen darstellt. Natürlich bezogen unsere Vorfahren auch andere Tierarten in ihre Gemeinschaft mit ein, vor allem natürlich Kühe, Schafe, Schweine und Ziegen. Der Hund jedoch war nicht nur der erste, sondern auch der bei weitem erfolgreichste Neuzugang zu unserer Großfamilie.

Es gibt zwingende Beweise für die Vermutung, dass unsere Vorväter ihre Hunde mehr als alles andere in ihrem Leben schätzten. Eine der bewegendsten Sendungen, die ich in den letzten Jahren gesehen habe, war eine Dokumentation über die Ausgrabungen bei Ein Mallah im Norden Israels. Dort, in dieser verdorrten und leblosen Gegend, fand man die 12 000 Jahre alten Knochen eines jungen Hundes, die unterhalb der linken Hand eines ebenso alten menschlichen Skeletts lagen. Die beiden waren zusammen bestattet worden. Eindeutig hatte der Mann sich gewünscht, sein Hund möge die letzte Ruhestätte mit ihm teilen. Ähnliche Funde aus den Jahren um 8500 v. Chr. hat man in Amerika, genauer gesagt in Koster, Illinois, gemacht.

Die Vermutung, dass es eine einzigartige Nähe zwischen Mensch und Hund gibt, wird auch durch die Arbeit von Soziologen über Gemeinschaften in Peru und Paraguay gestützt. Noch heute ist es dort üblich, dass verwaiste Welpen von einer Frau großgezogen werden. Sie säugt den Hund, bis er sich selbst versorgen kann. Niemand weiß, wie alt diese Tradition schon ist. Wir können bislang nur Vermutungen darüber anstellen, wie eng die Beziehung der Vorfahren dieser Menschen zu ihren Hunden gewesen sein muss.

Ich bin mir sicher, dass uns noch viele Entdeckungen und viele weit reichende Erkenntnisse erwarten. Doch selbst mit dem Wissen, das wir heute schon besitzen, sollte uns das Ausmaß der Empathie dieser beiden Spezies füreinander nicht wundern. Machen doch die ungeheuren Ähnlichkeiten der beiden Arten sie zu natürlichen Partnern.

Die zahlreichen Studien auf diesem Gebiet belegen, dass sowohl der Wolf wie auch der Mensch der Steinzeit von den gleichen Instinkten getrieben wurde und in vergleichbaren sozialen Strukturen lebte. Einfach ausgedrückt: beide waren Jäger und lebten in Verbänden oder Rudeln mit einer klaren Hierarchie. Eine der größten Ähnlichkeiten der beiden war ihr angeborener Egoismus. Die Reaktion eines Hundes – wie auch des Menschen – auf jegliche Situation ist: »Was schaut dabei für mich heraus?« In diesem Fall ist leicht zu erkennen, dass die sich entwickelnde Beziehung beiden Spezies immensen Nutzen brachte.

Nachdem sich der immer weniger misstrauische und zunehmend Vertrauen fassende Wolf in seiner neuen Umgebung an der Seite der Menschen eingelebt hatte, kam er in den Genuss höher entwickelter Jagdtechniken wie Fallenstellen oder das Abschießen von Pfeilen mit steinernen Spitzen. Bei Nacht konnte er sich am Feuer der Menschen wärmen und fressen, was diese weggeworfen hatten. Es verwundert kaum, dass die damit beginnende Domestizierung so schnell vonstatten ging. Indem er den Wolf in seinen häuslichen Alltag integrierte, profitierte der Mensch von dessen überlegenen Instinkten. Etwas früher in seiner Entwicklung hatte sein extrem großer Riecher dem Neandertaler einen ausgezeichneten Geruchssinn beschert; seine Nachfahren erkannten, dass sie durch die Beteiligung des frisch domestizierten Wolfes an der Jagd diese verlorene Fähigkeit erneut nutzen konnten. Der Hund wurde zum entscheidenden Bestandteil der Jagd, weil er die Beute aufscheuchen, isolieren und falls nötig auch töten konnte. Zusätzlich zu alldem genoss der Mensch natürlich seine Gesellschaft und den Schutz, den der Hund für das Lager bedeutete.

Die beiden Spezies verstanden einander instinktiv und vollkommen. Schon in ihren eigenen Rudeln war Menschen wie Hunden bewusst, dass ihre Existenz vom Überleben ihrer Gemeinschaft abhing. Jeder innerhalb der Gruppe hatte eine Aufgabe zu erfüllen und fügte sich. Es war nur natürlich, dass dieselben Regeln auch für das erweiterte Rudel galten. Während sich also die Menschen auf Aufgaben wie das Sammeln von Brennholz und Beeren, das Instandhalten der Behausungen und das Zubereiten der Nahrung konzentrierten, bestand die Hauptaufgabe der Hunde darin, mit den Jägern loszuziehen und ihnen als Nase, Augen und Ohren zu dienen. Eine ähnliche Rolle hatten sie auch innerhalb des Lagers, wo sie die erste Verteidigungslinie bildeten, indem sie die Menschen warnten, wenn Angreifer sich näherten, und diese abwehrten. Der Grad der Verständigung zwischen Mensch und Hund erreichte seinen Höhepunkt.

In den Jahrhunderten, die seither vergangen sind, ist das Band jedoch zerrissen. Es ist leicht zu sehen, wann die beiden Spezies getrennte Wege gingen. In den Jahrhunderten, seit der Mensch die dominierende Macht auf der Erde geworden ist, hat er den Hund – und viele andere Tiere – ausschließlich nach den Anforderungen seiner Gesellschaft geformt. Die Menschen begriffen schnell, dass sie die Fähigkeiten ihrer Hunde anpassen, verbessern und spezifizieren konnten, indem sie sie bewusst zu Zuchtzwecken zusammenführten. Schon im Jahre 7000 v. Chr. fielen beispielsweise im fruchtbaren Mesopotamien jemandem die eindrucksvollen jagdlichen Fähigkeiten des arabischen Wüstenwolfs auf, eines leichteren und schnelleren Verwandten der Wölfe des Nordens. Langsam entwickelte sich der Wolf zum Hund, der in der Lage war, in diesem extremen Klima seine Beute zu jagen und zu fangen, und – was noch viel wichtiger war – er hielt sich dabei an die Kommandos eines Menschen. Diese Hunderasse, die inzwischen Saluki, Persischer Greyhound oder Gazellenhund genannt wird, ist bis heute unverändert und mit gewisser Wahrscheinlichkeit das erste Beispiel eines reinrassigen Hundes. Im alten Ägypten züchtete man den Pharaohund für die Jagd, in Russland den Borzoi speziell für die Bärenjagd. In Polynesien und Mittelamerika entstanden sogar eigene Rassen zum Verzehr.

Dieser Prozess hat sich über die Jahre fortgesetzt und wurde gefördert durch die Bereitschaft des Hundes, sich von unserer Spezies prägen zu lassen. In England beispielsweise hat die Jagdkultur der ländlichen Aristokratie eine Reihe von Hunderassen hervorgebracht, die auf die Erfüllung bestimmter Aufgaben spezialisiert sind. Auf einem Landsitz des 19. Jahrhunderts gehörte in eine typische Meute ein Springerspaniel, der im wahrsten Sinne des Wortes das Wild aus der Deckung aufscheuchte (engl. to spring), ein Pointer oder Setter, um Wildgeflügel zu lokalisieren, und ein Retriever, um das tote oder verletzte Wild dem Abrichter zu apportieren.

Auch andere Rassen hielten an der historischen Bindung zwischen Mensch und Hund sogar noch enger fest. Das wird nirgendwo deutlicher als beim Einsatz der ersten Blindenhunde. Das geschah gegen Ende des Ersten Weltkriegs in einem großen Sanatorium in der Nähe von Potsdam. Dort bemerkte ein Arzt, der die Kriegsversehrten betreute, zufällig, dass sein Deutscher Schäferhund blinde Patienten aufhielt, sobald diese auf eine Treppe zugingen. Der Arzt erkannte, dass der Hund sie vor Gefahr bewahren wollte. Er begann Hunde speziell unter dem Aspekt zu trainieren, dass sie ihren natürlichen Hütetrieb benutzten, um blinden Menschen zu helfen. Der Blindenhund ist vielleicht das eindeutigste Vermächtnis zu jener frühesten Gemeinschaft zwischen Mensch und Hund. Hier stellt der Hund ein Sinnesorgan zur Verfügung, das der Mensch verloren hat. Leider ist dies ein seltenes Beispiel für Kooperation in der heutigen Welt.

In jüngerer Zeit hat sich unsere Beziehung weiter verändert – wie ich finde, oft zum Nachteil des Hundes. Unsere früheren Partner im Überlebenskampf sind zu Gefährten und Accessoires in einem geworden. Die Entwicklung der so genannten Schoßhunde illustriert das perfekt. Diese Rassen wurden vermutlich in den buddhistischen Tempeln des Himalaja gezüchtet. Dort sorgten die heiligen Männer dafür, dass die robusten tibetischen Spaniel kleiner und kleiner wurden. Dann benutzten sie die Hunde als eine Art Wärmflasche, d. h. sie ließen sie auf den Schoß springen und unter ihre Gewänder kriechen, um sich gegen die Kälte zu schützen.

Zur Zeit Karls II. war diese Idee bis nach England vorgedrungen, wo der englische Toy-Spaniel aus immer kleineren und kleineren Settern gezüchtet wurde. Schon bald wurden diese kleinen Jagdhunde von ihren reichen Besitzern verwöhnt und mit Spielzeughund-Rassen aus dem Osten gekreuzt. Die Zuchtgeschichte der Tiere ist bis heute am auffällig flachen Gesicht der King-Charles-Spaniels abzulesen. In meinen Augen war dies ein Wendepunkt in der Geschichte der Beziehung zwischen Mensch und Hund. Für den Hund hatte sich nichts geändert, aber für seinen früheren Partner war das Verhältnis ein völlig neues. Der Hund hatte abgesehen von Dekorationszwecken keine Funktion mehr. Das war ein Vorgeschmack dessen, was noch kommen sollte.

Heute sind Beispiele für die alte Beziehung, die Mensch und Tier erfreute, äußerst selten. Arbeitshunde, etwa Jagdhunde, Polizeihunde oder Hofhunde und natürlich die Blindenhunde kommen mir da in den Sinn. Aber sie sind die absolute Ausnahme. Im Allgemeinen leben wir heute in einer Kultur und Gesellschaft, in der an den Platz des Hundes kein Gedanke verschwendet wird. Die alte Allianz ist vergessen. Aus Vertrautheit ist Verachtung geworden und die instinktive Verständigung der beiden Spezies untereinander ging verloren.

Es fällt nicht schwer, zu erkennen, warum die Kommunikation zusammenbrach: Die kleinen Gemeinschaften, in denen unsere gemeinsame Geschichte begann, sind durch eine riesige homogene Gesellschaft, das globale Dorf, ersetzt worden. Unser Leben in Großstädten hat uns zu anonymen Existenzen gemacht; weder kennen noch erkennen wir die Menschen, unter denen wir leben. Und wenn man sagen kann, dass uns die Bedürfnisse unserer Mitmenschen gleichgültig geworden sind, so haben wir den Kontakt zu Hunden völlig verloren. Aber da wir gelernt haben, mit all den Anforderungen unserer Gesellschaft zurechtzukommen, sind wir einfach davon ausgegangen, dass die Hunde es uns gleichgetan haben. Die Wahrheit ist: Das haben sie nicht. Heute stehen die Vorstellung des Menschen von der Rolle des Hundes und die Vorstellung des Hundes von seinen Aufgaben und seinem Platz im Leben des Menschen in totalem Widerspruch zueinander. Wir erwarten von dieser einen Spezies, sich unseren Verhaltensnormen zu beugen, nach Regeln zu leben, die wir keinem anderen Tier, keinem Schaf, keiner Kuh auferlegen würden. Selbst Katzen dürfen ihre Krallen schärfen. Nur Hunden sagt man, sie dürften nicht tun, was sie möchten.

Es ist eine tragische Ironie, dass es unter den 1,5 Millionen Spezies auf diesem Planeten gerade der unsrigen, die doch mit der Intelligenz gesegnet ist, die Schönheit der anderen zu erkennen, nicht gelingt, Hunde so zu respektieren, wie sie sind. Als Folge davon ist das außergewöhnliche Verständnis, das einmal zwischen uns und unseren ehemals besten Freunden existiert hat, fast völlig verschwunden. Kein Wunder also, dass es heute mehr Probleme mit Hunden gibt denn je.

Natürlich führen viele Leute ein absolut glückliches Leben mit ihren Hunden. Die uralte Bindung lebt irgendwo tief in uns weiter. Kein anderes Tier weckt die gleiche Vielzahl von

Gefühlen oder ist Teil derartig liebevoller Beziehungen. Tatsache ist jedoch, dass die Leute, die heute in Harmonie mit ihren Hunden leben, eher durch einen glücklichen Zufall als durch Wissen so weit gekommen sind. Unser Bewusstsein für die instinktive, lautlose Sprache, die wir mit unseren Hunden teilen, ist verloren gegangen.

In den letzten zehn Jahren habe ich versucht diese Trennung zu überwinden, diese Verbindung zwischen Mensch und Hund wieder aufzubauen. Meine Suche nach den fehlenden Mitteln der Kommunikation erwies sich als lang und manchmal frustrierend. Letztendlich war es jedoch die lohnenswerteste und aufregendste Reise, die ich je unternommen habe.

Kapitel 2

Ein Leben mit Hunden

Heute kann ich mir das kaum mehr vorstellen, aber eine Zeit lang war es mir unmöglich, auch nur daran zu denken, wieder Freundschaft mit irgendeinem Hund zu schließen. In der schrecklichen Zeit nach Purdeys Tod war ich absolut desillusioniert. Irgendwann einmal sagte ich sogar jenen klassischen Satz: »In diesem Haus wird es nie wieder einen Hund geben.« Meine Zuneigung zu Hunden war jedoch so tief, dass die Realität bald ganz anders aussah. Ungefähr ein Jahr nach Purdeys Tod heilte ein kleiner Jagdhund die Wunden meines tragischen Verlustes.

Trotz unserer anfänglichen Rückschläge hatten meine Familie und ich uns auf dem Land ganz gut eingelebt. Und es war das Interesse meines Mannes an der Jagd, das wieder Hunde in unser Haus brachte. Eines Tages im Herbst 1973 kam er von einer anstrengenden Jagd zurück und beklagte sich darüber, keinen guten Hund zu haben. Er hatte ein verletztes Kaninchen gesehen, dass zum Sterben ins Unterholz geflüchtet war. »Mit einem Hund wäre mir das nicht passiert«, beschwerte er sich mit einem Blick, der keinen Zweifel daran ließ, was er dachte.

So kam an seinem Geburtstag im September des gleichen Jahres sein erster Jagdhund, ein Springerspanielweibchen, das wir Kelpie nannten, zu uns. Er liebte diese Hündin genauso wie ich. Und für mich war das gleichzeitig der Beginn meiner lebenslangen Liebe zu dieser wunderbaren Rasse.

Wir hatten, wie man sich vorstellen kann, große Angst davor, das Gleiche zu erleben wie mit Purdey, und kauften uns deshalb sofort eines der Standardwerke zur Ausbildung von Jagdhunden. Ich muss zugeben, dass unsere ersten Versuche, aus Kelpie einen anständigen Jagdhund zu machen, nicht gerade von umwerfendem Erfolg gekrönt waren. Wir wollten sie zum Apportieren abrichten, was für Springerspaniel ein unnatürliches Verhalten ist. Streng nach Lehrbuch begannen wir ihr Gegenstände zuzuwerfen, die sie holen und zu uns zurückbringen sollte. Das Buch betonte, wie wichtig es sei, mit einem sehr leichten Gegenstand zu beginnen. Der Gedanke dahinter war, dem Hund beizubringen, die zu apportierenden Objekte mit »weicher Schnauze« zu fassen.

Wir beschlossen es mit einem von Ellies alten Lätzchen zu versuchen, das wir zusammenknoteten. Eines Morgens nahmen wir Kelpie mit nach draußen, warfen das Lätzchen weit weg und warteten darauf, dass sie es zurückbrächte. Wir waren vollkommen aus dem Häuschen, als sie losrannte und sich das Lätzchen schnappte, aber unsere Begeisterung schlug rasch um, als sie damit an uns vorbei und schnurstracks ins Haus zurücklief. Ich erinnere mich, dass mein Mann mich mit ratloser Miene ansah und fragte: »Was sollen wir laut dem Buch jetzt tun?« Da brachen wir alle in Gelächter aus. Insgesamt haben wir bei Kelpie schrecklich viel falsch gemacht, aber auch riesig viel Spaß gehabt.

Wann immer ich mich zu sicher fühle, was meine Kontrolle über Hunde angeht, erinnere ich mich an jene Zeit zurück.

Kelpie war allerdings eher der Hund meines Mannes. Ich war so zufrieden mit ihr und der Art und Weise, wie sie sich in unser Leben einfügte, dass ich schon bald beschloss einen Hund für mich anzuschaffen. Nachdem ich mich hoffnungslos in Spaniel verliebt hatte, kaufte ich einen neun Wochen alten Welpen, eine Hündin aus einer Springerspanielzucht, deren Hunde an Ausstellungen teilnahmen. Nach dem Fantasiehund aus meiner Kindheit nannte ich sie Lady.

Ich hatte weniger Interesse an der Jagd als am Züchten und dem Besuch von Ausstellungen. Mit Lady begann ich diese faszinierende Welt kennen zu lernen. Mitte der Siebzigerjahre reiste ich mit ihr schon zu Ausstellungen im ganzen Land. Sie war ein hübscher Hund und eroberte überall die Herzen der Preisrichter. 1976 war Lady für Cruft's in London – die angesehenste Hundeschau überhaupt – qualifiziert. An dem Tag, als wir zu der berühmten Olympia-Arena fuhren, war ich unglaublich stolz.

Ich empfand die Welt der Hundeausstellungen als lohnenswert und überaus unterhaltsam. Abgesehen von allem anderen war es für mich eine tolle Kontaktbörse, eine Möglichkeit, Gleichgesinnte zu treffen. Zwei der besten Freunde, die ich dort gewann, waren Bert und Gwen Green, ein in Hundehalterkreisen bekanntes Ehepaar, deren Zuchtlinien sich unter den Liebhabern von Springerspaniels größter Beliebtheit erfreuen. Bert und Gwen wussten von meinem Wunsch, mich auch als Züchterin zu versuchen. Und deshalb bekam ich von ihnen Donna, Ladys drei Jahre alte Großmutter. Donna brachte alle Eigenschaften einer guten Stammmutter mit und half mir, meine eigene Linie zu beginnen. Bald zog ich ihren ersten Wurf auf und behielt einen der sieben Welpen, den ich Chrissy nannte, für mich.

Chrissy war ein Ausstellungshund, der sich zu einem sehr erfolgreichen Jagdhund entwickelte. Er gewann mit acht Monaten einen Welpenwettbewerb und qualifizierte sich ebenfalls für Cruft's. Unseren größten gemeinsamen Triumph erlebten wird im Oktober 1977, als ich mit ihm den »Show Spaniels Field Day« besuchte, eine prestigeträchtige Veranstaltung für Jagdhunde, die für Cruft's zugelassen waren. Hier wurden die Hunde nur nach ihren jagdlichen Fähigkeiten bewertet. Ich war völlig aus dem Häuschen, als Chrissy den Preis als »Best English Springer On The Day« gewann. Ich kann mich noch genau an den Augenblick erinnern, als mir der Preisrichter die Siegerrosette überreichte und sagte: »Willkommen in der Elite.« Danach hatte ich wirklich das Gefühl, in die Welt der Hunde aufgenommen zu sein.

Durch diesen Erfolg ermutigt, beschloss ich meine Zucht durch zwei gute Hündinnen zu verbessern, und machte mir, wie ich glaube, in der Szene einen respektablen Namen. Während dieser Zeit vergrößerte ich auch die Anzahl unserer Familienhunde. Tragischerweise war Donna 1979 mit nur acht Jahren an einem Tumor gestorben, aber danach kaufte ich meiner Tochter einen Cockerspaniel namens Susie und züchtete später mit deren Tochter Sandy.

Den größten Erfolg hatte ich jedoch mit Khan, einem der von mir gezüchteten Englischen Springerspaniel. Er gewann viele Wettbewerbe und wurde als »Best of Breed« ausgezeichnet. Dieser wunderbare Hund von schöner Statur fiel besonders durch sein freundliches, aber zugleich maskulines Gesicht auf – eine Eigenschaft, nach der die Preisrichter immer suchten. 1983 qualifizierte er sich für Cruft's, wie schon sechs meiner Hunde vor ihm. Zu meiner großen Freude gewann er in seiner Klasse.

Wie ich schon sagte, lernte ich wunderbare, warmherzige Menschen kennen, die mich sehr viel gelehrt haben. Keiner hat mir mehr beigebracht als Bert Green. Ich erinnere mich, dass er mir immer sagte: »Ich bezweifle, dass du der Hundezüchterei etwas Gutes tun kannst, aber tu ihr auch nichts Schlechtes.« Damit spielte er auf unsere Verantwortung an, den Prinzipien der Hundezüchterzunft treu zu bleiben.

Für mich persönlich brachte das Züchten neue Verantwortung mit sich, insbesondere weil die Mehrzahl der insgesamt wenigen Hunde, die ich aufzog, in sorgsam ausgewählte Familien kamen. Es war meine Aufgabe, dafür zu sorgen, dass diese Hunde einen Charakter entwickelten, der ihren Besitzern Freude machen würde. Deshalb verbrachte ich zwangsläufig viel Zeit damit, die Hunde auszubilden und das mit ihnen zu machen, was man gemeinhin Gehorsamstraining nennt.

Genau hier kam das Unbehagen, das ich hinsichtlich unserer Einstellung gegenüber Hunden schon länger empfand, wirklich klar zum Ausdruck. Die Erinnerung an Purdey hing wie eine dunkle Wolke stets in meinem Bewusstsein. Ich fragte mich immer wieder, was ich falsch gemacht oder ob ich sie irgendwie fehlerhaft ausgebildet hatte.

Mein wachsendes Unbehagen nahm weiter zu durch mein Misstrauen gegenüber den traditionellen Verstärkungsmaßnahmen im Hundetraining. Meine Methoden waren damals in keinerlei Hinsicht radikal oder revolutionär. Im Gegenteil arbeitete ich genauso konservativ wie die meisten anderen. Ich übte mit dem Hund das Sitzen und Bleiben, indem ich sein Hinterteil zu Boden drückte, sowie das Kommen und Bei-Fuß-Gehen durch einen Ruck am Würgehalsband. Und ich prägte ihm diese Dinge mit den althergebrachten Methoden ein.

Doch während ich immer mehr Zeit mit der Hundeerziehung verbrachte, wurde mir der nagende Zweifel an dem, was ich tat, immer bewusster. Das war wie eine Stimme in meinem Kopf, die ständig wiederholte: Du bringst den Hund dazu, etwas zu tun, was er eigentlich nicht will.

In Wahrheit hatte ich das Wort Gehorsam schon immer gehasst. Es hatte die gleiche Konnotation wie der Ausdruck »ein Tier brechen«, den man bei Pferden verwendet. Und es trifft die Situation genau, denn es besagt, dass man Zwang ausübt, den Willen des Tieres beugt. Mich erinnert das an das Wort »gehorchen« im Ehegelöbnis. Warum verwenden wir nicht Ausdrücke wie »zusammenarbeiten«, »an einem Strang ziehen«, »kooperieren«? »Gehorchen« ist mir einfach zu emotionsgeladen. Aber was konnte ich konkret tun? Es gab keine

Bücher über andere Erziehungsmethoden. Und wer war ich schon, dass ich die althergebrachten infrage stellte? Ich sah keine andere Möglichkeit, um einen Hund unter Kontrolle zu halten; man kann ihn schließlich nicht Amok laufen lassen. Genauso wie bei unseren Kindern sind wir dafür verantwortlich, sozial verträgliche Wesen aus ihnen zu machen. Ich sah keine wirkliche Alternative für mich.

Dennoch begann ich schon zu jener Zeit mit dem Versuch, das Training, so weit möglich, sanfter zu gestalten. Mit diesem Vorsatz im Hinterkopf führte ich ein paar geringfügige Veränderungen ein. Die erste war nichts weiter als die simple Änderung der Kommunikation. Wie schon erwähnt, benutzte ich die traditionellen Verstärker, unter anderem das so genannte Würge-Kettenhalsband. Daran fand ich schon den Namen irritierend. Korrekt verwendet sollte dieses Halsband einen Hund nämlich niemals würgen, sondern ihn nur bremsen. Ich versuchte also die Terminologie und gleichzeitig die menschliche Einstellung gegenüber dem Tier zu mildern.

In meinem Unterricht lehrte ich die Leute, mit der Kette ein leises, klirrendes Geräusch zu erzeugen, das der Hund als Ankündigung verstehen sollte, bevor er zog. Wenn er das Klirren hörte, reagierte er bereits, um das Würgen zu vermeiden. Für mich und meine Schüler handelte es sich also eher um Brems- als um Würgehalsbänder. Das war zwar nur eine geringfügige Veränderung, aber der Unterschied in der Akzentuierung war fundamental.

Das Gleiche versuchte ich bei anderen Übungen. Mir gefiel die weit verbreitete Methode nicht, bei der man den Hund mit der Leine zu Boden zog. Ich hielt das für falsch. Mein ursprünglicher Weg, um einen Hund zum Hinlegen zu bringen, bestand darin, ihn sich erst hinsetzen zu lassen und ihn dann leicht auf die Seite zu drücken und gleichzeitig das entsprechende Vorderbein wegzuziehen. Wo immer es möglich war, suchte ich nach sanfteren Wegen innerhalb der Grenzen traditionellen Gehorsamstrainings.

Damit verzeichnete ich großen Erfolg beim Unterrichten von Leuten mit ihren Hunden. Was ich dabei erreichte, war mir jedoch viel zu wenig. Die Philosophie dahinter blieb unverändert: Ich brachte den Hund dazu, etwas zu tun. Ich hatte immer das Gefühl, ihm meinen Willen aufzuzwingen anstatt ihn zu etwas zu bringen, das er aus freien Stücken tun wollte. Außerdem kam es mir vor, als wüsste der Hund nicht, warum er es tat. Die Überlegungen, die all das änderten, begannen sich Ende der Achtzigerjahre herauszubilden.

Zu dem Zeitpunkt hatte sich mein Leben grundlegend verändert. Ich war geschieden, meine Kinder waren schon relativ groß und würden bald auf die Universität gehen. Ich selbst hatte Psychologie und Behaviorismus im Rahmen meines Literatur- und Sozialwissenschaftsstudiums an der Humberside University gehört. Mit den Hundeausstellungen musste ich wegen der Scheidung aufhören. Gerade als die Leute begannen, mich ernst zu nehmen, und sich ernsthafte Möglichkeiten eröffneten, ging alles in die Brüche. Das war ziemlich frustrierend. Schweren Herzens musste ich mich von einigen meiner Hunde trennen.

Ich behielt ein Rudel von sechs Tieren. Nachdem wir 1984 in ein neues Zuhause in North Lincolnshire umgezogen waren, kam ich kaum mehr zu Hundeausstellungen. Ich hatte zu viel zu tun, um meine Kinder zu unterstützen, als dass ich Zeit für Hundeschauen oder das Züchten als Hauptbeschäftigung gefunden hätte. Abgesehen von meinen eigenen Hunden war mein Kontakt mit der Tierwelt auf die Arbeit im örtlichen Tierheim, dem Jay Gee Animal Sanctuary, und auf das Verfassen einer Haustierseite für die Lokalzeitung beschränkt.

Meine Leidenschaft für Hunde blieb jedoch ungebrochen. Der einzige Unterschied bestand jetzt nur darin, dass ich diese in eine andere Richtung lenken musste. Mein Interesse an Psychologie und insbesondere am Behaviorismus war seit der Universität ungebrochen. Inzwischen war der Behaviorismus ja schon ein unbestrittener Bestandteil des Mainstreams geworden. Ich hatte die Arbeiten von Pawlow und Freud, von B. F. Skinner und all den anderen anerkannten Fachleuten auf diesem Gebiet gelesen und darin eine Menge gefunden, dem ich zustimmte. Zum Beispiel der Gedanke, dass ein Hund an Ihnen hochspringt, um eine Hierarchie zu etablieren, genauer gesagt: um Sie auf Ihren Platz zu verweisen. Oder die Idee, dass ein Hund, der sich vordrängt, wenn Sie die Haustür öffnen, prüfen will, ob die Luft rein ist, die Höhle schützen möchte und sich für den Rudelführer hält.

Ich konnte auch nachvollziehen, was mit dem Terminus »Trennungsangst« gemeint war. Die Behavioristen sahen es so, dass ein Hund Möbel zerbiss oder sonstigen Schaden anrichtete, weil er von seinem Herrn getrennt war und diese Trennung Stress bei ihm auslöste. Das fand ich alles sinnvoll und hilfreich, aber mir fehlte etwas. Ich stellte mir immer noch die gleichen Fragen: Warum? Woher bekam ein Hund diese Information? Damals überlegte ich, ob es verrückt sei, sich mit solchen Fragen zu beschäftigen. Aber warum ist denn ein Hund so abhängig von seinem Besitzer, dass es ihn stresst, von diesem getrennt zu sein? Das wusste ich zu jener Zeit noch nicht, aber ich betrachtete die Angelegenheit auch aus der verkehrten Perspektive.

Es ist keine Übertreibung, wenn ich behaupte, dass meine Einstellung zu Hunden – und mein ganzes Leben – sich an einem Nachmittag im Jahr 1990 änderte. Damals arbeitete ich auch schon mit Pferden. Ein Jahr zuvor hatte Wendy Broughton, eine Freundin von mir, deren früheres Rennpferd China ich seit einiger Zeit geritten hatte, mich gefragt, ob ich Lust hätte, mir einen Cowboy namens Monty Roberts anzusehen. Er war von der Queen nach England geholt worden, um seine revolutionären Methoden im Umgang mit Pferden vorzuführen. Wendy hatte erlebt, wie er bei einer Vorführung ein noch nie gesatteltes Pferd innerhalb von dreißig Minuten dazu gebracht hatte, Sattel, Zaumzeug und Reiter zu tragen. Auf den ersten Blick war das überaus beeindruckend gewesen, aber sie war noch skeptisch. »Er muss schon vorher mit dem Pferd gearbeitet haben«, meinte sie. Sie war überzeugt, dass es sich um einen Schwindel gehandelt hatte.

1990 jedoch bekam Wendy die Chance, sich Gewissheit zu verschaffen. Sie antwortete auf eine Anzeige, die Monty Roberts in der Zeitschrift *Horse & Hound* aufgegeben hatte. Er war dabei, eine weitere öffentliche Vorführung zu organisieren und rief dazu auf, ihm Zweijährige zu bringen, die noch nie einen Sattel getragen hatten oder geritten worden waren. Er nahm Wendys Angebot an, seine Methode an ihrer braunen Vollblutstute Ginger Rogers zu erproben. In Wahrheit sah Wendy das Ganze eher als Herausforderung denn als Angebot, denn Ginger Rogers war ein beeindruckend eigensinniges Pferd. Insgeheim waren wir überzeugt davon, dass Monty Roberts in ihr seine Meisterin finden würde.

Als ich an einem sonnigen Sommernachmittag zum Wood-Green-Tierheim nahe St. Ives in Cambridgeshire fuhr, versuchte ich, nicht voreingenommen zu sein. Schon weil ich gehörigen Respekt vor den Erfahrungen der Queen mit Tieren, insbesondere ihren Pferden und Hunden habe. Ich dachte mir, wenn *sie* diesem Burschen Glauben schenkt, dann muss er es zumindest wert sein, dass man ihn sich ansieht.

Ich denke mal, wenn man das Wort »Cowboy« hört, assoziiert man damit sofort Bilder von John Wayne und anderen überlebensgroßen Charakteren in Stetson und mit ledernen Beinschonern, die ständig vor sich hin fluchen und spucken. Die Gestalt, die an jenem Tag vor das kleine Publikum trat, hätte sich nicht deutlicher von diesem Klischee unterscheiden können. Mit der Schirmmütze eines Jockeys, einem gebügelten marineblauen Hemd und beigen Hosen sah er eher wie ein Gentleman vom Land aus. Er hatte auch nichts Forsches oder Lautes an sich, sondern war im Gegenteil sehr ruhig und zurückhaltend. Zweifellos strahlte er aber Charisma aus und verbreitete eine Aura des Besonderen. Wie außergewöhnlich er war, sollte ich bald feststellen.

Es saßen etwa fünfzig Leute um den runden Pferch, den er im Pferdebereich des Tierheims abgesteckt hatte. Monty begann mit ein paar einführenden Worten über seine Methode und darüber, was er uns gleich vorführen würde. Monty hatte nicht bemerkt, dass Ginger Rogers schon hinter ihm stand. Während er sprach, senkte sie ihren Kopf langsam, fast als gäbe sie auf ironische Weise ihre Zustimmung zu seinen Worten. Alle brachen in Gelächter aus.

Als Monty sich zu ihr umdrehte, hörte Ginger sofort damit auf. Sobald er sich erneut dem Publikum zuwandte, nahm sie ihr Kopfnicken wieder auf. Wendy und ich warfen uns wissende Blicke zu. Ich bin mir sicher, dass wir das Gleiche dachten: Hier hat er sich übernommen, diesmal wird er es nicht schaffen. Als Monty ein Lasso aufnahm und mit seinem üblichen Programm begann, lehnten wir uns zurück und warteten auf das Feuerwerk.

Exakt dreiundzwanzigeinhalb Minuten später mussten wir alles zurücknehmen. Genauso lange brauchte Monty nämlich, um Ginger nicht nur zu beruhigen, sondern um einen Reiter mit Leichtigkeit ein Pferd führen zu lassen, das – wie wir mit absoluter Gewissheit wussten – in seinem ganzen Leben noch nie gesattelt oder gar geritten worden war. Wendy und ich waren stumm vor Staunen. Ungläubigkeit stand uns ins Gesicht geschrieben. Noch für eine ganze Weile waren wir wie unter Schock. Wir sprachen tagelang von nichts anderem. Wendy, die nach seiner wundersamen Vorführung mit Monty gesprochen hatte, machte sich sogar daran, sein Markenzeichen – den runden Pferch – nachzubauen und seine Ratschläge umzusetzen.

Auch für mich war es so, als hätte jemand einen Schalter umgelegt. Dieses Erlebnis brachte so vieles in mir zum Klingen. Montys Methode besteht – wie man inzwischen fast in der ganzen Welt weiß – darin, Verbindung mit dem Pferd aufzunehmen. Er nennt das »join up«. In der Zeit in dem runden Pferch macht er sich daran, eine Beziehung zu dem Pferd aufzubauen, indem er tatsächlich in dessen eigener Sprache mit ihm kommuniziert. Seine Methode basiert auf der lebenslangen Arbeit mit den Tieren, aber vor allem auf – und das ist noch viel wichtiger – ihrer Beobachtung in ihrer natürlichen Umgebung. Das Eindrucksvollste daran ist, dass Schmerz oder Furcht bei ihm gar nicht vorkommen. Seiner Ansicht nach ist alles, was der Mensch tut, ein Akt der Gewalt, ein Aufzwingen des eigenen Willens – sofern es ihm nicht gelingt, das Tier auf seine Seite zu bekommen. Und dass er mit seiner eigenwilligen Methode Erfolg hatte, konnte man daran sehen, wie er das Vertrauen des Pferdes gewann. Er legte zum Beispiel großen Wert darauf, dass er das Pferd an seinen verletzlichsten Stellen berühren konnte – an seinen Flanken.

An jenem Tag, als ich ihm dabei zusah, wie er im Einklang mit dem Tier arbeitete, auf das schaute und horchte, was es ihm signalisierte, dachte ich: »Er hat es geknackt.« Er hatte eine so enge Verbindung zu dem Pferd hergestellt, dass es ihm erlaubte, zu tun, was ihm gefiel. Er brauchte keinen Zwang, keine Gewalt, keinen Druck: Das Pferd tat alles aus freiem Willen. Ich dachte, wie könnte mir das bloß mit Hunden gelingen? Ich war überzeugt, dass es möglich sein musste. Wo doch die Hunde unsere Jagdgefährten waren, mit denen uns historisch gesehen noch viel mehr verband. Die große Frage lautete jetzt: Wie stelle ich das an?

KAPITEL 3

Zuhören und lernen

Rückblickend weiß ich heute, was für ein Glück ich damals hatte. Wenn ich nicht damit begonnen hätte, mein eigenes Rudel zu vergrößern, wäre mir vielleicht nie bewusst geworden, was ich da eigentlich tat. Zu jenem Zeitpunkt besaß ich nur noch ein Hunde-Quartett: Khan, Susie, Sandy und einen Beagle namens Kim, den ich neu dazugenommen hatte. Sie waren ein lustiges Kleeblatt, eine wunderbare Mischung verschiedener Charaktere. Ich war inzwischen in eine neue Phase meines Lebens eingetreten. Ungebunden, die Kinder erwachsen, und ich hatte gerade meine Eltern verloren. Weil ich tun und lassen konnte, was ich wollte, beschloss ich einem wunderschönen schwarzen Schäferhundwelpen namens Sasha ein Zuhause zu geben.

Ich hatte schon immer mit dem Gedanken gespielt, mir einen Schäferhund anzuschaffen, obwohl die Rasse einen schlechten Ruf hat. Die Leute betrachten sie als Polizeihunde, als aggressive Tiere, die auch Menschen angreifen, was natürlich absolut nicht stimmt. Mit unseren Klischeevorstellungen von Hunderassen ist es dasselbe wie mit den Menschen, die wir in Schubladen stecken. Alle Schäferhunde sind aggressiv, alle Spaniel dumm und alle Beagle Streuner – das hört man immer wieder. Dabei ist das genauso unsinnig wie die Behauptung, alle Franzosen trügen Baskenmützen oder alle Spanier

Sombreros – blanker Unsinn. Mein Zögern bei der Anschaffung eines Schäferhunds hatte damit nichts zu tun. Ich glaubte ganz einfach, nicht gut genug zu sein, um mit so einem Hund zu arbeiten. Ich hatte viel über die beträchtliche Intelligenz dieser Rasse gehört und darüber, dass man ihren Verstand fordern, ihnen etwas zum Nachdenken geben müsse. Ich meinte bisher immer, nicht die Zeit, die Geduld und schon gar nicht das Wissen zu haben, um richtig mit einem Schäferhund umgehen zu können. Jetzt war vielleicht der richtige Zeitpunkt.

Sashas Ankunft bei mir zu Hause war ein Wendepunkt in jeder Hinsicht. Nachdem ich Monty in Aktion gesehen hatte, wusste ich, dass ich seinem Beispiel folgen und ganz genau beobachten wollte, was meine Hunde taten. Ich musste mich von der Vorstellung lösen, alles zu wissen und beginnen, sie einfach nur zu beobachten. Als ich das tat, ließen die positiven Auswirkungen nicht lange auf sich warten. Sasha war eine junge und unglaublich energiegeladene Hündin. Meine anderen Hunde reagierten unterschiedlich auf diese ausgelassene Erscheinung. Der Beagle Kim ignorierte sie schlichtweg. Khan dagegen gefiel es ganz gut, mit dem Neuankömmling zu spielen. Es machte ihm nicht das Geringste aus, dass Sasha ihm überallhin folgte, ihm Tag und Nacht auf den Fersen blieb. Echte Probleme hatte dagegen Sandy, der Cockerspaniel meines Sohnes Tony.

Von dem Augenblick an, als Sasha erstmals eine Pfote in unser Haus setzte, machte Sandy unmissverständlich klar, dass sie die Neue hasste. Zu Sandys Verteidigung muss ich sagen, dass sie damals mit zwölf auch schon in die Jahre gekommen war. Sie wollte einfach nicht, dass dieses Energiebündel von einem Welpen auf ihr herumsprang. Zunächst versuchte sie es mit Ignorieren, indem sie einfach ihren Kopf wegdrehte. Doch das gestaltete sich manchmal schwierig, weil Sasha mit ihren zehn Wochen schon größer war als Sandy.

Wenn alles nichts half, begann Sandy deshalb tief zu knurren und ihre Lefzen hochzuziehen, und dann ließ Sasha von ihr ab.

Während ich noch überlegte, was hier vor sich ging, wurde mir klar, dass ich so etwas schon an einem anderen meiner Hunde gesehen hatte und zwar bei einem meiner ersten Springerspaniel, bei Donna oder »The Duchess«, wie sie offiziell hieß. Wie schon der Name ahnen lässt, hatte Donna wirklich etwas Hoheitsvolles. Wenn sie im Haus unterwegs war, musste ihr jeder Platz machen. Ich erinnere mich daran, wie eines Tages meine Mutter zu Besuch kam und sich in einen Sessel setzte, auf dem Donna schlief. Eigentlich hatte sie friedlich zusammengerollt dagelegen. In dem Augenblick, als meine Mutter sich zu ihr setzte, erhob sie sich, blickte indigniert drein und schubste sie runter. Meine Mutter landete wirklich auf dem Fußboden. Als sie aufstand und es noch mal versuchte, passierte das Gleiche. Donna schubste sie wieder runter. Damals fanden wir das natürlich zum Totlachen. Doch als ich Sasha und Sandy beobachtete, wurde mir klar, dass sich hier etwas ganz Ähnliches abspielte. Sandy versuchte wie Donna damals klarzustellen, wer hier der Boss war – eine Frage des Status.

Das Nächste, was mir auffiel, war die Vorstellung, die meine Hunde jedes Mal gaben, wenn sie sich wiedersahen. Ich ging beispielsweise mit Sasha wegen einer Impfung zum Tierarzt, und beim Nach-Hause-Kommen absolvierte sie sofort dieses Ritual. Mir fiel damals noch keine andere Bezeichnung dafür ein, aber heute würde ich es eine ritualisierte Begrüßung nennen. Mit angelegten Ohren leckte sie eifrig die Gesichter aller anderen Hunde ab. Und zwar jedes Mal.

Beim ersten Mal konnte ich mir keinen Reim darauf machen. Ich wusste nicht, ob ich es auf Sashas jugendlichen Überschwang, ihren Status als Neuling im Rudel oder auf irgendeine Gewohnheit schieben sollte, die sie sich zugelegt hatte, bevor sie zu mir kam. Doch ihr Begrüßungsverhalten war nicht der einzige Grund, warum dieser Hund mich besonders inspirierte. Ihr Äußeres erinnerte mich stark an einen Wolf. Ich hatte früher schon ein bisschen über Wolfsrudel gelesen, aber es war Sasha, die mich intensiver darüber nachdenken ließ.

Ich besorgte mir ein paar Videos über Wölfe, Dingos und Wildhunde. Mein Erstaunen war groß, als ich auf Anhieb genau dieses Verhalten entdeckte. Es faszinierte mich zu sehen, dass auch diese Tiere in den unterschiedlichsten Situationen immer wieder die ritualisierte Begrüßung vornahmen. Ich war mir ziemlich sicher, dass es etwas mit der Rangordnung zu tun hatte. Dieser Verdacht erhärtete sich, als ich mich näher mit den Mechanismen innerhalb eines Wolfsrudels beschäftigte. In dieser Gemeinschaft dreht sich alles um die Anführer – um das Alphapärchen.

Ich werde später noch genauer auf das Alphapärchen eingehen. Jetzt möchte ich nur kurz erläutern, dass die zwei Alphawölfe die stärksten, gesündesten, intelligentesten und erfahrensten Rudelmitglieder sind. Ihr Status wird dadurch zementiert, dass sie auch die einzigen Angehörigen des Rudels sind, die Junge bekommen. So ist gewährleistet, dass nur die gesündesten Gene überdauern. Entscheidend ist, dass das Alphapaar jedes Detail im Leben des Rudels dominiert und bestimmt. Die anderen akzeptieren diese Herrschaft und fügen sich ohne Widerspruch. Unterhalb des Alphapaars begnügt sich jedes andere Mitglied damit, seine Stellung und Funktion innerhalb dieser Rangordnung zu kennen.

In den Filmen über Wölfe war es offensichtlich, dass die rituellen Begrüßungen immer dem Alphapärchen zuteil wurden. Die Tiere, die etwas zu sagen hatten, leckten den anderen nicht das Gesicht – sondern ihres wurde geleckt. Dieses Lecken war auch in der natürlichen Umgebung etwas Besonderes, denn es wurde geradezu wild vollführt und beschränkte sich nur aufs Gesicht. Die Körpersprache drückte aber noch mehr aus. Die Alphatiere zeigten ein anderes Selbstbewusstsein, eine andere Haltung, ein rein physisch anderes Auftreten; am auffälligsten war, dass sie ihren Schwanz viel höher trugen als die anderen. Und auch die Untergeordneten sandten Signale aus. Manche ließen sich vor den Anführern einfach fallen. Einige Tiere, vermutlich jüngere und in der Rangordnung noch tiefer stehende, trauten sich nicht einmal so nahe heran; sie blieben im Hintergrund. Es schien, als sei es nur manchen Wölfen gestattet, den Anführer abzulecken.

Wieder wurde mir schnell klar, dass ich dieses Verhalten schon mal gesehen hatte. Immer wenn ich zu meinem Rudel zurückkam, waren die Ähnlichkeiten wirklich überwältigend. Es schien, als ob sie Könige, Ritter und Bedienstete wären. Die rangniederen Hunde wurden von denen, die über ihnen standen, auf ihre Plätze verwiesen. Genauso wie im Wolfsrudel. Diese Schlussfolgerung hatte ich vorher noch nie gezogen und sie bedeutete für mich einen großen Schritt nach vorne.

Und wieder war es Sasha, die den eindrucksvollsten Beweis lieferte. Inzwischen war mir beispielsweise klar, dass sie einen höheren Status im Rudel errungen hatte. Sie war jetzt körperlich groß genug und hatte genügend Selbstvertrauen entwickelt, um Sandys Proteste zu ignorieren. Zugleich zeigte Sandy eine gewisse Resignation. Sie drehte ihren Kopf weg, duckte sich und zog den Schwanz ein.

Die Machtverschiebung war beim Spielen am offensichtlichsten. Wenn ich einen Ball warf, war es Sashas Aufgabe, ihn zu apportieren. Die anderen verfolgten ihn zwar auch und sprangen herum, wenn er auf dem Boden landete, aber es stand völlig außer Frage, wessen Job es war, ihn zurückzubringen. Und falls ein anderer Hund ihr zu nahe kam, wenn sie das Spielzeug schon aufgenommen hatte, warf Sasha ihm nur einen kurzen Blick zu und ihr Körper schien unmissverständlich zu sagen: Das gehört mir, geh da weg!

Sandys Körpersprache war hingegen unterwürfig. Ihr Körper senkte sich immer weiter in Richtung Boden. Sie hatte den Kampf tatsächlich aufgegeben und erlaubte Sasha, sich zur Rudelführerin zu machen.

Natürlich legten meine Hunde nicht immer ein so konkurrenzorientiertes Verhalten an den Tag, sie konnten auch ganz friedlich miteinander sein. Ich zog daraus den Schluss, dass diese Hierarchie nur zu bestimmten Zeiten untermauert wurde, und die nächste Herausforderung für mich bestand darin, herauszufinden, wann genau diese Kommunikation stattfand.

Ich bemerkte, dass dies jedes Mal der Fall war, wenn ich nach Hause kam, und dass das gleiche Verhalten auch wiederholt wurde, wenn jemand anderer kam. Während der Gast eintrat, drängten sich die Hunde um mich. Sie waren sehr aufgeregt, liefen zur Tür und umkreisten den Ankömmling. Dabei interagierten sie und wiederholten ihr ritualisiertes Verhalten. Das Gleiche konnte ich auch beobachten, wenn ich die Leinen hervorholte und wir zu einem Spaziergang aufbrachen. Alle Hunde waren aufgeregt und lebhaft; sie sprangen herum und interagierten untereinander, während wir uns anschickten, das Haus zu verlassen.

Ich studierte noch einmal das Wolfsrudel und entdeckte dort wieder das gleiche Verhalten. Im Fall der Wölfe trat es auf, wenn sich das Rudel zur Jagd aufmachte. Es gab viel Gerenne und Gerangel um Positionen, aber letztlich war immer das Alphapärchen mit hoch erhobenen Köpfen und Schwänzen vorne. Immer führt es das Rudel auf der Suche nach Beute an.

Die Wölfe klären so noch einmal die Rollenverteilung. Der Anführer erinnert die übrigen Rudelmitglieder daran, dass es seine Aufgabe ist, zu führen, und die ihre, zu folgen. Das ist ihre Rangordnung, und ihr haben sie sich zu unterwerfen, wenn sie überleben wollen. Eindeutig tat mein Rudel das Gleiche. Was mich zu jenem Zeitpunkt jedoch am meisten interessierte, war meine Rolle. Daraus, wie meine Hunde sich mir gegenüber verhielten, konnte ich eindeutig schließen, dass ich irgendwie Teil des Prozesses war. Und von all meinen Hunden war keinem mehr an meiner Einbeziehung gelegen als Sasha.

Wenn wir das Haus verließen, stand Sasha jedes Mal unvermeidlich vor mir. Sie positionierte sich quer vor meinem Körper und blockte mich ab. Auch wenn ich sie am Halsband zurückziehen konnte, wollte sie immer vor mir laufen. Ihr erschien es offenbar ganz natürlich vorauszugehen. Genauso nahm sie eine sehr beschützende Haltung vor mir ein, wenn ein lautes Geräusch zu hören war oder etwas Unerwartetes passierte, zum Beispiel wenn plötzlich ein anderer Hund vor uns auftauchte. Sie bellte wütender als alle anderen, wenn jemand in Sichtweite am Haus vorbeiging, der Briefträger oder der Milchmann an unsere Tür kam. Und im Unterschied zu den anderen Hunden ließ sie sich in solchen Situationen auch nicht besänftigen.

Ehrlich gesagt, machte ich mir teilweise schon Sorgen deswegen. Sashas Verhalten erinnerte mich ein bisschen an Purdey, der auch die Gewohnheit gehabt hatte, vor mir her zu laufen. Eine Zeit lang fürchtete ich mich davor, wieder einen meiner Hunde im Stich lassen zu müssen. Doch zum Glück erkannte ich diesmal, was vor sich ging. Erinnerungen an Donna brachten mich auf die richtige Fährte. Ich wusste noch, wie sie sich vor Jahren benommen hatte, als ich einen kleinen Jungen namens Shaun als Pflegekind bei mir hatte. Wann immer er auf seiner Krabbeldecke am Boden lag, platzierte sie sich neben ihm und legte eines ihrer Beine über eines von seinen. Wenn er es wegstrampelte, legte sie es wieder hin. Sie verhielt sich eindeutig als seine Beschützerin und bewachte ihn ohne Unterlass. Erst jetzt wurde mir klar, dass sich Sasha – so, wie sich Donna für das Baby verantwortlich gefühlt hatte – verpflichtet fühlte, auf mich aufzupassen.

Warum sonst würde ich eine so besondere Behandlung erfahren, wenn ich zur Tür hereinkam oder Besucher begrüßte? Warum sonst wäre sie so hyperaktiv, wenn ich mit ihr spazieren ging?

Heute weiß ich, dass viele meiner Fehler ihre Ursache in der menschlichen Konditionierung haben. Wie fast jeder andere Mensch auf diesem Planeten auch, war ich davon ausgegangen, dass sich die Welt um unsere Spezies herum entwickelt und jede andere Spezies irgendwie in unseren großen Plan integriert hat. Ich hatte geglaubt, zwangsläufig ihr Anführer zu sein, nur weil meine Hunde mir gehörten. Damals begann ich mich jedoch erstmals zu fragen, ob dem wirklich so war. Vielleicht versuchte Sasha, auf mich aufzupassen.

Dies war für mich die revolutionärste Neuigkeit schlechthin. Ich musste meine gesamten diesbezüglichen Überlegungen neu bewerten. Damals fiel bei mir der Groschen. Ich dachte: »Moment mal, was wäre, wenn ich die ganze Sache verkehrt herum betrachte? Was, wenn ich – ziemlich arrogant und voreingenommen, aber für den Menschen typisch – von falschen Voraussetzungen ausgehe? Sollte ich die Sache vielleicht mal vom Standpunkt des Hundes aus betrachten, der nicht seine Abhängigkeit von uns sieht, sondern sich ganz im Gegenteil für uns verantwortlich fühlt? Was, wenn er sich für den Rudelführer und uns für rangniedrigere Rudelmitglieder hält? Und wenn er meint, es sei seine Aufgabe, für unser Wohlergehen zu sorgen statt umgekehrt?« Während ich darüber nachsann, ergab plötzlich so vieles einen Sinn.

Ich dachte an die Trennungsangst. Statt mit einem Hund, der sich fürchtet – Wo ist meine Mami oder mein Papi? –, haben wir es auf einmal mit einem Hund zu tun, der sich sorgt und sich fragt: Wo zum Teufel sind meine Jungen? Wenn Sie ein zweijähriges Kind haben und plötzlich nicht wissen, wo es ist, werden Sie dann nicht auch verrückt vor Sorge? Hunde zerlegen ihr Zuhause demnach nicht aus

Langeweile, sondern aus reiner Panik. Wenn Ihr Hund zur Begrüßung an Ihnen hochspringt, will er nicht mit Ihnen spielen, sondern begrüßt sie wieder in einem Rudel, für das er sich verantwortlich fühlt.

In vielerlei Hinsicht kam ich mir idiotisch vor. Ich hatte den Kardinalfehler gemacht, der uns Menschen nur allzu oft unterläuft, wenn wir mit Tieren zu tun haben: Ich hatte angenommen, meine Hunde besäßen keine eigene Sprache – wie auch, sie lebten doch schließlich unter uns Menschen? Ich hatte geglaubt, sie wüssten, dass sie domestiziert mit mir lebten. Es war mir nicht in den Sinn gekommen, dass ihnen die Regeln, nach denen sie sich richteten, von der Wildnis vorgegeben worden waren. Kurz gesagt: Ich hatte menschliche Maßstäbe angelegt.

Aus Vertrautheit war durch meine Schuld Geringschätzung geworden. Ich kann leider nicht behaupten, dass mir diese Idee schlagartig gekommen ist. Es rührte mich kein Donner und es fuhr auch kein Blitz vom Himmel. Trotzdem hat sich von da an meine ganze Philosophie geändert.

Kapitel 4

Die Führung übernehmen

Innerhalb weniger Monate hatte ich einen so tiefen Einblick gewonnen, wie ich es nicht für möglich gehalten hätte. Weil ich mir Zeit nahm, meine Hunde beim Umgang miteinander zu beobachten und zuhörte, was sie mir berichten wollten, hatte ich eine Menge Wichtiges erfahren. Das Verhalten, wie ich es aus Beobachtungen in freier Wildbahn kannte, fand ich täglich bei meinen Hunden zu Hause wieder. Ich sah, wie sie anderen ihren Willen aufzwangen, ihre Überlegenheit demonstrierten, wie sie ihre Dominanz zur Schau stellten.

Durch meine Hunde lernte ich drei deutlich unterscheidbare Gelegenheiten für Interaktion zwischen ihnen kennen: bei drohender Gefahr, beim Spaziergang und beim Wiedersehen. Bei jeder dieser Gelegenheiten beobachtete ich, dass einige Hunde auf ihre Plätze verwiesen wurden, indem der Rudelführer seine Autorität geltend machte und die Rangniedrigeren diese akzeptierten. Was ich jetzt noch wissen wollte, war, wie mich diese Erkenntnisse weiterbringen konnten.

Für mich war der anregendste Aspekt der Arbeit von Monty Roberts die Art und Weise, wie er etwas auf das Verhalten eines Pferdes erwidern konnte, obwohl er doch ein Mensch war. Ich wusste, dass ich seinem Beispiel folgen und auf das Verhalten meiner Hunde eine Antwort finden musste.

Zuerst wollte ich sehen, welchen Unterschied es machen würde, wenn ich auf dieselbe Art und Weise die Führung übernähme, wie es bei wild lebenden Tieren der Rudelführer tut. Auch musste ich unbedingt herausfinden, ob das überhaupt notwendig war. Gab es vielleicht Nebeneffekte, welchen Einfluss würde es auf Wohlbefinden und Lebensqualität der Hunde haben? Mit solchen Fragen im Hinterkopf wollte ich die Hunde dazu bringen, nach eigenem freien Willen Entscheidungen zu treffen. Ich wollte also, um es mit Monty zu sagen, eine Situation herbeiführen, in der ich bei einer Konferenz der Tiere zu ihrer Anführerin gewählt würde. Das war ein gewaltiges Pensum.

Zwei Elemente waren von entscheidender Bedeutung. Ich musste erstens konsequent sein und zweitens gelassen bleiben. Generationen von Hundebesitzern hat man gelehrt, Hunden Gehorsam beizubringen, indem man ihnen die Kommandos selbst zubellte. Worte wie »sitz«, »bleib«, »gib Pfötchen« oder »komm« haben wir alle ständig benutzt. Ich gebrauche sie auch. Hunde erkennen sie wieder, aber nicht weil sie ihre Bedeutung verstehen. Sie assoziieren nur bestimmte Dinge mit ihrem Klang, wenn sie die Worte oft genug gehört haben. Ich glaube, die Art, wie sie wirken, beweist vor allem, dass es nützt, wenn der Hund konsequent dasselbe hört. Darüber hinaus dürfte das Herumbrüllen mit sich fast überschlagender Stimme der sicherste Weg sein, einen Hund zum neurotischen Nervenbündel zu machen.

Diese Einsicht verstärkte sich durch Beobachtungen um mich herum noch weiter. Ich erinnere mich an einen Mann, der in dem Park, in dem ich meine Hunde trainierte, mit seinem Dobermann übte. Jeder Hund, der sich dem Dobermann näherte, wurde vom Besitzer mit Geschrei und heftigem Gefuchtel mit dem Spazierstock begrüßt. Dann begann auch sein Hund zu knurren und sogar zu schnappen. Andererseits beobachtete ich, dass Leute, die entspannt und fröhlich mit ihren Hunden umgingen, Tiere hatten, die genauso entspannt und fröhlich spielten. Das gab mir den Anstoß, über die Form der Rudelführerschaft nachzudenken. Ich erkannte, dass Ruhe und Gelassenheit die wichtigsten Voraussetzungen waren, und zwar aus verschiedenen Gründen.

In der Menschen- wie in der Hundewelt ist der ideale Anführer ein besonnener, nachdenklicher Typ. Denken Sie an die großen Führer der Menschheit: Gandhi, Sitting Bull, Mandela – alle waren oder sind charismatische, ruhige Männer. Es liegt auf der Hand, wenn man eine Weile darüber nachdenkt. Ein Anführer, der aus der Fassung gerät oder aufgeregt ist, kann kein Vertrauen einflößen und wirkt unglaubwürdig. Dieses Prinzip gilt mit Sicherheit auch im Wolfsrudel, wo die Alphatiere eine Gelassenheit ausstrahlen, die schon fast an abweisenden Gleichmut grenzt.

Ich wusste, wenn ich beginnen wollte, mit meinen Hunden in ihrer Sprache zu kommunizieren und – was mir noch wichtiger war – von ihnen zur Rudelführerin erkoren werden wollte, musste ich ein Verhalten an den Tag legen, das die Tiere mit Rudelführerschaft assoziierten. Eigentlich bin ich von Natur aus gar nicht der starke, stille Typ, deshalb war es erforderlich, dass ich in Gesellschaft meiner Hunde gewisse Veränderungen an meiner Persönlichkeit vornahm. Doch verglichen mit dem Wandel, den ich bald wahrnehmen konnte, war diese Änderung wirklich marginal.

Ich begann mit meinen Versuchen morgens an einem regnerischen Wochentag. Es goss ziemlich heftig und ich überlegte, ob es nicht besser wäre, für meinen strahlenden Neuanfang einen Sonnentag abzuwarten. Aber ich war ungeduldig, wollte weiterkommen. Und ich hatte mich am Abend vorher mit dem Vorsatz schlafen gelegt, am nächsten Tag etwas auszuprobieren. Zugegeben, ich war voller Selbstzweifel, hatte keine Ahnung, ob es funktionieren würde. Irgendwie kam ich mir auch albern vor. Ich sagte mir: »Hoffentlich kommt heute Morgen niemand vorbei.« Doch als ich die Treppe hinunterging, wusste ich bereits, dass ich nichts zu verlieren hatte.

Die Leute glauben oft, dass sich meine Hunde schon immer genauso verhalten haben, wie ich es von ihnen erwartete. Doch so war es ganz und gar nicht. Damals war mein Rudel ziemlich groß und benahm sich – was noch schlimmer war – ziemlich schlecht. Wenn ich nach Hause kam, tobten alle herum und sprangen hoch wie andere Hunde auch; oft war es wirklich ein Ärgernis. Ich hatte die Arme voll mit Einkaufstüten oder war hübsch angezogen und sie stürzten auf mich los. Deshalb hatte ich beschlossen, als Erstes die Neuformierung des Rudels anzugehen.

Am Abend bevor ich anfing, hatte ich mir einen Plan zurechtgelegt und beschlossen es einem Alphahund nachzumachen und sie alle einfach zu ignorieren. Das war wahrhaftig keine leichte Sache. Doch schon bald stellte ich fest, dass mein Rüstzeug besser war, als ich gedacht hatte. Wir Menschen vergessen oft, dass auch wir eine Körpersprache beherrschen, und zwar gar nicht so schlecht. Wenn sich jemand von uns abwendet, wissen wir, was sie oder er damit sagen will. Eine ebenso klare Botschaft bekommen wir, wenn wir in einen überfüllten Raum gehen und sich jemand ostentativ wegdreht. Ich beobachtete, dass ich eine solche Reaktion wirkungsvoll einsetzen konnte. So ging ich also an diesem Morgen die Treppe hinunter und machte alles anders als sonst. Ich ließ die Hunde in die Küche und als sie an mir hochsprangen, befahl ich ihnen nicht, das zu lassen; wenn sie etwas anstellten, schickte ich sie nicht in ihren Korb. In den ersten paar Minuten dieses Tages achtete ich darauf, nicht einmal Blickkontakt zu ihnen aufzunehmen. Ich ignorierte sie einfach.

Zugegeben, am Anfang war es etwas ungewohnt. Ich musste gegen eine tief verwurzelte Gewohnheit und den Wunsch, die Hunde zu streicheln und zu tätscheln, ankämpfen. Ich weiß nicht, wie lange ich das durchgehalten hätte, wenn sich nicht augenblicklich Resultate eingestellt hätten. Innerhalb von zwei Tagen zeigte sich, dass die Zeit meines neuen Regiments angebrochen war. Zu meiner eigenen Verwunderung hörten die Tiere schon bald auf, an mir hochzuspringen und mich zu bestürmen. Da ich sie jedes Mal ignorierte, wenn ich mit ihnen zusammentraf, zeigten sie sehr schnell mehr und mehr Respekt. Im Verlauf dieser Woche fingen sie an, sich zurückzuhalten und ließen mich unbelästigt ins Haus treten.

Ganz sicher wurde ihre Bereitwilligkeit noch durch die Tatsache verstärkt, dass sie sofort belohnt wurden. Indem sie mir so viel körperlichen Freiraum ließen, wie ich brauchte, erlebten sie eine deutliche Veränderung der Atmosphäre, solange ich bei ihnen war: Ich freute mich, sie zu sehen. Die Tiere erkannten, dass die Zeit, die ich mit ihnen verbringen wollte, eine gute Zeit war.

Der Behaviorismus hat mich gelehrt, unerwünschtes und allzu ausgelassenes Verhalten einfach zu ignorieren, aber das Positive unbedingt zu loben; deshalb schenkte ich ihnen auf ruhige Weise besondere Aufmerksamkeit, wenn sie gesittet zu mir kamen. Bald näherten sich mir die Hunde nur noch, wenn ich sie rief. Und es hat gar nicht lange gedauert, bis es so weit war: Das Ganze geschah innerhalb einer Woche.

Gleich der erste Versuch war so wirkungsvoll gewesen, dass ich wusste, ich war auf dem richtigen Weg. Aber ich merkte auch bald, dass ein Verhalten allein nicht genügte, um ihnen die Botschaft zu übermitteln. Ich beschloss, mir als Nächstes Situationen vorzunehmen, die sie als gefährlich empfanden, besonders das Auftauchen von Personen, die dem Rudel fremd waren. Wie andere Hunde bellten auch meine Tiere unaufhörlich, sobald jemand an der Tür stand. Wenn ich Besucher hereinließ, wurden diese sofort von den Hunden eingekreist, die an ihnen hochsprangen und einen schrecklichen Wirbel machten. Ich pflegte dann zu schreien: »Lasst das! Aus! Ruhe!«

Doch weiß ich heute, dass ich sie damit keineswegs beschwichtigt, sondern die Situation noch verschärft habe.

Ich bat meine Besucher vorher, die Hunde gar nicht zu beachten, wenn sie an die Tür kämen. Die Tiere, die weiter herumtobten, kamen sofort in ein Nebenzimmer. Natürlich fragten sich manche, ob ich jetzt verrückt geworden sei. Ihnen erschien es als die selbstverständlichste Sache der Welt, einem Hund Aufmerksamkeit zu schenken, vor allem, wenn es sich um ein schönes Tier handelte. Meine Freunde und die Familie waren daran gewöhnt, um Sasha, Khan, Sandy und Kim eine Riesenbegrüßung zu machen. Doch ich bestand freundlich, aber bestimmt auf meinem Wunsch.

Schon die ersten Anzeichen genügten, um mich von der Richtigkeit meiner Methode zu überzeugen. Bereits innerhalb der nächsten Tage wurden die Hunde ruhiger. Bald bellten sie nur noch, sprangen aber nicht mehr an den Besuchern hoch und hörten auf, sie zu umkreisen. Wieder begriffen sie das, was ich von ihnen wollte, sehr schnell. Natürlich konnte ich gar nicht glauben, dass es so einfach sein sollte; ich führte das Ergebnis teilweise darauf zurück, dass Sandy und Khan allmählich alt wurden. Zugleich war ich mir ziemlich sicher, dass es etwas zu bedeuten hatte, wenn der Hund, der am besten in meinem Sinne reagierte, der jüngste im Rudel und zudem ein Deutscher Schäferhund war. Ich habe nie gedacht: »Ich bin im Recht, es gibt Gründe dafür, dass alles genau so und nicht anders abläuft.« Vielmehr zog ich ständig alles in Zweifel. Trotzdem kann ich heute sagen, es war ein fantastisches Gefühl. Die Hunde waren wie verwandelt, sie schienen glücklicher, wirkten ruhiger. Und es war eine Freude, sie anzusehen.

Als Nächstes wollte ich das Spazierengehen in Angriff nehmen. Ehrlich gesagt war das bisher immer ziemlich chaotisch verlaufen. Wann wir auch hinausgingen, die Hunde rannten alle um mich herum und zerrten an ihren Leinen. In dieser

Situation waren die Schwächen traditioneller Hundeerziehung am augenfälligsten. Ich glaubte, ich hätte ihnen durch Gehorsamstraining ein einigermaßen gutes Benehmen beigebracht, doch wenn ich ehrlich bin, waren sie, sobald wir nach draußen gingen, entweder steif wie Roboter oder sie machten, was sie wollten – alles oder nichts. Das war mir nicht recht, und ich spürte, es müsste eine Möglichkeit geben, zu einer Art Kooperation zu finden. Ich wollte erreichen, dass sie sich fügten, wenn ich etwas von ihnen verlangte. Dafür sollten sie im Gegenzug die Freiheit genießen, zu laufen, wohin sie wollten, wenn die Situation es erlaubte. Ich wusste, dass Selbstkontrolle die beste Form der Kontrolle ist. Doch wie sollte ich ihnen das beibringen?

Statt sie an die Leine zu nehmen und wie toll um mich herumtoben zu lassen, dachte ich mir, sollte ich sie wieder vollkommen beruhigen. Ich hielt inne und dachte, wie so oft in letzter Zeit, an das Wolfsrudel. Ich sah das Alphatier vor mir, das den Rangniedrigeren erlaubte, eine Weile herumzurennen, sie aber nach einiger Zeit zur Ordnung rief, um sie dann geordnet zur Jagd zu führen. So sammelte ich auch meine Hunde zum Spazierengehen und machte erst einmal gar nicht den Versuch, ihre Aufregung zu dämpfen – ganz im Gegenteil. Wieder dachte ich an das Wolfsrudel und sah ein, dass Hunde gleichsam Schwung holen müssen, für sie ist dies der Auftakt zur Jagd und sie brauchen den Adrenalinstoß. Ich wollte versuchen, nicht gegen ihren Instinkt anzukämpfen, sondern ihn mit einzubeziehen.

Ich tat also gar nichts, nachdem ich den Hunden die Leinen angelegt hatte. Ich stand da, wartete völlig passiv, ruhig und schweigend, bevor ich auf die Tür zuging. Und wieder trug die Gelassenheit, die ich an den Tag legte, Früchte, und die Tiere beruhigten sich auf der Stelle. Später auf dem Spaziergang fand ich heraus, dass ich meine Dominanz ständig unter Beweis stellen musste. Früher wäre ich, wie so mancher Hundebesitzer, die Straße entlanggezerrt worden. Doch ich konnte feststellen, dass die Ergebnisse wirklich bemerkenswert waren, wenn ich einfach abwartete, sobald das übliche Gezerre losging. Die Hunde bekamen ganz schnell mit, dass wir so nicht sehr schnell vorwärts kamen. Und bald hing eine Leine nach der anderen schlaff durch, da die Tiere es aufgegeben hatten zu ziehen und sich nach mir umsahen. Es war das erste Mal, dass sie so etwas machten, und für mich die große Ermutigung, die ich benötigte, um in gleicher Weise fortzufahren. Es war in dieser Schlacht darum gegangen, wer seinen Willen durchsetzt. Ich hatte gewonnen.

Dann wollte ich wissen, ob dieselbe Methode auch funktionierte, wenn sie nicht an der Leine waren. Bisher waren meine Hunde in alle vier Himmelsrichtungen davongestoben und hatten dann »selektives Hören« praktiziert: Bei manchen Gelegenheiten kamen sie brav zu mir, doch wenn sie ein Kaninchen oder ein anderer Hund abgelenkt hatte, hallten meine Rufe, mit denen ich sie locken wollte, zwecklos über die Felder. Bei anderen Gelegenheiten konnte ich beobachten, wie Hunde ganz friedlich zu ihrem frustrierten Besitzer zurückgingen, um dann von ihm Schläge zu beziehen. Ich hatte schon immer gedacht, dass so etwas einen Hund in Verwirrung stürzen müsste. Sicherlich wird es einen Hund auf die Dauer eher davon abhalten, zurückzukehren, wenn er weiß, dass er verhauen wird. Und wer je versucht hat, seinen Hund durch Nachlaufen einzufangen, der weiß, dass einen das Tier mit offensichtlichem Vergnügen zum Narren hält: Es wartet, bis man ganz nah dran ist, und reißt dann wieder aus.

Durch einen weiteren Vergleich mit dem Wolfsrudel fand ich die Lösung für mein Problem mit dem selektiven Hören. Da ich wusste, dass der Alphawolf das Rudel auf der Jagd anführt, betrachtete ich die Situation mit den Augen dieses Tieres. Wenn ein Hund glaubt, er sei das Alphatier, so sieht er sich auch als Anführer bei der Jagd. Deshalb kann der Besitzer als Untergebener seinen Hund nicht zurückrufen, sondern muss ihm quasi als Rudelmitglied folgen. Ich war wirklich ermutigt durch die positive Reaktion, die ich beim Training mit den Leinen erzielt hatte, und entschloss mich deshalb, auch bei der Jagd ohne Leine Anführerin zu sein.

Allerdings war ich nicht besonders scharf darauf, diese Theorie im offenen Gelände zu erproben. Praktischerweise hatte ich bei mir im Garten so viel Platz, dass ich dort den Anfang machen konnte. Ich rief meine Hunde bei Fuß und belohnte sie umgehend für ihren Gehorsam. So kam keine Verwirrung auf, wie sie etwa entsteht, wenn der Besitzer seinen Hund für zu spätes Kommen bestraft. Wieder lernten die Hunde schnell – mit Ausnahme von Kim, der Beaglehündin. Bei einer Gelegenheit wollte sie durchaus nicht reagieren, sondern schnüffelte im Garten herum. Ich wandte mich enttäuscht ab und ging zur Hintertür, um sie einfach draußen zu lassen. Als ich die Tür erreicht hatte und mich umsah, bemerkte ich, dass Kim flott losrannte, um mit ins Haus zu kommen. Es funktionierte! Von diesem Zeitpunkt an wandte ich mich jedes Mal um und ging zum Haus, wenn Kim auf mein Rufen nicht sofort kam; daraufhin folgte sie mir bald. Hunde sind von Natur aus Rudeltiere, und wenn sie die Wahl haben, allein zu gehen oder zum Rudel zurückzukehren, entscheiden sie sich immer für das Rudel.

Es war ein gewaltiger Schritt nach vorne. Mir kam es vor, als hielte ich unsichtbare Leinen in der Hand, an denen die Hunde befestigt waren. Der Unterschied war frappierend: Innerhalb einer Woche durften sie sich zwar noch immer ihrer Freiheit freuen, wenn wir im Gelände waren, doch sie streunten nicht herum und hielten sich nie in allzu großer Entfernung von mir auf. Und wenn ich das Rudel zum Heimgehen bewegen wollte, nahmen sie die kurzen Instruktionen, die ich ihnen gab, willig an. Ich war, das muss ich zugeben, einfach hingerissen. Doch möchte ich auf keinen Fall den Eindruck vermitteln, dass mir alles nur so in den Schoß gefallen ist. So war es ganz sicher nicht. Als ich versuchte, meine Vorstellungen weiterzuentwickeln, funktionierte manches anfangs überhaupt nicht. Vor allem mein Versuch, die neuen Methoden mit den alten Gehorsamsübungen zu verbinden, brachte mehr Ärger als Erfolg.

Inzwischen hatte ich die neue Methode mit großem Erfolg etwa zwei, drei Monate lang angewandt, doch ich zweifelte noch, ob ich auch das ganze Spektrum erfasste. Meine Hunde lieferten mir täglich neue Informationen, sodass ich in der Lage war, die Methoden, die ich entwickelt hatte, weiter zu verfeinern – manchmal war es wirklich eine Sache von Versuch und Irrtum. Doch zum nächsten Durchbruch gelangte ich nicht über die Hunde, die ich damals hatte. Wieder einmal lieferte mir die Erinnerung an Donna, The Duchess, wichtige Anregungen.

Immer hatte ich meine Hunde einmal pro Woche mit frischen Markknochen versorgt. Als Donna noch lebte, begann mit dem Augenblick, wenn ich die Knochen auf den Boden legte, dasselbe kleine Ritual. Auf ihre unnachahmliche majestätische Art kam Donna ruhig herein und die anderen traten sofort zurück. Donna schnupperte sich dann langsam die Knochen heraus, an denen sie Interesse hatte, nahm sie und ging wieder hinaus. Erst dann langten die anderen zu. Es handelte sich, wie ich jetzt wusste, um dieselbe Art von Rudelführung, mit der ich jetzt so vertraut war. Ein Tier, das auf der Bildfläche erschien und nichts weiter tat, konnte alles haben, was es wollte. Das brachte mich dazu, zu überlegen, wie ich die Fütterung dazu benützen konnte, die Rangordnung noch fester zu etablieren. Das war ein ganz neuer Gedanke. Wie wichtig es für den Hundehalter ist, als Erster, also vor den Hunden, zu essen, hatte ich schon gelesen, als ich die Lehren der Verhaltensforscher studierte. Sie hatten es als eine einfache Möglichkeit erkannt, den Tieren zu demonstrieren, dass man ihr Anführer ist. Und diese These erschien mir durchaus vernünftig, wenn ich an die Beobachtung von anderen Tieren, etwa Löwen und vor allem wieder Wölfen dachte: Immer ist es das Alphatier, das bei einer Gruppenfütterung als Erstes frisst.

Mit der Lehre der Verhaltensforschung stimmte ich also überein, nicht aber mit den Methoden, die sie daraus ableiteten. Sie hatten nämlich die Vorstellung von einer Hackordnung, die bei jeder Mahlzeit einzuhalten wäre. Nach diesem System sollten die menschlichen Hausgenossen im Beisein der Hunde essen, und zwar abends, bevor dann die Hunde ihre Mahlzeit zugeteilt bekamen. Zweifellos ließen sich mit dieser Prozedur gewisse Ergebnisse erzielen, doch es gab doch Verschiedenes an der Methode, mit dem ich nicht einverstanden war. Abgesehen von allem anderen füttern die Leute ihre Hunde ja zu ganz unterschiedlichen Tageszeiten. Hunde im Tierheim werden beispielsweise meist morgens gefüttert. Auch fand ich diese Vorgangsweise zu langwierig und umständlich. Wieder dachte ich an die Tiere in freier Wildbahn, und konnte mir nicht vorstellen, dass das Rudel bis zum Abend aufs Fressen warten würde. Der Hund ist eher ein Gelegenheitsfresser als ein gieriger Schlinger. Er schlägt einen Hasen oder einen Vogel, wie jedes Raubtier, das sich auf diese Weise am Leben erhält, und lungert nicht den ganzen Tag herum: Die Jagd nach Nahrung hat tagsüber absolute Priorität.

Ich versetzte mich in die Lage der Hunde und dachte: »Wenn ihr den ganzen Tag nichts zu fressen gekriegt habt und die Menschen sich dann abends hinsetzen und vor eurer Nase genüsslich speisen, während ihr erst danach an die Reihe kommt, müsst ihr ja gierige Schlinger werden.« Ich wusste also, dass das Fressen eine tolle Möglichkeit ist, die Signale der Rudelführerschaft zu verstärken, doch ich aß nie mein ganzes Frühstück oder Abendessen in aller Ruhe vor ihren Augen; ich wollte mir etwas anderes überlegen, um wichtige Informationen zu übermitteln. Eine neue Methode musste her.

Ich machte die Erfahrung, dass schnelle, instinktive Information am günstigsten ist, wahrscheinlich deshalb, weil ein Hund ja überhaupt keine Vorstellung von der Zukunft hat. Manchmal kann die kleinste Geste eine Fülle von Informationen weitergeben. Eines Tages kam mir der richtige Gedanke. An diesem Abend legte ich, bevor ich den Hunden ihr Futter zubereitete, einen Keks auf einen Teller. Dann nahm ich ihre Näpfe, füllte sie und ließ sie auf der Ablage stehen. Danach nahm ich den Keks, und zwar so, als ob er aus ihren Näpfen käme, und aß ihn auf. Und wieder versetzte ich mich in ihre Rudelmentalität. Was sehen sie jetzt? Sie sehen, wie du aus ihrem Napf isst. Was wirst du dadurch für sie? Die Rudelführerin.

Ich wollte damit nicht etwa gegen schlechtes Benehmen beim Fressen angehen. Es gab keine besonderen Probleme während der Fütterung. Im Gegenteil, es war die Zeit, in der ich mit der ungeteilten Aufmerksamkeit der Hunde rechnen konnte und in der sie brav waren. Sie bekamen jeder seinen eigenen Napf, verteilt in Küche und Diele. Jeder kannte seinen Platz und führte sich anständig auf, wenn man von der Gewohnheit absieht, dass sie anschließend die leeren Näpfe der anderen erkundeten. Nein, diese neue Aktion hatte nur den Zweck, die Botschaft zu unterstreichen, die ich ihnen auf anderen Gebieten bereits übermittelt hatte.

Doch sie spürten ganz schnell, dass irgendetwas anders war. Ich erinnere mich, wie seltsam sie mich ansahen und offenbar versuchten, mir vom Gesicht abzulesen, was das nun wieder sollte. Erst gab es einige Unruhe. Sie sprangen und jaulten ein bisschen herum, doch bald hatten sie sich an das Ritual gewöhnt und warteten geduldig, bis ich meinen Keks aufgegessen hatte. Sie schienen zu akzeptieren, dass zuerst ich satt sein musste, bevor sie fressen durften. Als ich ihnen dann ihre Näpfe auf den Boden stellte, fraßen sie zufrieden. Keine große Änderung also, doch die Botschaft, dass ich der Anführer war, wurde noch verstärkt, und ich hatte damit ein weiteres Ass im Ärmel. Zu diesem Zeitpunkt war ich, wie ich zugeben muss, recht zufrieden mit mir. Doch im Leben geht es auf und ab, und schon bald erlebte ich einen furchtbaren Rückschlag. Im Sommer 1992 hatte ich Sandy verloren und nun, im Februar 1994, starb auch noch mein geliebter Khan. Sein Tod traf mich wie ein Schlag. Mehr als die anderen Hunde war er mit mir durch Höhen und Tiefen gegangen und es blieben nur noch Sasha und Kim, der Beagle, übrig. Ich vermisste meine Lieblinge schrecklich und es musste erst ein neuer Hund dazukommen, damit ich alle meine Ideen umsetzen konnte.

Kapitel 5

Der erste Test

Ein paar Wochen nach Khans Tod fand ich mich im örtlichen Tierheim wieder. Eigentlich wollte ich den Chef, einen guten Freund, sprechen, und dass ich dort war, hatte mit den Tieren nichts zu tun. Wenn ich mich recht erinnere, wollten wir uns fürs Theater verabreden. Mein Freund war gerade beschäftigt, und so entschloss ich mich, mir die Wartezeit mit einem Rundgang durch das Tierheim zu verkürzen. Dabei traf ich auf das Jämmerlichste, was mir im Leben bis dahin begegnet war. In einem der Zwinger erblickte ich diesen dünnen, Mitleid erregenden kleinen Jack Russell. Ich wusste, dass diese Hunde als schnappende und aggressive Knöchelbeißer bekannt sind und hatte mich für diese Rasse nie erwärmen können. Doch es war unmöglich, von dieser armen Kreatur nicht magisch angezogen zu werden. Er zitterte, nicht nur weil es Winter und kalt war; ich sah auch die schiere Angst in seinen Augen.

Bald kannte ich seine herzzerreißende Geschichte. Als man ihn fand, war er mit einer Schnur an einen Betonblock gebunden, hatte tagelang nichts gefressen und war völlig ausgezehrt. Das Mädchen, das sich im Tierheim um ihn kümmerte, erzählte mir, er liefe immer davon und wirke recht bissig.

Mich auf die Suche nach einem neuen Hund zu machen, war das Letzte, was ich mir vorgestellt hatte. Dennoch fuhr ich mit einem neuen Familienmitglied nach Hause, das zitternd auf dem Rücksitz saß. Ich nannte ihn Barmie, einfach weil er, nun ja, ein bisschen übergeschnappt war [barmy ist ein englischer Slangausdruck für »verrückt«; Anm. d. Ü.]. Als wir zu Hause angekommen waren, setzte er sich unter den Küchentisch und knurrte jedes Mal, wenn ich vorbeiging. Doch ich sah, dass es nicht Aggression war, sondern Angst. Kein Wunder, wenn man bedachte, wie er behandelt worden war.

Ich hatte Barmie nicht als Versuchskaninchen zu mir genommen, doch bald dachte ich mir, dass er mir gute Dienste leisten könnte. Bis jetzt hatten sich alle meine Hunde vergleichsweise gut angepasst, eben wie Tiere, die immer gut behandelt wurden. Hier war nun einer, der nichts als Misshandlung kannte. Im Laufe der kommenden Wochen würde mir Barmie die Chance geben, die Erfahrungen, die ich mit meinen anderen Hunden gesammelt hatte, auf den Prüfstand zu stellen und alle Puzzlestücke zu einem Ganzen zusammenzufügen. Als Dank dafür hoffte ich diesem geplagten kleinen Hund helfen zu können, seine Vergangenheit zu vergessen.

Inzwischen hatte sich eine goldene Regel herauskristallisiert: Was die traditionellen Trainingsmethoden auch empfahlen – man musste genau das Gegenteil tun. So widerstand ich der Versuchung, mich auf Barmie zu stürzen und ihn mit Bekundungen von Liebe und Zuneigung zu überschütten. Dabei zeigte er sich manchmal so unglaublich verletzlich! Es gab Tage, an denen ich ihn am liebsten fest an mich gedrückt hätte, um ihn spüren zu lassen, dass ich ihn mochte. Stattdessen musste ich mich zwingen, gar nicht in seine Welt einzudringen und ihn einfach in Ruhe zu lassen. So saß er da unter dem Küchentisch und starrte vor sich hin. Und ich versah meine Arbeit rund ums Haus, als ob nichts wäre.

Grundsätzlich gilt, so hatte ich gelesen und gesehen, dass es 48 Stunden dauert, bis ein Hund seine Umgebung erkundet hat. Dann braucht er ungefähr zwei Wochen, um sich an das neue Heim zu gewöhnen. Das ist genau dasselbe, wenn Sie eine neue Stelle antreten, Sie benötigen zwei Tage, um mit Ihrem Schreibtisch vertraut zu sein, und mindestens zwei Wochen, um Ihren Platz in der neuen Firma zu finden. So ging ich in den nächsten zwei Wochen auf übliche Weise meiner Wege und überließ ihn praktisch sich selbst. Wenn ich zu ihm sprach, klangen meine Worte so liebevoll wie möglich. Hin und wieder schaute ich ihn quer durch den Raum an und sagte einfach: »Hallo, Kleiner.« Ich sah, wie dann sein kleiner Schwanz wedelte, aber das schien fast gegen seinen Willen zu geschehen, so als ob er nichts dagegen tun könnte. Es war, als ob er wissen wollte, was er denn nun tun sollte, doch ich überließ ihn darüber hinaus sich selbst.

Das Erste, was ich mit ihm ausprobierte, war die »Essgebärde«. Ich wollte ihm zeigen, dass ich für sein Futter sorgte. Zu diesem Zeitpunkt experimentierte ich noch mit dieser Methode, doch es war ein idealer Test, denn ich hatte Barmie auf vier kleine Mahlzeiten pro Tag gesetzt, um ihn allmählich wieder aufzupäppeln. Der kleine Kerl hatte ja gehungert und wog nur etwa zwei Drittel seines Normalgewichts. Er reagierte sofort. Mit zurückgelegten Ohren saß er da und beobachtete, wie ich das Futter herrichtete. Dann begann er mit dem kleinen Schwänzchen zu wedeln, als ob er sagen wollte: »Ja, das hab ich kapiert.« Danach stellte ich ihm den Napf hin und ging weg. Er beobachtete, wie ich mich entfernte, und dann haute er rein.

Er nahm zu und fing langsam, aber sicher an sich zu entspannen. Das Knurren hörte auf, und er begann sich in den Garten zu schleichen, wenn ich draußen die Wäsche aufhängte. Wenn ich manchmal irgendwo saß, näherte er sich mir zaghaft. Ich fasste ihn aber nicht an, sondern ließ ihn gewähren, damit er mich kennen lernte. Noch immer war er sehr empfindlich. Jedes Mal, wenn ich eine Leine hervorholte, starb er fast vor Schreck, denn er wusste, wenn man angebunden wird, gibt es keine Möglichkeit zur Flucht. Ich wollte ihm auf keinen Fall irgendeinen Zwang antun, deshalb legte ich die Leine erst einmal beiseite. Mein wichtigster Grundsatz war, dass ich ihn sich selbst überlassen, ihm Zeit geben musste, bis er von sich aus Anschluss suchte.

Der Durchbruch kam nach etwa einem Monat, als ich draußen im Garten mit Sasha Ball spielte. Es war jetzt Frühling, und plötzlich erschien Barmie im Garten, in der Schnauze trug er einen Gummi- oder Wurfring. Er hatte beschlossen, mitzumachen, weil er gesehen hatte, dass Sasha Zuwendung bekam, wenn wir zusammen spielten. Ich forderte ihn auf, den Ring hinzulegen, und er tat, was ich verlangte. Langsam hob ich den Ring auf und warf ihn. Barmie jagte hinterher, packte ihn und schoss dann zurück ins Haus, wo er sich unter dem Bett versteckte.

Ich wusste, dass jetzt die Möglichkeit bestand, eine Art Verhaltensmuster zu begründen, deshalb ging ich ihm nicht nach. Ich wollte, dass er dieses Spiel nach unseren Regeln spielte, folglich setzte ich das Spiel mit Sasha fort. Natürlich erschien Barmie nach ein paar Minuten wieder auf der Bildfläche. Wieder kam er mit dem Ring zu mir, ich warf ihn und er rannte, um ihn zu holen. Doch diesmal kam er zurück und brachte mir den Ring. Ich belohnte ihn mit »braver Hund« und wiederholte die Übung. Wieder brachte er mir den Ring.

Jeder Hund hat sein eigenes Lerntempo, wie übrigens auch jeder Mensch. In diesem Fall aber hatte ich es mit einem Hund im Krankenstand, einem verletzten Tier zu tun, deshalb wusste ich, es würde ein langwieriger Prozess sein. Doch schließlich war der Durchbruch geschafft. Jetzt merkte ich, dass Barmie ein selbstbewusster kleiner Hund geworden war. Er hatte erfahren, dass ihm hier niemand etwas antun wollte, er fühlte sich sicher und ich konnte mit ihm weitermachen.

Ich hatte ihm gezeigt, dass ich mit ihm spielen wollte, allerdings nach meinen Spielregeln. Nun fing ich an, ihn zu mir zu rufen. Dabei rief ich mir in Erinnerung, dass Hunde, wie wir alle, eigennützige Kreaturen sind. Ob als Überlebensstrategie oder zum Spaß, Hunde treibt immer die Frage um: »Warum soll ich das tun?« Meine Theorie basiert auf dem Verhaltensprinzip von Ansporn und Belohnung, das ich bei B. F. Skinner gelernt und um das Prinzip des Wolfsrudels und der Anführerschaft des Leittiers erweitert hatte. Ich wusste ja, dass der Anführer nicht nur die Autorität im Rudel, sondern auch sein Versorger war. Also musste auch ich beides sein. Als ich Barmie aufforderte, zu mir zu kommen, hatte ich irgendeinen Leckerbissen in der Hand. Es lief gut, so gut, dass ich anfing, ihn zu streicheln. Das war wegen seiner großen Berührungsempfindlichkeit ein besonders wichtiger Augenblick. Mir kamen fast die Tränen, als er auf diese Geste der Zuneigung reagierte. Ich fragte mich, wie lange er schon keine solche Wärme mehr verspürt hatte.

Als ich anfing ihn zu streicheln, bemerkte ich erst, wie weit ich schon mit ihm gekommen war. Barmie duckte sich, bevor ich ihm über den Nacken strich. Ich hatte andere Hunde im Tierheim erlebt, und auch sie duckten sich. Meine Hunde taten das nicht, und ich fragte mich, warum Barmie sich so verhielt. Bei meinen Nachforschungen fand ich heraus, dass das Genick bei den meisten Säugetieren der verletzlichste Körperteil ist, etwa auch bei uns Menschen. Wie vielen Menschen gestattet man, einem über Kopf und Nacken zu streichen? Nur solchen, denen man vertraut. Wenn Hunde kämpfen, so fängt die Gewalttätigkeit damit an, dass einer über den Nacken des anderen herfällt. Mir fiel eine Äußerung von Monty Roberts ein, dass man bei einem Tier, das einem vertraut, auch die verletzlichste Stelle seines Körpers berühren darf. Das sei die absolute Anerkennung der Rudelführerschaft. Man zeigt damit dem untergeordneten Tier, das man weiß, wie man es vernichten kann. Und durch die Tatsache, dass man es nicht tut, unterstreicht man die eigene Autorität nur noch. Ich erfuhr, wie viel Vertrauen mir jetzt schon entgegengebracht wurde, wie glaubhaft ich meinen Hunden versichert hatte, dass ich der Anführer war, dem sie ihr Leben anvertrauen konnten. Das war ein bewegender Augenblick für mich.

Von meinen anderen Hunden, vor allem von Sasha und Donna, hatte ich eine Menge gelernt. Doch ich arbeitete weiter, um meine Ideen in der Praxis zu erproben. Barmie war mit Abstand mein bester Lehrmeister. Er zeigte mir, dass wir keine Fortschritte machen würden, bevor er sich nicht sicher und wohl fühlte und mir vertraute. Jetzt litt er nicht mehr, hatte keine Angst, und er lernte, weil er es selbst wollte, außerdem vertraute er mir. Ihm verdanke ich auch die Einsicht, dass alle Elemente meiner Methode gleichzeitig berücksichtigt werden müssen. Die Hunde müssen beständig Informationen bekommen, die ihnen konsequent eine Botschaft vermitteln.

Die Geschehnisse der letzten paar Monate waren aufregend und zugleich unglaublich lohnend und bereichernd gewesen. Es lässt sich kaum beschreiben, wie ruhig und gelassen die Hunde wurden, es war geradezu beängstigend. Und je mehr ich die Situation in den Griff bekam, je besser ich sie kontrollierte, desto bereitwilliger taten sie das, was ich wollte. Das Erfreulichste aber war die Tatsache, dass dazu kein Zwang und keine so genannte Gehorsamsarbeit notwendig war. Ich hatte den Beweis für etwas erbracht, das ich schon lange gefühlt hatte: Es ist möglich, dass mir Hunde gehorchen, weil sie es so wollen und nicht weil sie müssen.

Erwartungsgemäß war die Reaktion der Menschen weniger eindeutig. Bis heute findet das, was ich erreicht habe, wenn ich öffentlich darüber spreche, ein recht unterschiedliches Echo. Manch einer lächelte honigsüß, schüttelte bedächtig sein Haupt, während sein Blick verriet, dass er mich für übergeschnappt hielt. Andere Leute wurden deutlicher und sagten: »Ach, du bist grausam« oder: »Du mit deinen dämlichen Ideen.« Ich habe kein besonders dickes Fell, gebe das auch nicht vor, und ich gestehe, dass ich betroffen war. Mehrmals dachte ich mir: »Warum tue ich mir das alles an, warum plage ich mich so?« Doch dann dachte ich an Monty Roberts, der als Kind von seinem Vater wegen seiner Ideen geschlagen worden war und der sich fast vierzig Jahre lang den Spott der Pferdesportwelt hatte gefallen lassen. Und ich sagte mir, wenn er das ausgehalten hat, kann ich es auch. So war es vielleicht gar nicht überraschend, dass unter denen, die verstanden, was ich wollte, auch Wendy war, die mich mit am meisten unterstützt und mich später mit Monty Roberts bekannt gemacht hat. Sie übernahm meine Methode und probierte sie an ihren Hunden mit ermutigendem Erfolg aus. Sie spornte mich immer wieder zum Durchhalten an.

Denn langsam aber sicher verbreiteten sich meine Ideen, und manche Leute fragten mich nun schon, wie sie die Methode im Umgang mit Problemhunden nutzen könnten. Ich fing an die Leute zu besuchen und bei ihren Tieren anzuwenden, was ich bei meinen eigenen Hunden gelernt hatte. Was sie mit eigenen Augen sahen, überzeugte die Menschen. In einem Haus nach dem anderen, das ich besuchte, änderte sich das Verhalten der Hunde umgehend. Ich erlebte immer wieder, dass die Tiere gutwillig und bereit waren, sich zu ändern. Das war etwas Wunderbares und ich fühlte mich, in aller Bescheidenheit, privilegiert.

Sechs Jahre später hatte ich bereits mit Hunderten von Hunden gearbeitet. Die Kommunikationstechnik, die ich entwickelt hatte, änderte und verbesserte in allen Fällen das Verhalten der Tiere. Inzwischen bin ich so weit, dass ein Hundebesitzer erreicht, dass sein Hund das tut, was er von ihm will, wenn er sich an meine Vorschläge hält. Die Prinzipien, die ich in jenen aufregenden Zeiten entwickelt und festgelegt habe, sind heute die Grundlage meiner Arbeit. Von ihnen soll im folgenden Teil dieses Buches die Rede sein.

Kapitel 6

Amichien Bonding: Die Führung im Rudel etablieren

Ich schätze die Intelligenz des Hundes ganz gewiss hoch ein. Und zu manchen Zeiten frage ich mich sogar, ob diese Tiere nicht klüger sind als einige Menschen, denen ich begegne… Doch selbst ich musste akzeptieren, dass es Dinge gibt, die über ihren Horizont gehen. Hunde können niemals die menschliche Sprache erlernen. Die schlechte Nachricht lautet demzufolge, dass wir, um erfolgreich mit unseren Hunden zu kommunizieren, ihre Sprache lernen müssen. Diese Aufgabe aber setzt Aufgeschlossenheit und Achtung vor dem Tier voraus. Wer einen Hund als minderwertiges Wesen, als eine Art Untertan betrachtet, wird bei ihm kaum etwas erreichen. Der Hund muss von uns jederzeit um seiner selbst willen respektiert werden.

Doch nun die gute Nachricht: Weltweit sprechen alle Hunde nur eine einzige Sprache, während wir Menschen uns in einer verwirrenden Vielfalt von Sprachen und Dialekten verständigen müssen. Die Sprache der Hunde ist ruhig und extrem aussagekräftig und besteht im Grunde genommen nur aus einer Reihe von Prinzipien. Mit ein paar unbedeutenden Variationen bestimmen sie die Verhaltensmuster aller Hunde. Um die Prinzipien dieser Sprache zu verstehen, müssen wir zuerst die Gemeinschaft verstehen, in der alle unsere Hunde zu leben glauben, das Wolfsrudel.

Natürlich hat sich der Hund unserer Zeit in Aussehen und Lebensweise von seinen Urahnen weit entfernt. Doch die Evolution hat seine grundlegenden Instinkte nicht verändert. Zwar wurde der Hund aus dem Wolfsrudel herausgenommen, doch hat er dabei die im Wolfsrudel geltenden Grundregeln nicht verloren. Zwei ungeheuer wirksame Kräfte lenken das Leben im Wolfsrudel. Die erste ist der Überlebenstrieb, die zweite der Fortpflanzungstrieb. Um Überleben wie Fortpflanzung zu garantieren, hat der Wolf ein hierarchisches System entwickelt, das so unerbittlich und erfolgreich ist wie das jeder anderen Tierart auch. Ein Rudel besteht aus dem Anführer und seinen Untergebenen. Und an der Spitze der Rangordnung jedes Rudels rangieren die absoluten Herrscher: das Alphapaar.

Aufgabe des Alphapaares, also der stärksten, gesündesten, intelligentesten und erfahrensten Mitglieder des Rudels, ist es, das Überleben aller sicherzustellen. Dafür beherrschen sie das Rudel und bestimmen alles, was gemacht wird. Sie festigen ihre Stellung unter den Artgenossen durch die permanente Demonstration ihrer Autorität. Die wird noch zusätzlich dadurch gestärkt, dass sie als Einzige im Rudel für die Fortpflanzung sorgen. Das Alphapärchen kontrolliert und lenkt das Leben im Rudel, die übrigen Mitglieder akzeptieren unverbrüchlich die Regeln. Jedes untergeordnete Tier ist zufrieden, weil es seinen Platz kennt und auch seine Aufgaben innerhalb der Rangordnung. Sie alle leben glücklich in dem Bewusstsein, dass sie eine lebenswichtige Rolle für das Wohlergehen des Rudel zu spielen haben.

Die Hierarchie wird ständig durch ein stark ritualisiertes Verhalten gestärkt. Ein ständiger Wechsel im Rudel – Alphatiere und ihre Untergebenen werden getötet oder alt und dann ersetzt – macht solche Rituale überlebenswichtig. Was nun die modernen Abkömmlinge der Wölfe, unsere Haushunde, angeht, so liefern vier Hauptrituale gleichsam den Schlüssel zum Rudelinstinkt, der in ihnen weiterlebt. Sie bilden das Grundgerüst der folgenden Erläuterungen.

Es überrascht kaum, dass das Alphapaar während der Jagd und bei der Fütterung die wichtigste Rolle spielt. Die Nahrung ist schließlich das fundamentale Bedürfnis des Rudels, sein Überleben hängt davon ab. Als stärkste, erfahrenste und intelligenteste Mitglieder des Rudels übernehmen die Alphatiere die Führung bei der Suche nach neuen Jagdgründen. Wenn die Beute ausgemacht ist, dominieren sie Jagd und Töten. Nirgendwo wird die Rolle der Alphatiere als Hauptentscheidungsträger deutlicher: Die Beute der Wölfe reicht von der Maus bis zum Büffel oder Elch. Ein Rudel kann Stunden damit verbringen, sich anzupirschen, das Beutetier in die Enge zu treiben und umzubringen, und es legt dabei manchmal fünfzig, sechzig Kilometer zurück. Die Organisation einer solchen Jagd erfordert eine Mischung aus Entschlossenheit, taktischem Geschick und Führungsqualitäten.

Wenn die Beute erlegt ist und die Mahlzeit beginnt, hat das Alphapaar wiederum absoluten Vorrang. Das Wohl des Rudels hängt schließlich davon ab, dass die Anführer bei Kräften bleiben. Erst wenn sie satt und zufrieden sind und signalisieren, dass ihre Mahlzeit abgeschlossen ist, dürfen sich die anderen Rudelmitglieder über die Beute hermachen. Auch das geschieht entsprechend der strengen Rangordnung, nach der die älteren Tiere zuerst und die jüngeren zuletzt drankommen. Wenn das Rudel in sein Lager zurückkehrt, werden die Jungen und ihre Aufsicht mit dem gefüttert, was die Jäger von ihrem Fressen wieder heraufwürgen. Diese Ordnung ist absolut und unumstößlich. Jeder Wolf reagiert aggressiv auf einen Artgenossen, der im Widerspruch zur Rangordnung versucht, vor ihm zu fressen. Auch die

Tatsache, dass die Rudelmitglieder Blutsverwandte sind, hindert ein Alphatier nicht daran, jeden, der gegen die strengen Regeln verstößt, anzugreifen.

Das Alphapaar vergilt den Respekt, den ihm das Rudel entgegenbringt, mit aufopferungsvoller Sorge für sein Wohlergehen. Denn sobald Gefahr droht, haben die beiden Alphatiere die Verpflichtung, das Rudel zu schützen. Und damit sind wir, nach Jagd und Fütterung, bei der dritten Situation, in der die natürliche Ordnung des Rudels von Bedeutung ist. Das Alphapaar nimmt seine Führerrolle unerschrocken wahr, und zwar an vorderster Front. Es reagiert auf eine Bedrohung auf dreierlei Weise – durch Flucht, Abweisung oder Kampf. Das heißt, es sucht sein Heil entweder in der Flucht an der Spitze des Rudels, im Ignorieren der Bedrohung oder in der Selbstverteidigung. Für welche Reaktion sich die Alphatiere auch entscheiden – das Rudel wird voll hinter ihnen stehen.

Das vierte wichtige Ritual wird praktiziert, wenn das Rudel nach einer Trennung wieder vereint ist. Sobald sich die Gruppe erneut versammelt hat, muss das Alphapaar alle eventuellen Unklarheiten beseitigen, indem es seine dominante Rolle durch klare Signale an die übrigen Rudelmitglieder unterstreicht. Das Paar hat einen bestimmten Freiraum um sich, eine Zone der persönlichen Behaglichkeit, und es agiert innerhalb dieser Zone. Kein anderes Rudelmitglied darf in diesen Raum eindringen, wenn es nicht ausdrücklich dazu aufgefordert wird. Indem das Alphapärchen die Aufmerksamkeit eines anderen Tiers, das seine Zone betreten möchte, zurückweist oder akzeptiert, verstärkt es seinen Führungsanspruch im Rudel, ohne dass es zu Gewalt oder Grausamkeiten kommt.

Auch wenn wir glauben, wir hätten es mit vollständig gezähmten Haustieren zu tun, so sind doch unsere Hunde tatsächlich davon überzeugt, aktiv handelnde Mitglieder einer Gemeinschaft zu sein, deren Prinzipien und Rituale direkt von denen eines Wolfsrudels abgeleitet sind. Ob dieses Rudel nur aus dem Hund und seinem Besitzer oder aus einer Großfamilie von Menschen und anderen Tieren besteht, spielt dabei keine Rolle. Der Hund glaubt immer, er sei Teil einer sozialen Gruppe und einer Rangordnung, an die man sich für alle Zeiten zu halten hat. Alle Probleme, die wir mit unseren Hunden haben, wurzeln in der Meinung unserer Hunde, dass nicht wir, ihre Besitzer, sondern sie die Anführer ihres speziellen Rudels seien. Und genau das macht die Sache so schwierig.

In unserer modernen Gesellschaft halten wir uns Hunde als ewige Hundekinder, die wir füttern und um die wir uns kümmern müssen. Die Tiere brauchen nie für sich selbst zu sorgen. Deshalb dürfen wir ihnen niemals die Verantwortung von Alphatieren eines Rudels überlassen, weil sie dieser nicht gewachsen sind und mit dieser Aufgabe nicht fertig werden. Die Verantwortung lastet dann als schwerer Druck auf ihnen und führt zu genau den Verhaltensstörungen, die wir so oft erleben.

Die Hunde, mit denen ich im Lauf der letzten Jahre gearbeitet habe, litten unter verschiedenen Symptomen: Sie waren bissig oder erschreckten harmlose Radfahrer durch giftiges Bellen. Doch in wirklich jedem einzelnen Fall lag die Wurzel allen Übels einzig in der Tatsache, dass der Hund seinen Platz im Rudel falsch einschätzte. So begann meine Arbeit immer wieder auf dieselbe Weise, indem ich das so genannte Amichien Bonding von vorn bis hinten praktizierte. Nicht ein einziges Mal konnte ich darauf verzichten. Es ist absolut unerlässlich.

Dieses Bonding lässt sich in vier verschiedene Elemente untergliedern. Jedes entspricht einem bestimmten Zeitpunkt, zu dem die Hierarchie etabliert und unterstrichen wird. Bei jeder dieser Gelegenheiten ist der Hund mit einer Frage konfrontiert, die wir an seiner statt beantworten müssen.

- Wer ist der Anführer, wenn sich das Rudel nach einer Trennung wieder vereint?
- Wer beschützt das Rudel, wenn es angegriffen wird oder in Gefahr ist?
- Wer führt das Rudel auf der Jagd an?
- In welcher Reihenfolge wird gefressen?

Es handelt sich hier um eine ganzheitliche Arbeitsmethode: Alle vier Elemente müssen in Verbindung miteinander stehen und sie sollten ständig wiederholt werden, tagaus, tagein. Der Hund muss tatsächlich mit Signalen bombardiert werden, damit er begreift, dass es nicht zu seinen Aufgaben gehört, sich um seinen Besitzer zu kümmern, dass er nicht auf das Haus oder die Wohnung aufpassen muss, dass von ihm nichts anderes erwartet wird, als »sich zurückzulehnen« und ein angenehmes, bequemes Leben zu führen. Wie ein Mantra müssen die Signale ständig wiederholt werden. Nur dann nimmt der Hund die Botschaft auf, dass er nicht im Dienst ist. Wenn das erreicht ist, wird der Umgang mit den speziellen Problemen des individuellen Hundes wesentlich leichter.

I. Wieder vereint – Die Fünf-Minuten-Regel

Die erste Voraussetzung für das Amichien Bonding besteht darin, im Alltag zu Hause seinen Führungsanspruch durchzusetzen. Dazu nutzt man am besten die Augenblicke, in denen sich Hund und Besitzer nach einer Trennung wiedersehen. Die meisten Leute glauben, man werde ja nur zwei-, dreimal täglich wieder vereint, etwa wenn Frauchen oder Herrchen vom Einkaufen oder aus dem Büro heimkommt.

Tatsächlich aber gibt es jeden Tag unzählige Gelegenheiten, bei denen man sich nach einer oft nur ganz kurzen Trennung wiedersieht.

Nach allem, was wir inzwischen wissen, sollten wir in unserem Hund nicht nur ein liebenswertes Haustier sehen, sondern ihn auch als potenziellen eifrigen Beschützer und absolut engagierten Anführer eines Wolfsrudels erkennen. Gleichgültig, ob sein Besitzer das Haus verlässt oder nur aus dem Zimmer in den Garten oder ins Bad geht, für den Hund ist dies ein Augenblick, in dem sich ein Schutzbefohlener oder ein »Welpe« aus seiner sicheren Obhut entfernt. Der Mensch weiß ungefähr, wie lange es bis zu seiner Rückkehr dauert, der Hund aber nicht. Sein Schützling könnte auch gar nicht mehr wiederkommen und ihn nie mehr wiedersehen. Ob er oder sie also für acht Stunden oder acht Sekunden verschwindet – im Moment der Rückkehr spult der Hund das ganze Ritual ab, dessen Ziel die (Neu-)Etablierung seines Führungsanspruchs ist. Um das zu vermeiden, muss der Besitzer selbst das Verhalten eines Anführers an den Tag legen. Und der erste Schritt, um diesen Führungsanspruch geltend zu machen, besteht darin, dass man den Hund zu ignorieren lernt.

Alle Hunde haben ihre diversen Rituale für die Wiedervereinigung mit ihrem Besitzer. Sie fangen an herumzuspringen oder zu bellen, kriechen herum oder schleppen Spielsachen an. Was sie auch machen, der Mensch sieht es einfach nicht und gibt vor, gar nichts zu bemerken. Tut er das nicht, so bedeutet dies eine Bestätigung für den Hund: Sein Verhalten war erfolgreich, er hat Aufmerksamkeit erregt und damit erreicht, was er wollte. Seine Vorrangstellung ist bestätigt. Auch wenn sich der Besitzer nur an den Hund wendet und »Aus!« ruft, glaubt das Tier schon, sein Ziel sei erreicht. Wichtig ist, dem Hund auf keinerlei Weise Beachtung zu schenken, also weder Augenkontakt zu suchen, noch mit ihm zu sprechen und ihn schon gar nicht anzufassen – außer um ihn sanft wegzuschieben.

Und der Hund kann noch so aufgeregt oder gar aggressiv sein, bei so konsequenter Nichtbeachtung beschließt er sicher bald, das Ritual zu beenden und abzuziehen. In den meisten Fällen geht er wahrscheinlich für kurze Zeit hinaus, um das Geschehen zu verarbeiten. Vielleicht kommt er zurück und versucht das Ganze noch einmal. In dem Fall hilft nur weiteres Ignorieren. Der Hund spürt aber bereits die grundlegende Veränderung, die in seiner Umgebung eingetreten ist. Jedes Mal, wenn er zurückkommt, versucht er beim neuen Rudelführer einen wunden Punkt zu treffen. Ich habe Hunde erlebt, die es bis zu einem Dutzend Mal probiert haben, bevor sie schließlich aufgaben. Jedes Mal aber wird die Vorstellung, die sie geben, ein bisschen gedämpfter. Schließlich ist das Gekläff kaum noch hörbar. Trotzdem kann man in der Lektion nicht fortfahren, bis das gesamte Repertoire des Hundes erschöpft ist. Jeder Versuch, vorher etwas mit ihm anzufangen, wäre zwecklos.

Der Hund signalisiert, wenn er mit seinem Widerstand am Ende ist: Er entspannt sich oder geht hinaus und legt sich irgendwo hin. Dies ist der erste Hinweis für den Besitzer, dass der Hund sie beide und ihre Beziehung nun in einem anderen Licht sieht. Das Nachgeben des Hundes ist ein Hinweis auf den neuen Respekt, den er dem Freiraum seines Besitzers zollt. Damit ist dieser Prozess zwar noch nicht abgeschlossen, aber ein wichtiger Durchbruch geschafft.

Ein entscheidender Faktor ist nun, dass mindestens fünf Minuten lang nichts geschieht. Man kann dem Hund auch länger Zeit lassen, doch auf keinen Fall sollte man irgendetwas Neues versuchen, bevor die fünf Minuten vorbei sind. Ich spreche hier von einer Auszeit. In dieser Zeit soll man seiner normalen Alltagsroutine nachgehen. Wer ungeduldig wird, kann ja in die Küche gehen und sich einen

Kaffee oder Tee kochen. Das überbrückt diese Pause, deren Zweck einzig und allein darin besteht, in aller Ruhe den Vorgang der Entthronung des Hundes einzuleiten. Der Mensch tut mit dieser Pause nichts weiter, als den Hund zu ermuntern, sich mit dem Vorgefallenen noch ein wenig zu beschäftigen. Er, der Hund, muss Gelegenheit haben, festzustellen, dass zweierlei geschehen ist. Erstens hat das bisher übliche Ritual keinerlei Erfolg gehabt und zweitens ist eine Veränderung in der Beziehung zum Rudelmitglied Mensch eingetreten. In der Rangordnung hat sich eine subtile Verschiebung ereignet.

Manche Hunde nehmen das schneller wahr als andere, es kann also kürzer oder länger dauern. Nach meiner Erfahrung genügen aber fünf Minuten, damit der Hund das Erlebte sozusagen verdaut. Wenn Ihr Hund noch während dieser Zeit zu Ihnen kommt, ohne dass er dazu aufgefordert wurde, müssen Sie ihn weiter ignorieren. Selbst wenn er Ihnen auf den Schoß springt, wird er ohne ein Wort weggeschoben. Man darf ihm in dieser Situation nicht erlauben, irgendetwas zu fordern.

Das kann, vor allem bei großen Hunden, natürlich eine Herausforderung sein. Doch man muss wirklich standhaft bleiben. Wenn der Besitzer steht und der Hund sich ihm nähert, kann man den Annäherungsversuch mit dem Körper oder durch Wegdrehen abwehren. Springt der Hund hoch und legt einem die Vorderpfoten auf den Schoß, drückt man ihm mit der Hand ruhig gegen die Brust und schiebt ihn weg. Das Tier bekommt natürlich nicht etwa einen Stoß oder groben Schubs! Bei dieser Abwehr – das möchte ich ganz besonders betonen – wird kein Wort gesprochen. Selbst wenn man nichts weiter sagt als »Geh!«, vermittelt man dem Hund schon den Eindruck, er habe sich durchgesetzt und sei anerkannt. Wenn die fünf Minuten vorbei sind, kann man sich wieder mit ihm beschäftigen. Doch sollte dies auf eine Weise geschehen, die den neuen Führungsanspruch des Besitzers unterstreicht.

Oft meinen Leute vorwurfsvoll, es sei grausam, einen Hund auf diese Weise zu ignorieren. Ich antworte ihnen darauf immer dasselbe: Wenn ich meine Beziehung zu meinem Hund auf eine sichere und korrekte Basis stelle, habe ich viel mehr Freude an seiner Gesellschaft. Indem ich mir die Freiheit nehme, alle andere Arbeit, die auf mich wartet, ungestört zu erledigen, kann ich die Zeit, die ich mit meinem Hund verbringe, viel mehr genießen. Als Hundebesitzer sollte man versuchen, von Anfang an eine möglichst unbeschwerte Zeit mit seinem Tier zu verbringen. Das bedeutet ja auf keinen Fall, dass Sie Ihren Hund von jetzt an ignorieren sollen. Nein, Sie können sich ruhig Umstände machen und Ihren Liebling verwöhnen, wenn Sie möchten – aber zu Ihren eigenen Bedingungen. Hunde sind in einer so geregelten Beziehung glücklicher, weil es keine Unklarheit darüber gibt, wer auf wen aufzupassen hat.

DER HUND KOMMT

Sobald die fünf Minuten vorbei sind, kann das Training nach den neuen Regeln beginnen. Und die erste Aufgabe, die ich den Besitzern zu stellen pflege, lautet: Sorgen Sie dafür, dass der Hund zu Ihnen kommt, wenn Sie es möchten. Das funktioniert nach dem Prinzip von Aufforderung und Belohnung. Ich verwende absichtlich den Begriff »Aufforderung« anstelle von »Kommando«, denn es handelt sich hier um eine Straße mit zwei Richtungen. Denken Sie immer daran: Wir versuchen eine Situation herbeizuführen, in der Ihr Hund etwas aus freien Stücken tut. Wir möchten, dass er Sie freiwillig als Rudelführer anerkennt.

Und bitte, denken Sie daran, dass Sie im weiteren Verlauf des Trainings immer Blickkontakt mit Ihrem Hund suchen und ihn stets mit seinem Namen rufen. Ganz wichtig ist natürlich auch, die Belohnung nicht zu vergessen, wenn er sich richtig verhalten hat und Ihrer Aufforderung gefolgt ist. Woraus diese Belohnung besteht, hängt ganz von den individuellen Vorlieben ab. Kleine Käsestückchen oder ein paar Bissen gehackte Leber oder anderes Fleisch sind meist sehr begehrte und wirksame Leckerbissen. Aber Sie wissen ja ohnehin am besten, was Ihr Hund besonders gern mag.

Eine Dame fragte mich einmal, ob sie ihrem Hund als Belohnung eine ganze Dose Hundefutter geben solle. Wenn man bedenkt, wie viele Belohnungen in diesem frühen Stadium des Trainings fällig sind, dürfte das schnell ein bisschen viel werden. Denken Sie also daran, die Belohnungen sinnvoll zu dosieren.

Das Wichtigste dabei ist, dass der Hund die Belohnung praktisch schon auf der Zunge hat, sobald er der Aufforderung nachkommt, und dazu lobende Worte wie »braver Hund!« hört. Außerdem empfehle ich, ihm sanft über Kopf und Nacken zu streicheln. Von Anfang an muss sich die wichtige Erkenntnis bei ihm festsetzen, dass er getan hat, was man von ihm verlangt hat und die Belohnung dafür auf dem Fuße folgt. Der Besitzer sendet eine höchst wirksame Botschaft aus, wenn er seinen Hund mit einem Leckerbissen belohnt, ihn mehrfach lobt, ganz wichtige Zonen seines Körpers liebevoll streichelt und das alles von jetzt an regelmäßig wiederholt.

Hier handelt es sich um ein bei der Etablierung der Rudelführerschaft besonders heikles und entscheidendes Stadium. Deshalb müssen Sie so lange üben, bis der Hund wirklich genau das tut, wozu Sie ihn auffordern. Es kann beispielsweise durchaus passieren, dass Ihr Hund auf die Aufmerksamkeit und vor allem auf die Streicheleinheiten, die Sie ihm zuteil werden lassen, unruhig und gereizt reagiert. Wenn er dann wieder in seine alten Verhaltensweisen zurückfällt, müssen Sie das Training sofort abbrechen und eine Pause von mindestens einer Stunde einlegen, um danach ganz von vorn zu beginnen. Der Hund muss wissen, dass solches Verhalten für ihn Konsequenzen hat: Auf gutes Benehmen folgen Leckerbissen und Lob, auf schlechtes Benehmen eine für ihn unerfreuliche Reaktion. Vor allem muss er dann auf das verzichten, was ihm das Wichtigste ist: auf Ihre Aufmerksamkeit. Wenn es also dazu kommt, empfehle ich Ihnen, noch einmal von vorn anzufangen und das Ganze so lange ruhig und entschieden zu wiederholen, bis Ihr Hund begreift, was Sie von ihm wollen. Ein Hundehalter darf nichts überstürzen und soll vor allem nicht ärgerlich werden.

In diesem Stadium gibt die Schaffung von so genannten »Tabuzonen« innerhalb des Hauses dem Besitzer ein weiteres Hilfsmittel an die Hand. Von Anfang an kann man dem Hund beibringen, dass bestimmte Bereiche der Wohnung den Menschen vorbehalten sind. Auch dies wird das Tier akzeptieren, und zwar aufgrund seiner wölfischen Instinkte. Auch im Rudel wird die Privatsphäre, die das Alphapaar um sich herum schafft, jederzeit respektiert. Nur nach Aufforderung eines Alphatiers betreten die untergebenen Rudelmitglieder diesen Bereich.

Eigentlich sollte ein Hund auf dieses neue System sofort reagieren. Sobald das der Fall ist, brauchen Sie in den nächsten paar Tagen die ganze Prozedur nur noch mehrfach zu wiederholen und sollten dabei immer auf die gleiche Weise beginnen und enden. Der weitere Fortschritt besteht dann in der stetig zunehmenden Bereitschaft des Hundes, der Aufforderung nachzukommen, und zwar ohne herumzujagen. Schließlich werden Sie feststellen, dass Sie Ihr Ziel erreicht haben. Ich vergleiche das Verhalten eines nach meiner Methode trainierten Hundes gern mit dem eines wohl erzogenen Kindes, das auf die Autorität eines guten Lehrers reagiert. Wenn es in der Schule aufgerufen wird, reagiert es mit Aufmerksamkeit und erwartet die Frage oder Aufgabe, die ihm gestellt wird. Der Hund soll sich ganz genauso verhalten. Ich möchte, dass er dasitzt oder -steht, seinen Besitzer durch Augenkontakt als Autorität akzeptiert und dann irgendeine beliebige Aufgabe erwartet.

Hunde haben wirklich viele wunderbare Eigenschaften, können aber meines Wissens nicht Gedanken lesen. Sie wissen nicht, was wir von ihnen wollen. Deshalb müssen ihre Besitzer bestimmte Fundamente schaffen, mit denen sie ihren Führungsanspruch untermauern. Das Ergebnis wird eine ganz neue Beziehung zwischen beiden sein. Der Hund braucht nicht mehr herumzuraten, was der Mensch eigentlich von ihm will. Er ist bereit, zuzuhören und der Aufforderung des Herrchens oder Frauchens zu folgen. Daneben ist er aber auch in der Lage, sich zu entspannen und seines Lebens zu freuen.

II. Gefahrensignale

Eine der Regeln, auf die ich bei der Arbeit mit Hundebesitzern großen Wert lege, ist die enge Zusammengehörigkeit aller vier Elemente des Amichien Bonding. Wenn Sie mit dem ersten Teil des Lernprozesses beginnen, sollten Sie gleichzeitig schon den zweiten wichtigen Bereich berücksichtigen, und zwar die Augenblicke, in denen Gefahren wahrgenommen werden. Als solch einen Moment empfindet der Hund meist die Ankunft von Besuchern zu Hause. Jeder von uns hat schon Hunde erlebt, die beim ersten Klingelton oder beim Anschlagen des Türklopfers zu Berserkern wurden. Und es gibt keinen Briefträger und keinen Milchmann auf der ganzen Welt, der nicht schon Gegenstand derartiger unerwünschter Aufmerksamkeit gewesen ist. Auch zum Verständnis dieses Verhaltens lässt sich das Wolfsrudel heranziehen. Wenn der Hund glaubt, er sei der Anführer seines Rudels, sieht er es einfach als seine Aufgabe an, das Rudel zu verteidigen. In solchen Augenblicken reagiert er also auf eine noch nicht zu identifizierende Bedrohung. Irgendjemand oder irgendetwas will in die Gemeinschaft eindringen, und er muss unbedingt wissen, wer oder was das ist. Und er ist der Meinung, es falle in seinen Verantwortungsbereich, mit dem Eindringling fertig zu werden.

Hier müssen Hundehalter zweierlei beachten; das eine betrifft sie selbst, das andere den Besucher. Wenn der Hund anfängt zu bellen und herumzuspringen, weil er jemanden an der Tür hört, muss sich der Besitzer als Erstes bei seinem Hund bedanken. Damit erkennt er, der Anführer des Rudels, an, was für eine wichtige Rolle der Hund für die Gemeinschaft spielt. Der Hund hat festgestellt, dass eine potenzielle Gefahr besteht und hat den Entscheidungsträger gewarnt. Wenn der Hund gelobt wurde, ist ihm damit die Verantwortung abgenommen, er kann nun die weitere Entscheidung darüber, ob man den Besucher hereinlässt oder nicht, getrost dem Rudelführer überlassen.

Natürlich sind alle Hunde verschieden. Die einen haben schlechtere Gewohnheiten als andere, deshalb reagieren sie natürlich auch unterschiedlich. Das gilt für die Hunde, aber auch für ihre Besitzer. Nach meinen Erfahrungen gibt es vier Möglichkeiten, mit einer solchen Situation umzugehen. Erstens kann man dem Hund erlauben, mit zur Tür zu kommen. In diesem Fall aber wird der Gast ersucht, den Hund einfach zu ignorieren, und zwar genau so, wie der Besitzer den Hund beim Wiedersehen nach einer Trennung zunächst links liegen lässt. Dem Besucher muss man zu verstehen geben, dass er sich, auch wenn ihm danach zumute ist, nicht um den Hund kümmern darf.

Das fällt besonders Tierfreunden oft sehr schwer, und zwar vor allem bei Hunden, die Aufmerksamkeit heischend dem Gast am liebsten ins Gesicht springen würden. Die erste Alternative zum Umgang mit diesem Problem besteht darin, dass der Besitzer den Hund an die Leine legt. Dann ist die Situation auch besser unter Kontrolle, wenn es schwierig wird.

Ist das Benehmen des Hundes völlig inakzeptabel, muss man sich nach einer weiteren Möglichkeit umsehen und den Hund etwa ins Nebenzimmer bringen. Das soll aber nicht nach Ausgestoßenwerden oder einer Strafaktion aussehen. Der Hund darf nicht mit Gewalt weggeschafft, hinausgetragen oder ausgesperrt werden. Während des ganzen Vorgangs soll der Hund ja positive Assoziationen mit seinem Verhalten in bestimmten Situationen entwickeln. Deshalb halten wir uns am besten an das schon bekannte Belohnungsprinzip. Der Hund wird gelobt, weil er die Gefahr erkannt hat, danach wird ihm die Entscheidung abgenommen, und er bekommt einen besonderen Leckerbissen für gute Zusammenarbeit. Die Tür wird zugemacht und der Hund ist vorübergehend aus dem Verkehr gezogen.

Wenn man mit der Situation so umgeht, hat man selbst Gelegenheit, dem Gast mitzuteilen, worum es eigentlich geht. Danach kann der Hund ruhig wieder in den Wohnraum kommen. Wichtig ist aber, dass keiner ihn anspricht, wenn er hereinkommt. Geschieht das doch, könnte der Hund die Situation falsch einschätzen und sich genauso aufführen wie vorher.

Wenn ein Gast nicht mit der Situation zurechtkommt, und das ist die vierte und letzte Möglichkeit im Umgang mit Besuchern, sollte der Hund in einem anderen Raum bleiben. Bei Kindern ist das manchmal empfehlenswert, aber dazu komme ich noch.

GRUNDLEGENDE KONTROLLE

Das Training von Amichien Bonding lässt sich sehr gut damit vergleichen, wie wir Autofahren lernen. Mit der Zeit gehen einem die normalen Aktionen wie Schalten, Anfahren oder Bremsen in Fleisch und Blut über und nur bei besonderen

Herausforderungen braucht man darüber, was zu tun ist, noch nachzudenken. Auch beim Hund sind die meisten Informationen als praktisches Wissen im Unterbewusstsein gespeichert, und das macht das Zusammenleben mit dem Hund noch angenehmer und schöner.

Bestimmt drängt es Sie schon, den reibungslosen Spaziergang zu trainieren. Doch bevor Sie sich in die weite Welt aufmachen können, brauchen Sie noch grundlegendere Fähigkeiten. Das alte Sprichwort – am schönsten ist es zu Hause – gilt auch hier. Wenn es darum geht, den Grundstein für meine Methode zu legen, trifft das sogar ganz besonders zu. Ich bin hundertprozentig davon überzeugt, dass man eine Beziehung wie das Amichien Bonding nur in der gewohnten Umgebung des Hundes entwickeln kann. Deshalb empfehle ich allen Hundebesitzern, sich mindestens zwei Wochen Zeit zu geben, um alle Einzelelemente meiner Methode zusammenzufügen.

Natürlich hat die Erziehung zum Kommen auf Zuruf mit dem Bonding, das auf das 5-Minuten-Training folgt, bereits begonnen. Schon in diesem frühen Stadium ist dem Hund erstmals aufgegangen, dass bestimmtes Verhalten belohnt wird, anderes dagegen nicht. Natürlich verlegt er sich auf das Benehmen, das ihm den größten Vorteil verspricht. Das ist das zentrale Prinzip bei jedem einzelnen Element des Trainings und in jedem Stadium.

Für das weitere Training empfehle ich Hundebesitzern immer, ihren Tieren als Erstes das Sitzen beizubringen, meines Erachtens die beste Möglichkeit, die Hunde etwa bei Gefahr zum starren Innehalten zu bringen. Man hat damit ein praktisches und manchmal sogar lebenswichtiges Kontrollmittel in der Hand.

Bei allem, was ich tue, steht die Idee im Mittelpunkt, dass die Hunde aus freien Stücken handeln sollen. In jeder Phase müssen sich für sie positive Assoziationen mit einem bestimmten Verhalten verbinden. Ich möchte erreichen, dass sie Situationen erkennen, von denen sie wissen, es lohnt sich, wenn sie das Richtige tun – zum Beispiel, weil sie automatisch Anerkennung in Form eines Leckerbissens bekommen.

Damit Ihr Hund lernt, wann und wie er sitzen muss, sollten Sie ihn zu sich rufen und dann einen Bissen unmittelbar vor seiner Nase hochhalten und über seinem Kopf hin- und herbewegen. Wenn dann der Hund instinktiv den Kopf nach hinten legt, um dem Geruch zu folgen, neigt sich der Körper wie von selbst nach hinten. Dabei sollte das Hinterteil den Boden berühren. Sobald das erreicht ist, bekommt das Tier sofort den Leckerbissen in die Schnauze gesteckt und hört gleichzeitig als verbale Verstärkung das Wort »Sitz!«. Das Signal ist wieder klar, der Hund hat das Richtige gemacht und wird dafür belohnt.

Wenn Ihr Hund nach hinten ausweicht, während er den Bissen verfolgt, können Sie ihn mit einer Hand daran hindern. Doch sollte man einen Hund nie mit der Hand zum Boden drücken. Sobald der Hund aus irgendwelchen Gründen weggeht, muss der Besitzer den Bissen aus seiner unmittelbaren Nähe entfernen und von vorn beginnen. Bei mehrfacher Wiederholung geht dem Hund dann schon auf, wie die Sache läuft: Sobald er alles richtig macht, bekommt er seinen Lohn, andernfalls nicht. Bald wird er ganz selbstverständlich sitzen. Hunde sind schließlich hochintelligente Wesen! Wenn sich Ihr Hund vor Sie hinsetzt, ohne dass Sie ihn dazu aufgefordert haben, gibt es natürlich keine Belohnung. Ihr Hund möchte dann ja nur die Kontrolle über das, was zu geschehen hat, zurückgewinnen.

Nach dem Sitzen ist das Bei-Fuß-Gehen dran. Der Hund muss dabei begreifen, dass es für ihn das Beste ist, jederzeit an der Seite seines Frauchens oder Herrchens zu sein. Ich empfehle, diese Übung ohne Leine zu machen. Dann hat der

Hund die Möglichkeit, auszureißen, falls er Angst bekommt. Außerdem fühlt er sich so einfach besser und sicherer. Auch hier ist irgendein Leckerbissen das beste Transportmittel für die Botschaft, die das Tier erreichen soll. Ich rate so vorzugehen, dass Ihr Hund an Ihrer Seite Aufstellung nimmt (dabei kann man schon mit ein paar guten Bissen nachhelfen). Wie auch in anderen Situationen sind zusätzliche Streicheleinheiten im Nacken die ideale Verstärkung der übermittelten Botschaft. Das Signal ist unmissverständlich: Ich bin der Anführer, ich kenne deine Schwäche, doch ich bin da, um dich zu beschützen. Dem Hund bleibt nichts anderes übrig, als einem, der so überzeugende Referenzen vorlegt, uneingeschränkt zu vertrauen.

In den meisten Fällen genügt die Fähigkeit zu sitzen und bei Fuß zu gehen. Aber ich halte auch das Hinlegen nach Aufforderung für sehr hilfreich. Es gibt dafür einen ganz einfachen Grund: Ruhe ist das allerwichtigste Element meiner Methode und beim Liegen ist der Hund besonders entspannt. Ich locke den Hund mit einer ansprechenden Belohnung und ziehe ihn gleichzeitig unter ein niedriges Möbelstück, einen Tisch oder Stuhl. Dort lasse ich ihn »Platz« machen. Wieder einmal bringe ich das Tier dazu, etwas zu tun, weil es vernünftig ist, und ich brauche keine Gewalt einzusetzen. Auch diesmal greift der Hund diese Idee bereitwillig auf.

An dieser Stelle möchte ich anmerken, dass ein Hund nicht bei jeder zu unserer Zufriedenheit ausgeführten Aufgabe mit Leckerbissen belohnt werden muss. Nur am Anfang übermittelt man damit die gewünschte Botschaft am nachdrücklichsten. Wenn der Lernprozess wunschgemäß weitergeht, kann man die Zahl der essbaren Belohnungen mehr und mehr reduzieren. Zuerst bekommt er nur noch jedes zweite Mal einen Happen, später jedes vierte Mal. Ganz aus der

Hand legen sollte man dieses »Werkzeug« jedoch nie. Man hält damit das Interesse des Hundes an der Sache wach.

Manche Leute fragen mich, ob mein System den Hundebesitzern nicht den Spaß an ihren Vierbeinern verdirbt. Ich finde diese Frage mehr als seltsam, denn tatsächlich trifft genau das Gegenteil zu: Wenn Sie dem Hund die Verantwortung abnehmen, machen Sie sein Leben glücklicher und sorgloser. Und wenn Sie eine Beziehung aufbauen, in der Sie allein bestimmen, wann und wie Sie etwas mit Ihrem Hund unternehmen, erlebt das Tier die Stunden der Gemeinsamkeit mit seinem Rudelführer viel intensiver. In dieser Zeit lässt sich zudem ein engeres und viel erfreulicheres Verhältnis zwischen Mensch und Tier aufbauen.

Zwei Aktivitäten, nämlich das Spielen und die Fellpflege, tragen besonders zur Vertiefung der Beziehung bei. Spielzeug ist sehr gut geeignet, um die Bindung an den Hund zu verstärken, aber zugleich auch die Vorrangstellung des Besitzers zu unterstreichen. Und auch an der Pflege seines Hundes kann man großen Spaß haben. Hier empfiehlt sich wieder das Prinzip der Belohnung. Wenn sich Ihr Hund bereitwillig und ohne Protest bürsten lässt, wird er gelobt und bekommt einen Leckerbissen. Auch das ist ein Baustein für die Zukunft. Doch vom Spielen wie von der Pflege wird später noch ausführlicher die Rede sein.

III. Beim Spaziergang die Führung übernehmen

Zum Einüben der ersten Aufgaben – »Komm«, »Sitz« und »bei Fuß« – brauchen Sie sicher nicht länger als eine Woche. Mit diesen Lektionen ist jedoch der Grundstein für die nächste wichtige Aufgabe gelegt: das Spazierengehen, das in den

Augen des Hundes dasselbe ist wie die Jagd des Rudels. Die Gewohnheiten der Hundebesitzer beim Spazierengehen sind natürlich ganz unterschiedlich. Viele haben nur morgens und abends Zeit, mit ihrem Hund eine kleine Runde um den Block zu drehen. Andere können sich lange und häufige Ausflüge zu jeder Tages- und sogar Nachtzeit leisten. Meine Methode bietet für jeden Bedarf etwas. Der Schlüssel zum Erfolg in diesem Bereich ist, dass immer der Mensch die Sache im Griff hat, also den Spaziergang anführt. Um festzustellen, ob alles planmäßig abläuft, brauchen Sie sich draußen nur zu fragen, ob Sie und Ihr Hund glücklich sind und alles unter Kontrolle ist. Entscheidend sind auch hier Ruhe und Konsequenz.

Als Erstes muss Ihr Hund an die Leine gewöhnt werden. Ich finde leichte geflochtene am besten. Ketten kommen mir wie Waffen vor. Und nachdem Sie bereits wissen, dass ein Hund nur deshalb an der Leine zerrt, weil er glaubt, er müsse der Anführer sein, leuchtet Ihnen sicher ein, dass er durch Gewaltanwendung von außen seine Meinung kaum ändern wird. Nein, Sie sind es, der die falsche Vorstellung des Hundes über seine Rolle im Rudel ändern muss. Ich empfehle deshalb, den Hund zu rufen, ihm einen Bissen als Belohnung zu geben und ihm das Halsband mit der Leine umzulegen. Das ist zweifellos einer der kritischsten Augenblicke: Zum ersten Mal wird dem Hund damit die Möglichkeit verwehrt, wegzurennen. Außerdem legt der Besitzer seinem Hund etwas um den für ein Tier so ungeheuer wichtigen Bereich von Kopf, Hals und Schultern. Wenn sich der Hund in dieser Situation ängstlich zeigt, sollten Sie ihm einen Leckerbissen geben, damit er mit der Leine etwas Positives assoziiert. Sobald die Leine akzeptiert ist, verstärkt sich auch der Glaube des Hundes an die Rudelführerschaft des Besitzers.

Natürlich sind bei der Aussicht, die große weite Welt zu erobern, alle Hunde aufgeregt. Nach ihrer Vorstellung führen sie nun die Jagd an und gehen damit der elementarsten aller Hundeaktivitäten nach. Ein Adrenalinstoß gibt den willkommenen Antrieb. Doch nun ist es Ihre Aufgabe als Hundehalter, die Begeisterung Ihres Hundes auch zu erhalten. Damit liefern Sie einen weiteren Beweis Ihrer Führungsqualität.

Sobald der Hund die Leine angenommen hat, sollten Sie ihn dazu bringen, bei Fuß zu gehen (wenn nötig mithilfe eines Leckerbissens). Sie befinden sich immer noch auf heimischem Territorium, also in der Wohnung oder im Haus. Versucht Ihr Hund zu ziehen, bleiben Sie stehen. Der Hund soll die Folgen seines Verhaltens unmissverständlich kennen lernen. Danach fangen Sie noch einmal von vorn an und fordern ihn auf, bei Fuß zu gehen. Sobald der Hund an Ihrer Seite ist, marschieren Sie los. Jedes Ziehen an der Leine hat ein Lockerlassen der Leine und einen Abbruch des Spaziergangs zur Folge. Der Hund muss wissen – und Sie müssen ihm dies begreiflich machen –, dass er in Ihrer Nähe, aber nicht vor Ihnen, sondern bei Fuß gehen soll. Jede Kursabweichung führt unweigerlich zur Rückkehr in den Bau oder den Korb.

Dieses Prinzip ist zu keinem Zeitpunkt wichtiger als in der nun folgenden kritischen Situation: Sie gehen durch die Wohnungs- oder Haustür hinaus. Für den Hund ist diese Tür das Eingangstor in eine andere Welt, der Ausgang aus seinem Bau. Hier lauern Millionen möglicher Gefahren auf ihn! Achten Sie unbedingt darauf, dass Sie als Erster durch die Tür gehen. Es ist ein Zeichen dafür, dass Sie der Anführer sind und die Aufgabe haben, zu überprüfen, ob die Luft rein ist. Hier handelt es sich wieder um ein besonders nachhaltiges Signal. Drängelt sich Ihr Hund als Erster durch die Tür, geht es marsch zurück, und das Ganze beginnt von vorn.

Alles, was Sie mit ihm in der Wohnung eingeübt haben, muss nun auch im Freien ausgeführt werden. Wenn der Spaziergang beginnt, darf der Hund beispielsweise niemals vorausgehen. Diese Position ist ausschließlich Frauchen oder Herrchen vorbehalten. Spürt der Hund erst einmal, dass ihm diese Position zugestanden wird, glaubt er Rudelführer bei der bevorstehenden Jagd zu sein. Deshalb muss er gerade zu Beginn strikt neben Ihnen bleiben.

Hunde können natürlich in diesem Stadium extrem aufgeregt sein. Das Zerren an der Leine ist eines der häufigsten Probleme von Hundebesitzern. Lassen Sie sich nur nicht auf eine Art Tauziehen ein! Selbst ganz kleine Hunde können unglaublich zerren. Dieses Spiel dürfen Sie auf keinen Fall mitmachen! Der Hund muss nach Ihren Regeln spielen, nicht nach seinen eigenen. Wenn ein Hund ständig zerrt, lassen Sie die Leine locker und geben ihm damit das Zeichen, dass der Spaziergang leider nicht stattfinden kann. Manch einem erscheint das vielleicht hart, aber Sie werden nicht lange auf Ergebnisse warten müssen.

Natürlich wenden manche Leute ein, es sei grausam, dem Hund seinen gewohnten Spaziergang zu verweigern. Ich aber finde es viel wichtiger, dass sein Vertrauen in seine Bezugsperson gestärkt wird, bevor er in die Welt hinausmarschiert. Andernfalls wird er in eine Umgebung geschleudert, die er nicht versteht und in der er die Führungsrolle spielen zu müssen glaubt, ohne dieser gewachsen zu sein. Das ist, wie ich finde, viel grausamer. Außerdem sind die Opfer, die Sie als Hundebesitzer in dieser Situation bringen müssen, winzig im Verhältnis zu den Vorteilen, von denen Sie und Ihr Hund bald profitieren werden.

BLEIBEN UND ZURÜCKRUFEN

Mit einem Hund hinauszugehen, gehört natürlich zum Angenehmsten, was es im Leben gibt. Jeder Hundebesitzer kennt die Freude jenes Augenblick, wenn man seinen Hund freilässt und er die Möglichkeit hat, seine Persönlichkeit und seinen unbändigen Bewegungsdrang zum Ausdruck zu bringen. Bevor Sie aber zu diesem Punkt kommen, sollten Sie das Repertoire Ihres Vierbeiners noch um zwei Fähigkeiten erweitern: Bleiben und dem Rückruf folgen.

Hunde sollten in dicht bebautem Gelände oder in der Nähe von Straßen immer an der Leine gehen. Ich staune immer wieder, wie viele Leute die immensen Gefahren nicht erkennen, die einem frei laufenden Hund in solchen Situationen drohen. Im offenen Gelände dagegen kann man den Hund zum Freilaufen vorbereiten. Beim ersten Versuch empfehle ich, routinemäßig alles durchzugehen, was die zu Hause aufgestellten und eingeübten Prinzipien unterstreicht.

Als Erstes soll der Hund lernen, zu bleiben. Das lässt sich leicht bewerkstelligen, solange der Hund an der Leine ist. Beginnen Sie damit, den Hund sich ganz normal setzen zu lassen. Dann wenden Sie sich ihm zu und gehen einen Schritt zurück; gleichzeitig halten Sie ihn mit der erhobenen Handfläche zurück und sprechen die Aufforderung: »Bleib.« Danach soll der Hund zu Ihnen kommen. Das müssen Sie mehrfach wiederholen und sich dabei immer etwas weiter entfernen. Wenn der Hund einfach wegläuft, führen Sie ihn zum Ausgangspunkt zurück, und das Ganze beginnt von vorn. Auch hier soll der Hund die Folgen seiner Aktion kennen lernen. Die Spielregeln werden vom Rudelführer, also von Ihnen, vorgegeben und kontrolliert.

Mit dieser Extrakontrolle an Ort und Stelle ist der Hund auf das freie Laufen vorbereitet. Sobald Sie ihm die Leine zum ersten Mal abgenommen haben, sollte Ihr Hund noch kurze Zeit bei Fuß neben Ihnen bleiben. Wie immer kann auch hier ein kleiner Anreiz in Form eines Leckerbissens nicht schaden, damit es zunächst auch wirklich funktioniert. Dann sollten Sie einen bestimmten Ausruf benutzen, den Ihr Hund in dieser Situation von nun an immer hören wird, zum Beispiel: »Geh spielen!« Das bedeutet für ihn, dass er losrennen darf.

Im folgenden wichtigen Test geht es darum, ob Ihr Hund auch zurückkommt. Wieder arbeiten Sie mit Aufforderung und Belohnung. Ich empfehle immer, den Hund in die Bei-Fuß-Position zurückzurufen, wenn er beim ersten Spaziergang weiter als drei Meter vom Besitzer entfernt herumstreicht. Wenn der Besitzer weiß, dass sein Hund zurückkommt, wird der Spaziergang für beide von jetzt an ein viel größeres Vergnügen sein.

Letztlich ist es an jedem einzelnen Hundebesitzer, zu entscheiden, ob er seinen Hund frei laufen lassen will oder nicht. Wenn der geringste Zweifel daran besteht, dass er zurückkehrt, wird der Versuch besser unterlassen. Am besten probieren Sie, falls Sie Ihrem Hund (noch) nicht trauen, in Ihrer Wohnung oder im Garten seine Reaktion auf Ihre Aufforderung zu kommen aus. Das Ergebnis lässt ziemlich eindeutige Rückschlüsse auf sein Verhalten im offenen Gelände zu. Macht Ihr Hund an diesem Punkt Schwierigkeiten, sollten Sie die Leine verlängern. Sie können sie dann als Hilfsmittel nutzen, damit der Hund versteht, was Sie von ihm wollen: Mit der Aufforderung zu kommen, ziehen Sie ihn sacht zu sich heran und geben ihm eine Belohnung.

IV. Die Macht des Ernährers

Die Mittel, die in freier Wildbahn vom Wolfsrudel angewendet werden, stehen uns natürlich nicht zu Gebote. Selbst wenn wir wollten, wären wir körperlich gar nicht in der Lage, die Aggression und die außergewöhnliche Körpersprache nachzuahmen, mit der ein Alphatier die Rudelführerschaft ausübt. Doch mit etwas menschlichem Einfallsreichtum und Scharfsinn eingesetzt, steht auch uns eines der wirksamsten Mittel des Alphatiers zur Verfügung, das Futter. Wenn wir uns bei der Fütterung die erwünschte Vormachtstellung verschaffen, beherrschen wir ein wichtiges Element des Amichien Bonding.

Ich bezeichne dieses Element aus Gründen, die ich Ihnen gleich erläutern werde, als die »Essgebärde«. Es handelt sich dabei um eine Geste, die möglichst in den ersten zwei Wochen angewendet werden sollte. Wenn möglich, beteiligen Sie daran alle Menschen, die zu Ihrer Familie gehören. Diese Teamaktion gibt Ihnen die Möglichkeit, eine Menge Informationen zu verbreiten und jedes einzelne Familienmitglied in einer gehobenen Position der Rudelhierarchie zu etablieren. Auch hier ist Konsequenz von überragender Bedeutung. Deshalb ist es entscheidend, das Ritual eine Zeit lang bei allen Mahlzeiten des Hundes zu wiederholen. Manche Leute füttern ihren Hund, was ich gut verstehen kann, aus praktischen Erwägungen nur am Abend. Doch um die Wirkung zu steigern, finde ich eine zumindest zeitweise Fütterung morgens und abends günstiger.

Die Technik ist ganz einfach: Bevor Sie dem Hund seinen Napf hinstellen, sollten Sie ein paar Happen – einen für jedes Mitglied der Familie – auf einem Teller anrichten, das können Kekse, Cracker oder Obststückchen sein. Stellen Sie den Teller auf ein Tischchen oder eine niedrige Bank und den Hundenapf gleich daneben. Wenn Sie sicher sind, dass Ihnen der Hund genau zuschaut, füllen Sie ihm sein Futter in den Napf. Sobald Sie damit fertig sind, nimmt sich jedes Familienmitglied ohne zu sprechen oder den Hund zu beachten etwas von dem vorbereiteten Teller und isst es. Erst wenn alle mit ihrem Keks oder was auch immer fertig sind, wird der gefüllte Hundenapf auf den Boden gestellt. Das geschieht so beiläufig und selbstverständlich wie möglich und ohne dem Hund irgendwelche Aufmerksamkeit zu schenken. Dann gehen die Hauptbezugsperson des Hundes und die anderen weg, und der Hund kann in Frieden fressen.

Die davon ausgehende Botschaft ist deutlich und stark. Wie im Wolfsrudel ist die Rangordnung während der Fütterung klar festgelegt. Der Rudelführer und seine Untergebenen essen zuerst. Erst wenn sie fertig sind, kann der unter ihnen rangierende Hund seine Mahlzeit einnehmen. Um diesen Effekt noch zu verstärken, wird einem Hund, der sich während der Mahlzeit entfernt, der Fressnapf sofort weggenommen. Keine Sorge, er wird nicht verhungern! Verlassen Sie sich darauf, das rigorose Wegräumen wird seine Wirkung nicht verfehlen und Ihr Hund wird in dieser und in ähnlichen Situationen seine Lektion umso schneller lernen. Auch hier geht es wieder darum, ihm beizubringen, dass nur anständiges Benehmen belohnt wird. Es ist nämlich der Rudelführer, der die Bedingungen bestimmt, zu denen die Nahrung verteilt und eingenommen wird. Wer sich zu den Mahlzeiten nicht an die Regeln des Anführers hält, verpasst eben eine Mahlzeit.

Hunde sind Rudeltiere, sie lieben das Leben in der Gruppe. Ich vertrete deshalb die Meinung, dass zwei Hunde die halbe Arbeit bedeuten. Sie spielen zusammen, haben ihren Spaß miteinander, und sie leisten sich gegenseitig Gesellschaft, wenn ihr Besitzer abwesend ist. Ganz gleich, wie das häusliche Umfeld beschaffen ist, muss man jedoch bedenken, dass der Hund die anderen Lebewesen, einschließlich aller Menschen des Haushalts, als Mitglieder seines Rudels betrachtet.

Wir alle müssen uns bestimmten Regeln unterwerfen und der Hund tut das bereitwilliger als wir. Die Grundlage meiner Arbeit besteht darin, dass ich eine ganze Reihe Regeln aufstelle, die der Hund nur im Zusammenhang mit seinem Rudel verstehen lernt. Wenn ein Hundehalter erst einmal anfängt die vier Prinzipien, die ich hier geschildert habe, anzuwenden, wird der Hund diese Regeln innerhalb von rund zwei Wochen aufgenommen und verdaut haben. Natürlich gibt es keine zwei Hunde, die sich identisch verhalten. Ist ein Hund gestört, dauert es sicher länger; je stärker die Verhaltensstörung des Tieres, desto mehr Geduld muss der Mensch aufbringen. Aber es gibt keinen Grund zur Sorge oder gar Furcht, denn meine Botschaft lautet auch in so einem Fall: Seien Sie geduldig und sanft, dann wird es klappen.

KAPITEL 7

Jedem sein eigenes Leben: Mit Trennungsängsten fertig werden

Ob es sich um zwanghaftes Verhalten, um Verschmutzen des eigenen Korbs oder ums Beißen handelt, ich fange in jedem einzelnen Problemfall mit dem Amichien Bonding an. Erst wenn die falsche Einstellung des Hundes zu seinem Status im Rudel beseitigt ist, können das Tier und seine Familie entspannt und fröhlich miteinander umgehen. Natürlich sind die Umstände und auch die Probleme bei jedem Hund anders. Tatsächlich gab es in allen Fällen, mit denen ich bisher konfrontiert war, mehr als ein Problem, also nicht nur das, was den Besitzern eigentlich Sorgen machte. Für mich bedeutete das die Gelegenheit, meine Methode bei der Arbeit mit vielen verschiedenen Hunden und bei noch mehr Problemen einzusetzen. Dabei wurde mir eines klar: Mein Leben wird niemals langweilig werden.

Das kann ich an keinem Fall besser verdeutlichen als am ersten, mit dem ich es überhaupt zu tun bekam. Sally, eine Gemeindeschwester, besaß ein reizendes Häuschen in einem Dorf, das nur ein paar Kilometer von meinem Wohnort entfernt liegt. Eines Abends rief sie mich aufgeregt an. »Ich habe von Ihrer Arbeit gehört«, sagte sie, »und ich frage mich, ob Sie wohl meinen Bruce zur Ruhe bringen können.« Bruce war ein vierjähriger Mischling, ein hübscher Kerl, der etwas von einem Foxterrier hatte. Sally war ganz vernarrt in das Tier und Bruce offensichtlich genauso in sie. Das Problem bestand nun darin, dass seine Liebe für sie ein bisschen zu groß war. Er konnte die Trennung von ihr nicht ertragen.

Wenn sie daheim war, folgte ihr Bruce auf Schritt und Tritt. Dauernd war er ihr im Weg. Doch das eigentliche Drama begann erst, wenn sie das Haus verließ. In dem Augenblick, da Sally die Haustür hinter sich zugemacht hatte, war die Hölle los. Bruce fetzte durchs Haus und schnappte sich verzweifelt jedes Kleidungsstück von Sally, das er erwischen konnte. Oft fand sie bei ihrer Rückkehr einen Haufen Kleider und Wäschestücke vor, die er sich zusammengetragen hatte und auf denen er lag. Natürlich summierten sich die Kosten für die Reinigung! Und manche ihrer Lieblingssachen waren anschließend überhaupt nicht mehr zu gebrauchen.

Doch das Beängstigendste an der Sache war, dass Bruce angefangen hatte, seine Wut an der Haustür auszulassen. Zuerst knabberte er den hölzernen Türstock an. Nach und nach hatte er das Holz so weit abgenagt, dass die Wand darunter zum Vorschein kam. Als mich Sally anrief, hatte er sich schon durch die Tapete und den Putz gefressen, sodass bereits die nackten Ziegel hervorschauten. Der Eingang sah schrecklich aus. Sally wollte schon den örtlichen Tischler kommen lassen, doch sie wusste, dass das eigentlich keinen Sinn hatte, solange Bruce sein Verhalten nicht änderte.

In den folgenden Jahren habe ich bei vielen Gelegenheiten ähnliche Symptome erlebt. Das Verhalten von Bruce war ein Paradebeispiel für ein besonders häufig zu beobachtendes Problem, mit dem ich es zu tun bekam: Trennungsängste. Zweifellos kann es einen Hund völlig aus der Fassung bringen, wenn er von seinem Besitzer getrennt wird. Die Qualen, die er dabei aussteht, haben oft eine erschreckende Zerstörungswut zur Folge. Ich habe Hunde erlebt, die Möbel und Vorhänge, Kleidungsstücke und Zeitungen angefressen haben.

Ich kann mich sogar an einen Hund erinnern, der eine Musikkassette aufgefressen hatte. Das arme Tier musste operiert werden, um das spaghettidünne Band, das sich in seinem Magen abgespult hatte, zu entfernen. Keine Frage, dass Hunde sich in solchen Situationen unabsichtlich selbst umbringen können.

Doch aus Erfahrung weiß ich, dass die Ängste eines Hundes nichts mit der Trauer und Sehnsucht eines allein gelassenen Kindes zu tun haben. Vielmehr sieht sich der Hund selbst als ein Elternteil und ist beunruhigt, weil sein Kind außer Sichtweite ist. Schon nach kurzer Zeit stellte ich fest, dass Sallys Hund Bruce sich in genau dieser Situation befand. Bald war auch klar, dass diese Situation durch die Art des Zusammenlebens der beiden noch verschärft wurde. Das Erste, was mir auffiel, als ich Sally aufsuchte, war, dass Bruce an mir hochsprang. Offenbar sah Sally darin ein ganz normales Hundeverhalten. Die Folge davon war, dass er keine persönliche Tabuzone anerkannte. Darüber hinaus folgte er ihr wie ein Schatten, ging mit ihr von einem Raum in den anderen. Natürlich war das, oberflächlich betrachtet, eine erfreuliche Anhänglichkeit, vor allem, weil sich Sally erst kürzlich von ihrem Partner getrennt hatte. Doch die Probleme, die sich mit der Zeit ergeben hatten, wurden dadurch noch größer.

Als ich Sally nach den Alltagsgewohnheiten fragte, erfuhr ich, dass es so etwas gar nicht gab. Sie wurde als Gemeindeschwester zu ganz unterschiedlichen Zeiten gebraucht. Regelmäßigkeit gab es praktisch nicht. Normalerweise ging sie morgens weg, manchmal kam sie mittags zum Essen nach Hause, ein anderes Mal erst spät am Abend. Ganz klar, dass sie deswegen Schuldgefühle hatte. So war das Haus voll mit Spielsachen aller Art. Neben der Eingangstür stand ein Eimer voller Kekse. Als ich sie nach dem Grund fragte, erklärte sie mir, sie gehörten zum Ritual des Abschiednehmens. Wenn sie morgens das Haus verließ, tätschelte sie Bruce, erzählte ihm, sie käme gleich wieder, und gab ihm einen Keks. Die Kekse aber blieben offen stehen, damit der Hund sich damit trösten konnte, wenn sie weg war. Keine Frage, Bruce wurde liebevoll umsorgt, doch Sally kanalisierte ihre Liebe nicht richtig. Sie musste ihrer Zuneigung eine andere Richtung geben.

Es dauerte nicht lange, bis ich meine Diagnose gestellt hatte. Hier stand ein Hund vor mir, der sich für seine Besitzerin verantwortlich fühlte, da war ich mir ganz sicher. Bruce hatte das Gefühl, Sally wäre sein Baby und nicht umgekehrt, deshalb folgte er ihr wie ein Vater oder eine Mutter, sobald sie aufstand, um etwas zu tun oder irgendwohin zu gehen. Er musste sich darum kümmern, dass alles in Ordnung war. Die wilden Attacken auf den Türrahmen waren nichts anderes als Ausdruck seiner panischen Angst. Er konzentrierte sich auf die Stelle, an der die Trennung erfolgt war. Er biss in die Tür, weil er versuchen wollte, aus dem Haus auszubrechen und zu seinem Kind zu kommen. Als ich Sally erklärte, was los war, verstand sie seine Reaktion sofort. Wer wäre nicht außer sich, wenn sein Schutzbefohlener einfach wegginge? Was hätte er anderes tun sollen? (Inzwischen liegt auch der wissenschaftliche Beweis dafür vor, dass der Endorphinspiegel eines Hundes ansteigt, wenn er kaut – wie bei einem Adrenalinstoß wird dadurch sein Schmerz gelindert.)

Zu alledem hatte sich Sally auf eine Weise verhalten, die diese Situation nicht besser machte. Zuerst erklärte ich ihr, dass Bruce durch die Art, wie sie das Haus verließ, regelrecht aufgewühlt würde. Denn das morgendliche Ritual vor ihrem Aufbruch unterstrich ja nur seine Stellung als Rudelführer. Nachdem er dieses Ritual einmal begriffen hatte, wusste er ganz genau, was geschehen würde. Der Hund fühlte sich verantwortlich und wollte sie nicht in eine Welt entlassen, die sie seiner Meinung nach gar nicht verstehen konnte. Denn: Nur ein Alphatier kann aufgrund seiner herausragenden Stellung alles verstehen.

Seine Ängste wurden noch gesteigert durch die schlechte Laune, die sie bei ihrer Rückkehr an den Tag legte. Sah sie bei ihrer Ankunft, dass Bruce wieder irgendetwas angestellt hatte, schimpfte sie mit ihm. Bruce musste ja den Eindruck gewinnen, ihre Reaktion hinge mit irgendetwas zusammen, das ihr unterwegs widerfahren war. So fürchtete sich der Hund, wenn sie ging und wenn sie zurückkam, weil ihr ja etwas Schlimmes zugestoßen sein konnte. Doch damit nicht genug, die Situation wurde noch unerträglicher wegen der Kekse, die sie an der Tür stehen ließ. Für das Fressen ist der Anführer zuständig. Wenn ihm also jederzeit etwas Fressbares zur Verfügung stand, musste er doch der Anführer sein.

Immer wenn ich mit einem Fall wie diesem zu tun habe, fühle ich mich an die Szene aus Peter Pan erinnert, in der Wendy mit der Fee Klingklang wegfliegt. Als sie aufbrechen, landet ein bisschen von Klingklangs Feenstaub auf dem Fell der Hündin Nana, die daraufhin mit ihnen hochschwebt. Als Nana dann die Kette am Weiterschweben hindert, verzieht sie das Gesicht in einer Mischung aus Trauer und Schrecken. Sie macht sich Sorgen, wohin die Familie verschwindet, und ist verzweifelt, weil sie sie nicht beschützen kann. Dieser Hund Nana hat mir immer Leid getan, und genauso viel Verständnis hatte ich jetzt auch für Bruce. Wie so viele Hunde, mit denen ich arbeite, glaubte er die Verantwortung für den Menschen zu tragen. Weil er aus einer Gemeinschaft stammte, für die die Bewahrung des Rudels alles ist, trieb ihn die Trennung von seinem Schützling zur Verzweiflung. Was ich zu tun hatte, war, den beiden begreiflich zu machen, dass sie die Rollen tauschen, ihre Aufgaben neu festlegen mussten.

Von jedem Hundebesitzer, mit dem ich zusammenarbeite, verlange ich dasselbe. Sally musste den Prozess des Amichien Bonding durchlaufen. Nur wenn sie alle vier Elemente praktizierte, konnte die Verbindung wieder ins Lot kommen und Bruce die Last der Verantwortung abgenommen werden, unter der er so sehr litt. Sallys Verbundenheit mit Bruce war so stark, dass sie es zuerst fast nicht übers Herz brachte, ihn zu ignorieren. Sie dachte, wie so viele andere Hundeliebhaber auch, es würde ihren Hund völlig aus der Fassung bringen. Immer wieder sagen mir die Leute am Anfang des Trainings: »Ganz sicher glaubt mein Hund jetzt, dass ich ihn nicht mehr mag.« Darauf kann ich nur antworten, dass wir Menschen offenbar völlig fixiert sind auf unsere menschliche Vorstellung von der Welt und vor allem von der Liebe. Wenn wir jemanden wirklich mögen, sollten wir alle Anstrengungen darauf richten, ihm Gutes zu tun. Ich empfehle in solchen Situationen den Hundehaltern, weniger an ihre eigenen Bedürfnisse als an die des Hundes zu denken. Außerdem können sie, sobald der Prozess des Bonding abgeschlossen ist, ihren Liebling mit so viel Liebe überschütten, wie sie wollen – denn dann ist es eine Zuneigung in umgekehrter Richtung.

Bruce war vier Jahre alt und benahm sich schon seit langem auf diese Art und Weise. Also brauchte er so etwas wie einen Förderunterricht. Um sein spezielles Problem anzugehen, musste ich tiefer ansetzen. Als Erstes brachte ich Sally dazu, ihren Hund gar nicht mehr anzusprechen, wenn sie das Haus verließ. Sie sollte sich wie ein Anführer benehmen, der kommen und gehen kann, wann er will. Auch musste sie dafür sorgen, dass der Unterschied des Geräuschpegels nicht zu groß wurde, wenn sie wegging. Solange sie daheim war, dröhnte es aus dem Radio oder Fernsehen, sie plauderte mit Bruce oder telefonierte. In dem Moment, wenn sich die Tür hinter ihr schloss, war alles mucksmäuschenstill. Bruce aber litt unter der Stille. War das Haus eben noch voller Leben und Aktivität gewesen, so regte sich jetzt gar nichts mehr. Daran merkte der Hund, dass sie fort war.

Auch durfte Sally nichts Fressbares mehr herumliegen lassen, denn davon gingen ganz falsche Signale aus. Außerdem war es vergebliche Liebesmüh, denn Bruce fraß die Kekse, die sie für ihn bereitstellte, gar nicht. Als ob Eltern, die sich in Sorge um ihr Kind verzehren, ans Essen denken könnten! Stattdessen sollte Sally Bruce richtig füttern und dabei die Essgebärde praktizieren, um ihren Führungsanspruch zu unterstreichen. Mindestens zwei Wochen lang musste sie das durchhalten.

Das Wichtigste, was Sally meiner Ansicht nach tun musste, war, ihrem Aufbruch am Morgen und der abendlichen Heimkehr jede Dramatik zu nehmen, sondern beides als Normalität erscheinen zu lassen. Damit Bruce besser verstehen lernte, dass nichts Besonderes an ihrem Kommen und Gehen war, riet ich Sally, es auch mit der »Aufbruchsgebärde« zu versuchen. Zugegeben, sie schaute mich ganz komisch an, als ich ihr erklärte, was sie tun sollte, aber sie machte weiter mit. Sie sollte das Haus verlassen, ohne dass Bruce sich aufregte. Aus den bekannten Gründen konnte sie aber nicht durch die Haustür gehen, auf die sich alle Ängste ihres Hundes konzentriert hatten. Leider hatte ihr Haus keinen zweiten Zugang, deshalb bat ich sie, durchs Wohnzimmerfenster hinauszuklettern.

Vorher aber musste sie in Gegenwart von Bruce Schuhe und Mantel anziehen. Das Radio blieb eingeschaltet, damit nicht dieser deutliche Unterschied in der Atmosphäre eintrat. Dann kletterte sie durchs Fenster hinaus, ging um das Haus herum und kam durch die Haustür zurück. Bei ihrem Eintreten musste sie Bruce vollständig ignorieren. Was sie ihm damit sagte, war Folgendes: Ich bin die Rudelführerin, ich kann kommen und gehen, wann und wie ich will. Ich brauche dich nicht um Erlaubnis zu fragen, wenn ich weggehe.

Bruces Reaktion war einfach fantastisch! Er konnte zwar offenbar nicht begreifen, was da vorging. Doch wichtiger war, dass er auch keine Angst hatte. Wir waren durch sein Verhalten ermutigt, und ich riet Sally, das Ganze zu wiederholen. Diesmal sollte sie allerdings fünf Minuten draußen bleiben. Wieder kam sie herein und nahm Bruce gar nicht zur Kenntnis. Und wieder blieb er entspannt angesichts der Tatsache, dass Sally weggegangen und wiedergekommen war. In beiden Fällen konnte Sally feststellen, dass er die Haustür nicht angerührt hatte.

Ich werde oft gefragt, warum der Führungsanspruch bei jedem Wiedersehen mit dem Hund neu bestätigt werden muss. Es gibt mehrere Antworten auf diese Frage. Die eine, grundsätzliche, hat wieder einmal mit dem Leben in freier Wildbahn zu tun. Die Zusammensetzung des Rudels ändert sich ständig. Wenn eine Gruppe von Wölfen zur Jagd aufbricht, gibt es keine Garantie, dass auch alle gesund wieder zurückkommen. Jederzeit besteht die Möglichkeit, dass das Alphapaar oder ein ihm untergeordnetes Tier verletzt oder getötet wird und nicht zurückkehrt. Deshalb wird nach jeder solchen Trennung die Hierarchie im Rudel erneut festgelegt, man zementiert die Machtstrukturen neu, um zu gegebener Zeit genau zu wissen, wer führt, wer das Rudel verteidigt und in welcher Rolle jeder Einzelne auftritt. Vonseiten des Hundes handelt es sich um eine instinktive Aktion, die er auf die häusliche Umgebung überträgt.

Immer wenn Sie Ihr Hund aus den Augen verliert, weiß und versteht er absolut nicht, wohin Sie gegangen sind und wann Sie wiederkommen. Deshalb müssen Sie ihn bei Ihrer Rückkehr wissen lassen, wer der Anführer des Rudels ist, ganz gleich, wie lange Sie weg gewesen sind. Nur so lässt sich der Status quo aufrechterhalten.

Aus diesem Grund musste Sally dieses Verfahren unbedingt auch über längere Zeit praktizieren. An einem Wochenende fingen wir mit der Arbeit an. Sie blieb jedes Mal fünf Minuten länger draußen als beim letzten Mal. Nach dem Wochenende war Bruce schon entspannter und hatte die Haustür nicht angerührt. Ich weiß nicht, was die Nachbarn dazu gesagt haben, dass Sally ständig aus dem Fenster kletterte, aber es war Sally und mir ganz egal.

Sally verhielt sich seither so, wie ich es ihr geraten hatte, wenn sie zur Arbeit ging. Bald erwartete Bruce sie abends, wenn sie nach Hause kam, schweifwedelnd an der Haustür, statt an ihr hochzuspringen. Die Verbindung zwischen Herrin und Hund wurde enger als je zuvor. Und so konnte Sally schließlich den Tischler zur Reparatur der Haustür bestellen.

KAPITEL 8

Böse und launisch: Vom Umgang mit nervöser Aggression

Nachdem sich herumgesprochen hatte, dass ich mit Problemhunden arbeite, wurde ich ständig zu Rundfunksendungen eingeladen. Und im Frühjahr 1999 bekam ich von unserem Lokalfernsehen (Yorkshire TV) den Auftrag, meine Methode anhand von sechs Problemfällen zu demonstrieren. Die Hunde waren aus sechshundert Artgenossen ausgesucht worden, deren Besitzer an den Sender geschrieben hatten. Sie bildeten einen Querschnitt der Problemfälle, mit denen ich konfrontiert bin. Zu ihnen gehörte auch eine übellaunige, goldbraune Cockerspanielhündin namens Meg.

Ihre Besitzer, Steve und Debbie, erzählten mir, dass ihre Hündin unter plötzlichen Stimmungsumschwüngen leide: Sobald Fremde auftauchten, fing sie aufgeregt an zu bellen, und wenn morgens der Briefträger die Post brachte, zerfetzte sie die Briefe. Das Schlimmste aber war das Beißen. Nach der kleinen Tochter von Freunden hatte sie schon geschnappt. Die Besitzer, selbst Eltern von drei Kindern, mussten zugeben, dass sie sich vor Meg fürchteten, wenn mal wieder eine von »ihren Launen« sie überfiel. Zwei Ratschläge hatte man ihnen gegeben: Entweder dem Hund eine Tracht Prügel verpassen oder ihn einschläfern lassen, bevor er schlimmeres Unheil anrichten konnte.

Noch bevor ich Meg überhaupt gesehen hatte, war ich mir sicher, es würde sich bei ihr um ein klassisches Beispiel für nervöse Aggression handeln, eines der häufigsten Probleme, mit denen ich zu tun habe. Es ist in unglaublich vielen verschiedenen Formen anzutreffen; die Hunde beißen, bellen ständig oder springen an Besuchern hoch. Diese Aggression ist auch der eigentliche Grund für Angriffe auf die besonders gefährdete Spezies der Briefträger sowie auf andere Boten und Zeitungsausträger. Doch trotz ihrer unzähligen Erscheinungsformen kann man der nervösen Aggression durch eine grundlegende Änderung beikommen, nämlich indem man dem Hund seinen Status als Rudelführer nimmt.

Kein Hund entscheidet sich aus freiem Willen, sein Rudel anzuführen. Doch er weiß instinktiv, einer muss es machen, damit das Rudel überleben kann. Die Besitzer von Meg hatten der Hündin durch unbeabsichtigte Signale diese Position zugeteilt und unter solchen Voraussetzungen war Megs Verhalten durchaus verständlich. Sie versuchte nur, die Arbeit zu tun, mit der sie beauftragt worden war. Die Aggression hatte ihren Grund darin, dass Meg sich einer Situation gegenübersah, mit der sie aus Mangel an Erfahrung und Anleitung nicht umgehen konnte, sie lebte in einer Welt, die sie nicht verstand. Ihr bösartiges Verhalten gegenüber Fremden war ihre Art, mit Eindringlingen umzugehen, von denen sie glaubte, sie bedrohten das »Rudel«. Die Situation wurde noch verschärft, weil Meg der einzige Hund im Haus war. Fragen Sie einmal einen allein erziehenden Elternteil, wie viel Stress diese Rolle mit sich bringt!

Steve und Debbie hatten festgestellt, dass sie dieser Situation gegenüber völlig machtlos waren. Was sie auch taten, um dem Problem beizukommen – es bewirkte genau das Gegenteil! Der Hund wendet sich, wenn er Rat braucht, nicht an seine Besitzer. Wären diese mächtiger, stärker und erfahrener, wären sie ja selbst die Rudelführer. In diesem

Fall aber werden die Menschen vom Hund einfach ignoriert und, wenn sie sich allzu hartnäckig gebärden, durch Aggression daran erinnert, dass sie Untergebene sind. Kein Wunder, dass sich bald der ganze Haushalt vor Meg und ihren Launen fürchtete.

Ich verstand nur zu gut, wie sich die Familie in dieser Situation fühlte. Alle liebten ihren Hund und wollten ihm helfen. Doch sie wussten nicht, dass die beste Hilfe für Meg darin bestand, ihr zu zeigen, wer der Boss war. Nur dadurch konnten sie sie zur Ruhe bringen und den Druck von ihr nehmen.

Ich leite bei meiner Arbeit die Leute, die mich um Rat bitten, immer am liebsten durch mein Beispiel an. Wenn sie meiner Methode folgen sollen, muss ich ihnen genau demonstrieren, was sie erreichen können, indem sie sich als Anführer Geltung verschaffen. Bei meinem Besuch ging ich also schnurstracks ins Wohnzimmer von Debbie und Steve und weigerte mich, Meg auch nur zur Kenntnis zu nehmen. Kein Blickkontakt, keine Berührung, nichts. Damit unterstrich ich nicht nur meinen Alphastatus, sondern signalisierte Meg auch, dass ich keine Angst vor ihr und ihren Schützlingen hatte. Ich verbesserte meine Position noch, indem ich mir den Anschein gab, als würde ich mich mit Fug und Recht dort aufhalten oder als würde mir ihr Zuhause sogar gehören. Megs Besitzer staunten, was sich mit dieser einfachen Aktion alles erreichen ließ. Statt ihren üblichen Zirkus zu machen, ignorierte mich Meg ebenfalls. Selbst das erschien der Familie schon als Offenbarung, denn normalerweise gerieten alle in Panik, wenn Meg auf einen Fremden traf.

Meine Aufgabe bestand nun darin, die Besitzer dazu zu bringen, dass sie sich genauso autoritär gebärdeten, wie ich es vorgemacht hatte. Deshalb mussten Steve und Debbie als Erstes den Raum verlassen, ohne sich um Meg zu kümmern. Dann sollten sie ins Zimmer zurückkehren und dem Verhalten ihres Hundes auf keinen Fall Beachtung schenken. Wie die meisten Hundehalter fanden sie das anfangs unnatürlich. Sie hatten schon so exzentrische Auftritte ihrer Hündin erlebt, dass sie sich auch vor Megs Reaktion auf diese Brüskierung fürchteten. Doch sie verstanden, als ich ihnen erklärte, dass ihre ständige Unterwerfung die Schreckensherrschaft nur verlängern würde.

Wie so viele meiner Auftraggeber waren Steve und Debbie ernsthaft entschlossen, das Problem sofort anzugehen und stimmten meinen Vorschlägen zu. Meg war natürlich furchtbar aufgeregt. Mit Stielaugen starrte sie mich an. Sie marschierte auf und ab und ließ dieses tiefe Knurren vernehmen; deutlich wahrnehmbar zitterte sie. Als sie sich etwas beruhigt hatte, forderte ich die beiden auf, den Hund zu sich zu rufen und seine Bereitschaft zu kommen mit kleinen Leberstückchen zu belohnen. Innerhalb einer Stunde saßen sie Seite an Seite mit einem Hund, der spürbar weniger gestresst war, als sie es je erlebt hatten. Was mir als das Wichtigste erschien: Aus Megs glühenden Augen waren die von mir so genannten »weichen Augen« geworden. In all den Jahren der Arbeit nach meiner Methode habe ich solche weichen Augen als Signal dafür kennen gelernt, dass die Verbindung hergestellt ist und meine Kommunikation mit einem Hund funktioniert. Als ich Megs Augen sah, wusste ich, dass wir einen Schritt weitergekommen waren.

Zwei Wochen lang arbeitete ich mit Debbie und Steve und achtete darauf, dass sie sich während dieser Zeit auch Geltung als Rudelführer verschafften. Sie hatten die Prinzipien des Amichien Bonding begriffen. Meg wurde ignoriert, wenn sie ungerufen zu ihnen kam. All ihre Versuche, Kontakt aufzunehmen, wurden missachtet. Für jede positive Reaktion bekam sie eine Belohnung.

Gleichzeitig konzentrierte ich mich darauf, den beiden beizubringen, anders zu reagieren, wenn Meg außer sich geriet.

Wenn Sie etwa den Postboten anbellte, sollte ein Familienmitglied das mit einem schlichten »Danke« quittieren. Die Botschaft bedeutete, dass Meg ihre Aufgabe erfüllt und dem neuen Rudelführer die Nachricht übermittelt hatte.

Langjährige Gewohnheiten legen Hunde genauso schwer ab wie Menschen. Deshalb knurrte Meg auch noch eine Zeit lang, wenn Besucher das Wohnzimmer betraten. Ich bat Steve und Debbie, in so einem Fall immer aufzustehen und den Raum zu verlassen. Diese einfache Reaktion machte Meg zwei wichtige Dinge klar: Erstens, dass ihr Verhalten Folgen hatte. Zweitens, dass es nicht mehr ihre Aufgabe war zu entscheiden, wer in diesem Haus willkommen war und wer nicht. Ihre Zeit als Rudelführerin war vorbei.

Schließlich veranlasste ich noch die ganze Familie zur »Essgebärde«. Der Reihe nach nahm sich jeder vor den Augen des Hundes einen Keks. Erst nachdem alle ihn aufgegessen hatten, wurde Megs Napf auf den Boden gestellt. Ihre Besitzer signalisierten ihr damit: »Gut, wir sind fertig, der Rest gehört dir.« Wie ich schon mehrfach ausgeführt habe, ist dies eine weitere wichtige Möglichkeit, um die Rangordnung zu betonen und den Hund aus einer Verantwortung zu entlassen, der er nicht gewachsen ist.

Innerhalb weniger Wochen hatte sich Megs Persönlichkeit – und mit ihr die Atmosphäre in der Familie – gewandelt. Wenn am Morgen die Post kam, löste das keine Panik mehr aus. Und falls Meg mal Anzeichen von Nervosität zeigte, ließ sie sich mit ein paar tröstenden Worten ihrer Besitzer sofort wieder beruhigen. Die Zeit der überstürzten Wettläufe zur Tür war vorüber. Es stand Gästen frei, unbelästigt und ohne jeden Einschüchterungsversuch zu kommen und zu gehen.

Das Ziel dieser Fernsehsendung damals war, den Zuschauern einen Hund vor und nach Anwendung meiner Methode zu präsentieren. Vor laufenden Kameras berichteten Steve und Debbie, wie überwältigt sie von der Veränderung waren, die sich vor ihren Augen abgespielt hatte. Sie waren zu Tränen gerührt, während sie Meg auf eine Art knuddelten, die sie bis vor kurzem noch für unmöglich gehalten hätten. Solche Momente sind der wahre Lohn meiner Arbeit.

KAPITEL 9

Frieden schaffen: Bissige Hunde

Das gefährlichste, beängstigendste und schwierigste Problem, mit dem ich es bei meiner Arbeit zu tun habe, sind zweifellos bissige Hunde. Ich muss dann nur an meinen eigenen Hund Purdey denken, um mich zu erinnern, was für ein schreckliches Gefühl es ist, wenn man einsehen muss, dass der eigene Hund sich dazu hinreißen lässt, Menschen zu attackieren. Für die meisten Leute wie auch für meinen Vater bedeutet das Beißen die Überschreitung einer Grenze, den Schritt zu einem Verhalten, das schlichtweg inakzeptabel ist. Ich weiß gar nicht mehr, wie oft ich gebeten wurde, in Fällen einzugreifen, wo man dem Hund noch eine letzte Chance geben wollte, sich zu bessern, bevor er getötet werden sollte. Zum Glück konnte ich die meisten dieser Tiere retten.

Bei diesem Thema muss man zunächst einmal die Lage realistisch einschätzen. Die schlichte Wahrheit ist nämlich, dass man Hunden kein Verhalten austreiben kann, das die Natur ihnen instinktiv einprogrammiert hat. Ihr Recht auf Selbstverteidigung ist ebenso tief verwurzelt wie unseres. In einer bedrohlichen Situation hat ein Hund drei Möglichkeiten: fliehen, unbeweglich abwarten oder kämpfen. Und machen wir uns nichts vor – er ist durchaus in der Lage, Letzteres in die Tat umzusetzen.

Wie in allen anderen Bereichen meiner Arbeit bin ich bisher auch nie zwei bissigen Hunden begegnet, deren Fälle identisch gelagert waren. Die Ursache ihres Verhaltens mag vielleicht die Gleiche sein, doch die Art und Weise, in der ihre Aggression zum Ausdruck kommt, ist naturgemäß verschieden. Das traf ganz besonders auf drei sehr unterschiedliche Hunde zu, die man mich zu behandeln bat.

Jahrelange Erfahrung hat mich gelehrt, bestimmte Hundetypen zu erkennen, ohne auch nur einen Blick auf das betreffende Tier geworfen zu haben. So ein Hund war zum Beispiel Spike, ein weißer Schäferhund, der bei den Brüdern Steve und Paul in einem Vorort von Manchester lebte. Die beiden hatten mich in der Hoffnung zu sich bestellt, ich könne Spike abgewöhnen, Besucher bei ihnen zu Hause zu bedrohen und zu beißen. Seine Attacken waren mit der Zeit immer schlimmer geworden. So hatte er inzwischen etwa damit begonnen, jeden anzugreifen, der das Haus verlassen wollte. Sobald man – und das galt auch für seine beiden Herrchen – die Hand auf die Türklinke legte, sprang Spike an einem hoch und schnappte. Familienangehörige waren inzwischen schon so eingeschüchtert, dass sie erst gar nicht mehr zu Besuch kamen. Steve und Paul befürchteten ernstlich, Spike weggeben zu müssen, falls sich die Situation nicht besserte.

Ich hätte das Haus der beiden gar nicht betreten müssen, um mitzubekommen, was für ein prachtvolles Geschöpf Spike war. Schon aus der Tiefe, der Lautstärke und dem zornigen Tempo, mit dem sein Gebell ertönte, während ich mich der Haustür näherte, konnte ich schließen, dass ich es hier mit einem überaus selbstbewussten, fest in der Rangordnung seines Rudels etablierten Hund zu tun hatte.

Dieser Eindruck wurde mir bestätigt, als ich das Haus betrat. In der Sicherheit seines eigenen Baus strotzte Spike geradezu vor Autorität. Die Aura, die ihn umgab, war fast mit

Händen zu greifen. Er stolzierte umher und sandte mit seinem ganzen Körper unmissverständliche Signale aus. Dieses gut gebaute Tier war sich seiner Macht durchaus bewusst. Spike war das Alphamännchen hier im Haus und wild entschlossen, das auch jeden wissen zu lassen. Als ich hereinkam, beobachtete er mich aus den Augenwinkeln, bellte und drohte mir aus etwa einem Meter Entfernung.

Wie ich bereits erwähnt habe, ist Respekt das absolut zentrale Element aller Beziehungen zu Hunden. Wenn Sie einem Hund mit Respekt begegnen, wird er Ihnen ebenfalls Respekt entgegenbringen. In Spikes Fall war das besonders wichtig. Wie immer bestand meine Aufgabe zunächst darin, ihm klar zu machen, dass ich ebenfalls ein Alphatier war. Zugleich musste ich ihm aber auch signalisieren, dass ich dennoch keine Bedrohung für ihn darstellte. Ich begann damit, indem ich ihn auf die übliche Weise ignorierte. Dabei achtete ich jedoch sorgsam darauf, plötzliche Bewegungen zu vermeiden, die Spike Angst einjagen könnten. Auch hier hat mich die Erfahrung gelehrt, dass die in unseren Augen harmlosesten Gesten, etwa das Übereinanderschlagen der Beine, von einem Hund mit einem so aggressiven Naturell wie Spike, schon als Provokation aufgefasst werden können. Das Ganze war in mehrerlei Hinsicht eine Gratwanderung: Ich durfte weder schwach erscheinen noch feindselige Signale aussenden. Im Hinterkopf hatte ich wie immer das Modell eines Wolfsrudels. Mein Ziel war es, eine Situation zu erzeugen, in der wir beide das Territorium des jeweils anderen respektierten.

Steve und Paul hatten, bevor sie sich an mich gewandt hatten, eine Menge anderer Leute um Rat gefragt. Und ich staunte über einige der Tipps, die man ihnen gegeben hatte. »Man muss dem Tier ein bisschen Respekt einbläuen«, lautete die Ansicht eines so genannten Experten. Jemand anders hatte zu meinem Schrecken geraten, Spike durch Anstarren aus der Fassung zu bringen. Abgesehen von handfester Gewalt kann ich mir nichts vorstellen, was mit größerer Wahrscheinlichkeit zu einem Kampf führt. Der Blickkontakt stellt nämlich eine direkte Herausforderung für den Hund dar und ein Tier von Spikes Charakter würde sich hier zweifellos verteidigen. Zum Glück waren die beiden Brüder so klug gewesen, keinen dieser Vorschläge umzusetzen. Ich schauderte allein beim Gedanken an die möglichen Folgen solcher Aktionen.

Nachdem ich ihnen die gegenwärtige Lage aus meiner Sicht erklärt hatte, schöpften Paul und Steve zumindest ein wenig Hoffnung. Spike fühlte sich eindeutig für sie beide und das Haus verantwortlich. Sein aggressives Verhalten an der Tür hatte ganz klar mit dem Schutz der eigenen Höhle zu tun. Er wusste zwar nicht, was genau sich jeweils hinter der Tür befand, aber er war davon überzeugt, sein Rudel gegen jegliche Gefahren schützen zu müssen, die dort lauerten. Als ich mich länger mit Spikes Besitzern unterhielt, stellte sich heraus, dass Spike die Leute eher zwickte als biss – und das überraschte mich gar nicht. Nur sehr wenige Hunde beißen zu, um zu verletzen. Sie wollen eigentlich eher eine Warnung abgeben. Wenn ein Hund, und insbesondere ein Deutscher Schäferhund, wie Spike einer war, wirklich zubeißen wollte, würde er das auch tun. An die Fleischwunden, die er dabei hinterlassen würde, möchte ich nicht einmal denken.

Spikes Beschützerverhalten war in der Tat typisch für Hirtenhunde, wie etwa auch Collies und Shelties. Der Mensch hat sie zum Hüten gezüchtet, und genau das tun diese Hunde, in einer Umgebung, die sie nicht verstehen, so gut es eben geht. Nachdem ich Spike und seine Besitzer genauer kennen gelernt hatte, wurde mir klar, dass dieses zunehmend aggressive Verhalten dadurch gefördert wurde, dass man ihm zu Hause immer nachgab. Weil sein Führungsanspruch nie in Frage gestellt wurde, wuchs seine Machtbasis. Diese Situation hieß es nun umzukehren. Spikes Besitzer mussten etwas ausüben, was ich Power-Management nenne.

Mit Barmie, dem Jack Russell aus dem Tierheim, von dem ich so viel gelernt habe.

Sasha zeigt Barmie, wie man mit dem Gummiring spielt.

Die Ähnlichkeiten zwischen Wölfen und Hunden sind schlagend.

Hier bettelt ein Wolfswelpe um Futter,
unten versucht es Mollys Welpe mit derselben Geste.

Wölfe und Hunde ringen spielend ihre Beute nieder.

*Mein Rudel. Alle Hunde laufen ohne Leine,
mit Blick auf ihren Rudelführer.*

*Begrüßung des Alphatiers.
Die zurückgelegten Ohren des Schäferhundes bekunden Respekt.*

Sasha in zufriedener, entspannter Haltung.

Sashas weicher Ausdruck und die zurückgelegten Ohren zeigen, dass sie Respekt bezeugt.

Sasha duckt sich, die Ohren sind angelegt, die Augen ängstlich. Sasha zeigt Angst.

Dylan, der Akita.

Unzertrennlich: Ernest mit Gypsy und Kerry.

Die Rückkehr zum Alphatier:
Meine Hunde folgen der wichtigsten Aufforderung.

*Mein Mentor: Monty Roberts und ich
nach seiner Vorstellung im September 1998.*

Mein Ziel bestand darin, den beiden Brüdern zu helfen, in der Machtstruktur ihres Rudels überhaupt einmal Fuß zu fassen. Um das zu erreichen, musste zunächst eine so ruhige und unbedrohliche Atmosphäre wie möglich erzeugt werden. Glücklicherweise fand ich in der Haushälterin eine ungemein hilfreiche Verbündete. Zweifellos haben manche Leute einfach mehr Selbstvertrauen im Umgang mit Hunden als andere. Manchmal frage ich mich, ob diese Menschen einfach noch mehr von der uralten Sprache verstehen, die Mensch und Hund einst verbunden hat. Die Haushälterin von Steve und Paul hatte eindeutig das richtige Gespür für Hunde. Sie war auch während meines Besuchs zugegen gewesen und hatte unbeeindruckt mit ihren haushälterischen Tätigkeiten weitergemacht. Sie schien dem Hund sowieso kaum Beachtung zu schenken. Im Gegenzug behandelte Spike sie mit größtem Respekt. Irgendwann sprang er sogar erschrocken weg, als sie mit dem Staubsauger auftauchte.

Sie kam mir ausgesprochen gelegen, um den beiden Brüdern zu erklären, was sie tun sollten. Auch für sie war ja offensichtlich, dass die Frau überhaupt nichts Furcht erregendes an sich hatte. Doch indem sie Spike instinktiv keine Reverenz erwies, hatte sie ihm klar gemacht, dass sie die Überlegenere war. Falls Steve und Paul ein Vorbild brauchten – die Haushälterin war wie geschaffen dafür.

Ich wusste, dass die beiden eine ungeheuer schwierige Aufgabe vor sich hatten. Und ich sagte ihnen auch, dass Spike auf einer Aggressionsskala von zehn Punkten leicht eine acht erzielte; im Unterschied zu den vier und fünf Punkten der Hunde, mit denen ich sonst zu tun hatte. Ich bereitete die beiden außerdem darauf vor, diesen stummen Druck eher über Monate als nur die üblichen paar Wochen lang aufrechterhalten zu müssen. Zum Glück waren sie enorm zugänglich und machten sich meine Methode mit Begeisterung zu Eigen. In den nächsten vierzehn Tagen riefen sie mich immer mal wieder an, meist um mich nach dem besten Verhalten in bestimmten Situationen zu fragen. In der Regel taten sie ohnehin genau das Richtige, weil sie meine Ideen hundertprozentig übernommen hatten.

Vier Monate nach meinem ersten Besuch erhielt ich einen Anruf von einem Verwandten der beiden Brüder. Er bat mich um Hilfe bei einem Problem mit seinem eigenen Hund und berichtete mir, dass Spikes Verhalten sich enorm gebessert habe. Steve und Paul hatten inzwischen jede denkbare Situation in ihrem Haus im Griff.

Natürlich strahlen nicht alle Hunde die gleiche Mischung von Selbstvertrauen und Macht aus wie Spike. Das macht ihre Aggressionen jedoch keineswegs weniger gefährlich. Im November 1996 begann ich bei der BBC mit einer Radiosendung, in der die Leute anrufen und mir Fragen zu Problemhunden stellen konnten. Zu meinen ersten Anrufern gehörten Jen und Steve aus Driffield. Sie hatten vor sechs Monaten einen dreijährigen Cockerspaniel namens Jazzie bei sich aufgenommen. Man hatte sie vor seinem schlechten Benehmen gewarnt, aber als ehemalige Hundebesitzer trauten die beiden sich zu, mit seinen Launen fertig zu werden. Ihre Bemühungen hatten sich jedoch als fruchtlos erwiesen. Jazzie hatte sich sogar noch angewöhnt, nach seinen Besitzern zu schnappen.

Auch hier hatte ich schon eine klare Vorstellung von der Art Hund, die mir begegnen würde, noch bevor ich Jazzie das erste Mal sah. Als ich mich seiner Haustür näherte, vernahm ich bereits wütendes Bellen. Es klang jedoch anders als das des superselbstbewussten Spike. Es war eine Art Stakkato, ein fast panisches Gebell. Mein Verdacht bestätigte sich, als ich eintrat. Als Jen und Steve mich begrüßten, drängelte Jazzie sich vor und kläffte noch aggressiver. Seine Körpersprache hätte ablehnender nicht sein können, aber seine Position war vollkommen anders. Während Spike fast Nase an Nase mit mir gestanden hatte, befand Jazzie sich gut zwei Meter von mir entfernt. Auf den ersten Blick war mir klar, dass dieser Hund sich noch viel mehr vor der Situation fürchtete als die daran beteiligten Menschen. Hier handelte es sich eindeutig um einen Rudelführer wider Willen, der der Rolle des Alphatiers absolut nicht gewachsen war. Auch ihn musste man aus dieser Verantwortung entlassen.

Wie ich bereits erklärt habe, reagieren alle Hunde in ihrem eigenen Tempo und in individueller Weise auf die Signale, die ich ihnen gebe. Manche, wie etwa Spike, trennen sich nur äußerst widerwillig von ihrer Verantwortung. Die Aussicht, ihren Spitzenstatus zu verlieren, verträgt sich einfach nicht mit ihrem Selbstverständnis. Das kennt man ja auch von uns Menschen. Ich erinnere nur an so manchen Politiker... Aber zurück zu den Hunden: Einige von ihnen sind heilfroh, wenn diese Last von ihren Schultern genommen wird. Und genau so ein Fall war Jazzie.

Ich begann in der üblichen Weise mit Jen und Steve zu arbeiten: Ich erklärte ihnen meine Methode und forderte sie auf, diese sofort selbst praktisch anzuwenden. Während wir uns unterhielten, stand Jazzie im Zimmer und blieb zwar auf Distanz, ließ aber ein endloses Bellen und Knurren vernehmen. Ich bin gegen solche Störmanöver schon immun, aber wie so oft riss auch hier irgendwann den Hundebesitzern der Geduldsfaden und sie fragten mich, ob sie ihn hinausschaffen sollten. Ich bat sie zu versuchen, ihn vollkommen zu ignorieren, was sie auch taten. Nach einer weiteren halben Stunde machte sich ihr Durchhaltevermögen bezahlt. Plötzlich verstummte Jazzie, drehte sich von uns weg und steuerte auf die Treppe mitten im offenen zweigeschossigen Wohnzimmer zu. Für uns gut sichtbar lief er die Stufen hinauf und ließ sich oben hinplumpsen. Dabei drehte er uns den Rücken zu. Wenn Jazzie ein Kind gewesen wäre, hätte man sagen können, es schmollte.

In allen Situationen ist es übrigens von entscheidender Bedeutung, dass der Hund die Möglichkeit zur Flucht hat, dass er sich entziehen kann, indem er einfach weggeht. Das Schlechteste, was man tun kann, ist, einen Hund in die Ecke zu drängen. Dann bleiben ihm nämlich nur noch zwei Optionen – bewegungslos verharren oder angreifen. Und damit fangen die Probleme erst richtig an. Deshalb ließen wir Jazzie dort, wo er war. Jen und Steve fragten mich, ob sie ihn nicht zu sich holen sollten, aber ich versicherte ihnen, dass Jazzie sich vollkommen angemessen verhielte. Ich hatte noch nie ein so perfektes Beispiel für einen Hund gesehen, der mit einer neuen Situation konfrontiert war und eine Entscheidung über seine Zukunft traf. Ich riet Jen und Steve, Jazzie auch in Zukunft nicht nachzugehen, sondern ihn nach einer Weile aufzufordern, von selbst zu ihnen zu kommen. Das ist bei ehemals bissigen Hunden besonders wichtig, damit sie nicht in eine Lage geraten, in der ihnen Angriff als einziger Ausweg erscheint.

Jazzie blieb eine gute halbe Stunde oben auf der Treppe. Dann raffte er sich plötzlich auf, trottete die Stufen wieder hinunter und legte sich auf den Teppich. Bald rekelte er sich vor uns auf dem Boden. Ich erinnere mich, dass in diesem Moment Sonnenstrahlen ins Zimmer fielen, und irgendwie hatte ich auch das Gefühl, als ob sich die dunklen Wolken über Jen und Steves Alltag lichten würden. In dieser einen Stunde hatte sich das Gleichgewicht der Kräfte merklich verschoben. Es schien, als hätte Jazzie plötzlich keinerlei Verpflichtung mehr. Er fühlte sich offenbar für niemanden im Raum mehr verantwortlich. Stattdessen schien er jetzt auf eine Gelegenheit zu warten, seinen neuen Rudelführern seine Reverenz zu erweisen. Jen und Steve konnten ein neues und angenehmes Leben mit ihm führen. Ich erfuhr erst später, dass Jazzie ein paar Tage später hätte eingeschläfert werden sollen. Meine Beratung war sozusagen der letzte Versuch gewesen, dieses

Schicksal abzuwenden. Umso glücklicher war ich natürlich mit dem Erfolg!

Nachträglich möchte ich anmerken, dass ich zwei Jahre später noch einmal einen Anruf von Jen bekam. Sie und Steve waren besorgt, weil Jazzie wieder damit anfing, Besucher anzuknurren und zu verbellen. Er hatte sogar nach ihnen geschnappt, als sie versucht hatten, ihm Sachen wegzunehmen. Als ich Jen fragte, ob sie sich noch an die Fünf-Minuten-Regel hielten, verneinte sie. Jazzies Verhalten hatte sich ja so gebessert, dass sie – um ganz ehrlich zu sein – das Ganze etwas laxer gehandhabt hätten.

Daraufhin sagte ich Jen, was ich allen Hundebesitzern, mit denen ich zu tun habe, sage: Meine Methode ist so etwas wie ein Lebensstil, keine Schnellreparatur. Man muss sich zu jeder Zeit daran halten, sie muss einem zur zweiten Natur werden. Worüber ich mich in diesem Fall besonders freute, war der kurze Zeitraum, in dem Jen und Steve die Sache wieder in Ordnung bringen konnten. Ich riet ihnen, noch einmal ganz von vorn zu beginnen und Jazzie komplett zu ignorieren, so wie sie es zu Beginn des Trainings vor zwei Jahren auch getan hatten.

Ich bleibe immer an den Familien interessiert, denen ich einmal geholfen habe. Deshalb rief ich Jen auch am nächsten Tag an, um mich nach dem Stand der Dinge zu erkundigen. Sie lachte nur und berichtete mir, dass Jazzie sich wieder tadellos benehme. Vier Stunden mit meiner Methode hatten genügt, um all seine Probleme wieder auszubügeln.

Immer wenn ich es mit einem bissigen Hund zu tun habe, muss ich automatisch an Purdey denken. Jedes Mal wandern meine Gedanken zurück zu den schrecklichen Ereignissen vor fast dreißig Jahren. Purdeys Verhalten war, wie ich heute weiß, ganz typisch für viele Hunde. Mit Spike und Jazzie hatte sie gemein, dass auch sie nur versuchte, einen Job zu verrichten. Einen Job, von dem sie glaubte, dass er ihr zukam. Es war nicht ihr Fehler, dass sie für diese Aufgabe in keinster Weise geeignet war. Als Purdey an meinem Sohn Tony hochgesprungen und ihn angebellt hatte, hatte sie ihn nur wie ein untergeordnetes Rudelmitglied behandelt. Er hatte unabsichtlich ihren Führungsanspruch in Frage gestellt und sie hatte darauf so reagiert, wie sie es für normal und richtig hielt. Es war ihr Unglück, dass er dabei an einer so gefährlichen Stelle stand und in die Glastür fiel.

Wenn ich alles noch einmal machen könnte, würde ich auf das Verhalten, das zu diesem Vorfall geführt hat, vollkommen anders reagieren. Ich würde sie nicht bestrafen, wenn sie sich in meinen Augen falsch verhielt. Heute wüsste ich, dass sie, wenn sie weglief und durch die Gegend streifte, glaubte, eine Jagd anzuführen und mir und den anderen Mitgliedern unseres Rudels damit zu helfen. Ich hätte ihr lange vor diesem schicksalhaften Ereignis die Verantwortung der Rudelführerschaft abgenommen und Purdey so erlaubt, ein weniger stressiges Leben zu führen. Diese späte Einsicht ist zwar besser als gar nichts, aber sie macht Purdey nicht wieder lebendig. Immerhin gibt sie mir aber den Antrieb, alles in meiner Macht Stehende zu tun, um jede Purdey, die mir begegnet, zu retten. Mein Ansporn ist besonders stark in den Fällen, in denen Kinder beteiligt sind.

Für mich steht eindeutig fest, dass Hunde in Kindern etwas anderes sehen als in Erwachsenen. Dafür gibt es meines Erachtens zwei Gründe. Erstens finden Hunde Kinder vermutlich noch verwirrender als große Menschen. Sie sprechen schneller, bewegen sich schneller und sind noch unberechenbarer in ihren Reaktionen. Wie ich schon ausgeführt habe, sind Ruhe und Konsequenz unerlässlich, wenn man eine Beziehung zu einem Hund aufbauen will. Und diese beiden Begriffe assoziiert wohl niemand mit Kindern.

Der zweite Grund für meine These ist sogar noch offensichtlicher. Kinder sind dem Niveau des Hundes wortwörtlich näher. Aus diesem Grund neigt ein Hund dazu, sie entweder als Bedrohung zu sehen oder als Geschöpfe, die seines besonderen Schutzes bedürfen. Mit der Rolle des Kindes als Bedrohung tun sich verständlicherweise viele Hundebesitzer schwer. Meine Position dazu ist eindeutig: Sehr kleine Kinder und Hunde sollten, so weit möglich, voneinander getrennt oder zumindest beaufsichtigt werden. Beide brauchen Raum, um sich zu entwickeln, und den sollten sie auch bekommen.

Die Vorstellung von einem Hund, der ein Kind beschützt, ist dagegen viel angenehmer. Ich glaube übrigens nicht, dass es darüber hinaus irgendeine magische Verbindung zwischen Kindern und Tieren gibt. Diese Beschützerbeziehung kann unglaublich machtvoll sein, wie ich selbst als Kind mit meiner Hündin Donna erlebt habe. Aber auch hier kann es Probleme geben. Ich möchte Ihnen das Beispiel von Ben erzählen. Dieser dominante schwarze Mischling lebte mit Carol und John sowie deren neunjährigem Sohn Danny in Salford, Lancashire.

Ben liebte Danny abgöttisch und beschützte ihn vehement. Sein aggressivstes Verhalten richtete sich gegen Johns Vater, Dannys Großvater. Der Grund dafür war offensichtlich. Der Großvater lebte hundert Meilen entfernt in Wales und sah die Familie nur in unregelmäßigen Abständen. Wenn er zu Besuch war, bekam sein Enkel natürlich eine Menge Aufmerksamkeit und Zuneigung von ihm. Ben hatte selbstverständlich keine Ahnung von der Beziehung zwischen den beiden; er betrachtete das ältere Familienmitglied als Bedrohung und hatte bereits begonnen, den Opa regelrecht anzufallen. Manchmal konnte Letzterer sich nicht aus seinem Sessel rühren, ohne dass Ben knurrte und ihm drohende Blicke zuwarf.

Der Druck, der durch solche Zustände für eine Familie entsteht, ist enorm. Loyalitäten werden infrage gestellt. Die Hundebesitzer müssen sich vorwerfen lassen, ihr Hund sei ihnen wichtiger als alles andere. Zum Glück hatte ich es aber auch hier mit einer Familie zu tun, die in der Lage war, das Problem vernünftig anzugehen. Ich begann wie immer die Situation mit den Erwachsenen zu besprechen. Das Prinzip des Amichien Bonding leuchtete Carol und John schnell ein. Mir war jedoch klar, dass Dannys Einbeziehung letztlich der Schlüssel zum Erfolg sein würde.

Die Beteiligung von Kindern ist eines der schwierigsten Elemente meiner Methode. Verständlicherweise gelingt es vielen noch nicht zu verstehen, was damit beabsichtigt wird. Deshalb empfehle ich, wie gesagt, kleine Kinder von Hunden zu trennen, falls Letztere zu ungestüm werden. Wenn die Kleinen erst einmal drei oder vier Jahre alt sind, begreifen sie oft schon eine ganze Menge und können sich vielleicht sogar am Training beteiligen. Das funktioniert natürlich besonders dann, wenn man ihnen das Ganze als eine Art Spiel erklärt. Meiner Erfahrung nach klappt es sogar ganz gut, wenn man ein relativ kleines Kind auffordert, einen Hund nicht zu beachten. Wie jedes Spiel kann aber auch dieses irgendwann langweilig werden, so bleibt die Entscheidung über die Beteiligung ihrer Kinder letztlich den Eltern überlassen.

Im Fall von Danny hatte ich jedoch keinerlei Bedenken, ihn an Bens Umerziehung zu beteiligen. Verständlicherweise fiel es Danny ziemlich schwer, Ben nicht wie sonst zu streicheln. Als ich ihn dazu aufforderte, sagte er mir, wie hart es für ihn sei, seinen Spielkameraden nicht zu beachten. Mit der Erlaubnis seiner Eltern erzählte ich ihm daraufhin, wie die möglichen Folgen für Ben aussehen würden. Ich erklärte ihm vorsichtig, dass Ben vielleicht nicht mehr sein Spielkamerad sein könne, wenn es uns nicht gelänge, dieses Problem aus der Welt zu schaffen. Natürlich wollte ich dem Jungen keine Angst machen, sondern ihm einfach nur die Situation realistisch schildern. Erfreulicherweise funktionierte es. Danny vergrub für den Rest unseres Training die Hände in den Hosentaschen, wenn Ben in seine Nähe kam.

Es dauerte zwei Stunden, in denen Ben tat, was er konnte, um die Aufmerksamkeit der Familie für sich zu gewinnen. Danach waren zugegebenermaßen alle Beteiligten mit den Nerven am Ende. Doch genau dann zeigte Ben uns, dass die Mühe sich gelohnt hatte. Er hatte sein komplettes Repertoire durchgezogen und sich danach erschöpft auf seinen Lieblingsplatz vor dem Kamin fallen lassen. Als ich das sah, war mir klar, das er das Ganze als Zeit- und Energieverschwendung erkannt hatte. In der sofort entspannteren Atmosphäre erhob sich der Großvater aus seinem Sessel und ging quer durchs Zimmer. Ohne nachzudenken legte er dabei seinem Enkel kurz die Hand auf die Schulter. Ben blieb völlig ungerührt auf dem Teppich liegen. Am Ende meines Besuchs hatte sich die Spannung, die Ben zuvor spürbar umgeben hatte, gelockert. Als ich ein paar Wochen danach wieder mit der Familie sprach, erzählten sie mir stolz, dass es zu keinerlei Auseinandersetzungen mehr gekommen war, und Danny freute sich über die häufigeren Besuche seines Opas.

KAPITEL 10

Die Bodyguards: Überbeschützende Hunde

Der Ruf des Hundes als bester Freund des Menschen ist wohlverdient. Abgesehen von der Unterhaltung und Kameradschaft, die er uns bietet, gibt die fürsorgliche Art und die bloße physische Präsenz dieser Tiere vielen Menschen ein Gefühl von Sicherheit. Wir alle haben wohl schon erlebt, wie sich der sanftmütigste Hund in eine aggressive Furie verwandelte, weil er den Eindruck hatte, sein geliebtes Herrchen oder Frauchen werde bedroht.

Der Beschützerinstinkt eines Haustiers ist jedoch nicht in jedem Fall etwas Positives, insbesondere wenn er innerhalb der Familie ausgelebt wird. Ich hatte schon mit einer Vielzahl von Fällen zu tun, in denen die Bevorzugung eines Familienmitglieds Probleme machte. Das Extremste, was mir in dieser Richtung je untergekommen ist, war der Springerspaniel Toby, der mit dem Ehepaar Jim und Debbie in Grimsby lebte. Tobys Beschützerinstinkt für Debbie kam besonders nachts zum Ausdruck. Es wurde so schlimm, dass das Paar sich nach einer Weile schon vor dem Zubettgehen fürchtete.

Tagsüber war Toby ein ziemlich wohl erzogener Hund, aber wenn der Abend zu Ende ging, war er jedes Mal wie verwandelt. Sobald Debbie und Jim begannen, die Lichter im Haus auszuschalten und sich auf den Weg hinauf in ihr Schlafzimmer machten, sprang Toby vor ihnen die Stufen hinauf, raste ins Schlafzimmer und hüpfte aufs Bett. Während Debbie sich ungehindert hinlegen konnte, knurrte er, sobald Jim die Bettdecke auch nur anfasste. Er wirkte so entschlossen, die beiden auseinander zu halten, dass Jim ernsthaft fürchtete, gebissen zu werden.

Jim hatte alles Mögliche versucht, um Toby aus dem Bett zu kriegen, entweder indem er vor Debbie hineinkroch oder so tat, als hätte er etwas im Haus gehört. Jim war sogar in ein anderes Zimmer gegangen und hatte dort laut an die Tür gehämmert. Sobald Toby sich aufgemacht hatte, um nachzusehen, was los war, stürzte Jim zurück ins Schlafzimmer und schlüpfte rasch unter die Decke. Zunächst empfand das Paar die prekäre Situation noch als lustig, doch zu dem Zeitpunkt, als sie mich um Hilfe baten, war die Sache für die beiden längst nicht mehr komisch.

Nur wenige Verhaltenszüge eines Hundes sind so tief verwurzelt wie der Beschützerinstinkt, den Toby hier zum Ausdruck brachte: Tatsächlich benahm er sich ja wie ein eifersüchtiger Gatte, der einen Nebenbuhler vertreiben will. Das erscheint zunächst vielleicht schwer nachvollziehbar, wird jedoch logisch, wenn wir uns wieder das Wolfsrudel vor Augen halten. Wie bereits erwähnt, beruhen die Regeln im Rudel auf der Vorrangstellung des Alphapaars. Diese beiden herrschen uneingeschränkt und ihr Status ist so unanfechtbar, dass sie die einzigen Rudelmitglieder sind, die sich fortpflanzen dürfen. Der Schlüssel zu diesem Fall bestand darin, dass Toby sich als Single-Alphamännchen seines Rudels verstand und sich deshalb unter seinen menschlichen untergebenen Rudelgenossen nach einer Partnerin umsah. Seine Wahl war auf Debbie gefallen. Die Aussicht, dass Jim (in seinen Augen ein rangniedrigeres Rudelmitglied) das Lager mit Debbie teilte, brachte Tobys ganzes Weltbild ins Wanken. Von seinem Standpunkt aus war sein Beschützerverhalten also keineswegs erstaunlich. Wenn er begriffen hätte, dass Jim männlich und Debbie weiblich war, hätte das seine Furcht noch gesteigert.

Oft brauchen Hundebesitzer eine gewisse Zeit, um die von mir gestellte Diagnose zu akzeptieren. Das galt auch für Debbie und Jim, die sich mit der Vorstellung, Toby benähme sich wie ein eifersüchtiger Liebhaber, extrem schwer taten. Als ich jedoch länger mit ihnen sprach und sie begannen, meine Methode anzuwenden, gaben sie mir bald Recht. Das Erste, wozu ich sie aufforderte war, Toby aus dem Schlafzimmer zu verbannen. Grundsätzlich habe ich nichts dagegen einzuwenden, wenn Hunde mit im Schlafzimmer schlafen. Ich würde nicht so weit gehen, sie ins Bett zu lassen, aber wenn es jemandem Freude macht, spricht nichts gegen den Hund im selben Raum.

Wenn Toby es unbemerkt ins Schlafzimmer geschafft hatte, sollten Debbie und Jim ihn mit der Belohnungsmethode wieder hinauslocken. Sprang er aufs Bett, wenn Jim schon darin lag, sollte Jim sich möglichst viel herumwälzen und es Toby so unbequem wie möglich machen. Mir war jedoch wichtig, dass der Hund nie mit Gewalt aus dem Bett geworfen wurde. Jegliche Konfrontation würde Toby dazu bringen, die Möglichkeit eines Kampfes in Betracht zu ziehen – und das wollten wir selbstverständlich vermeiden. Also war es besser, die Situation so zu manipulieren, dass der Hund erst gar nicht über diese Option nachdachte. Tobys Benehmen besserte sich rasch und fortan war das Schlafengehen für Jim und Debbie wieder eine entspannte und angenehme Angelegenheit.

Als überaus intelligente Geschöpfe haben Hunde ein riesiges Repertoire an Tricks entwickelt, um ihre Autorität zu behaupten. Tobys Methode ist eine der gängigsten. Ich habe auch viele Hunde mit der Angewohnheit erlebt, sich leicht gegen ihre Besitzer zu lehnen und dadurch jede Vorwärtsbewegung praktisch zu blockieren. Ein ziemlich cleverer Trick!

Es ist relativ leicht durchschaubar, was sich hier abspielt. Der Hund versucht die Bewegungen seines Besitzers zu steuern, ihm seinen Willen aufzuzwingen und letztlich wieder einmal deutlich zu machen, dass er, der Hund, die Verantwortung trägt. Mir sind viele solcher Fälle untergekommen, von denen mir ein Deutscher Schäferhund namens Zack am besten im Gedächtnis geblieben ist.

Zacks Frauchen Susie liebte es, mit ihrem Hund auf dem Boden zu sitzen. Unter normalen Umständen gibt es kaum etwas Netteres und Natürlicheres, als es sich so mit seinem besten Freund gemütlich zu machen. Das Problem hier war nur, dass Zack es übertrieb. Sobald sich Susie neben ihn setzte, lehnte sich Zack nicht nur gegen sie, sondern legte sich über ihre Beine, sodass sie wie festgenagelt war. Das konnte ich selbst beobachten, als ich die beiden besuchte. Sobald Susie sich auf dem Boden niederließ, kippte Zack auf sie. Susie hatte ihre Knie zunächst angezogen, aber Zack zwang sie förmlich, die Beine auf dem Boden auszustrecken. Dann legte er sich genau auf sie. Deutsche Schäferhunde sind ja ziemlich groß und kräftig und Susie war eine eher zierliche Person. Allem Anschein nach war sie nach diesem Manöver Zacks Gefangene und konnte sich ohne seine Erlaubnis nirgendwohin bewegen. Wie um seinen Status noch deutlicher zu unterstreichen, drehte Zack sich dann auch noch so, dass Susie seinen Bauch kraulen konnte. Auch das war, wie ich erfuhr, fester Bestandteil des Rituals.

Eindeutig zwang Zack Susie hier etwas auf, das ihm gefiel. Ich forderte Susie als Erstes auf, das Kraulen einzustellen. Sie hatte Bedenken und meinte: »Das wird er nicht mögen und anfangen zu knurren.« Und tatsächlich, in dem Augenblick, als sie aufhörte, ließ Zack ein Grummeln vernehmen. Susie erkannte jedoch, dass es anders nicht ging und begann sich aus seiner Umklammerung zu lösen. Sie zog ihre Beine unter ihm weg, stand auf und ging fort. Von nun an folgte sie den

Prinzipien des Amichien Bonding und achtete vor allem darauf, sich Zack sofort zu entziehen, wenn er versuchte, sich auf ihr niederzulassen. Jedes Mal, wenn er das tat, befreite sie sich von ihm. Zack hatte die Folgen seines Verhaltens bald begriffen und Susie konnte unbehelligt neben ihm auf dem Boden liegen.

Jeder von uns hat schon Hunde mit übersteigertem Beschützerinstinkt erlebt. Sobald diese Tiere einen Passanten erblicken, hören oder auch nur riechen, stürzen sie aus dem Haus, bellen und springen wie wahnsinnig, rasen dabei an Zaun oder Mauer, die das eigene Grundstück umgeben, entlang. Die Botschaft, die sie damit vermitteln wollen, ist eindeutig: Du kommst gerade meinem Territorium gefährlich nahe, und ich rate dir zu deinem eigenen Wohl, dich fern zu halten. Viele Leute tun daraufhin genau das.

So ein Verhalten kann, insbesondere wenn es sich um einen lauten, aggressiven Hund einer großen Rasse handelt, Passanten einen gehörigen Schrecken einjagen. Sehr häufig wechseln Leute, die das einmal erlebt haben, dann die Straßenseite oder nehmen sogar einen Umweg in Kauf, um sich eben das zu ersparen. Besonders Kinder haben oft panische Angst vor solchen Hunden. Natürlich gibt es ein paar unmögliche Hundebesitzer, die stolz auf das aggressive Gebaren ihres Tieres sind. Genauso gibt es unsympathische Zeitgenossen, die sich einen Spaß daraus machen, solche Hunde noch extra zu reizen.

In den meisten Fällen jedoch ist dieses Verhalten für Herrn und Hund ebenso unangenehm wie für den Passanten. Die Wurzel des Problems, das ich »Boundary Running« (an der Grundstücksgrenze entlangrennen) nenne, ist natürlich das Territoriumsdenken. Ein solcher Hund hält sich für den Rudelführer und betrachtet alles, was sich der Peripherie seines Baus nähert, als potenziellen Angriff auf sein eigenes

Reich. Im Laufe meiner Arbeit habe ich Hunde gesehen, die unter der Last dieser Verantwortung unglaublich litten. In einem Fall rannte der betreffende Hund an der Grenze des kreisförmigen Gartens entlang. Das arme Tier drehte Runde um Runde in immer engeren Kreisen und mit immer größer werdender Angst. Die gute Nachricht ist, dass sich diese Probleme relativ einfach lösen lassen, wie es auch die folgenden beiden Beispiele zeigen.

Im ersten Fall lebten Mary und ihre Border Collie-Hündin Tess in einer Erdgeschosswohnung an der Ecke einer Wohnanlage, sodass ein praktisch nie abreißender Strom von Fußgängern ihren Garten passierte. Das Hauptproblem war eine bestimmte Nachbarin, die ihren Hund – ebenfalls einen Border Collie – jeden Morgen um die gleiche Zeit am Garten vorbei spazieren führte. Der Anblick dieses Hundes ließ Tess jedes Mal völlig ausrasten. Sie rannte dann bellend und zähnefletschend am Zaun entlang. Leider schien die andere Dame ihre Hündin auch noch anzufeuern, sich nichts gefallen zu lassen. So führte diese sich ebenso aggressiv auf, was Tess noch mehr aufbrachte. Mary hatte schon ihr Bestes getan, um dem Problem Herr zu werden, aber ohne Erfolg. Als sie mich anrief, wusste sie sich schlichtweg nicht mehr zu helfen.

Mary hatte den häufigsten Fehler begangen und sich angewöhnt, Tess anzuschreien. Dabei bewirken Hundebesitzer, die »Hör auf!« rufen, garantiert nur, dass ihr Hund das Gegenteil tut und weitermacht. Durch ihre laute Stimme erkennen sie an, was der Hund tut und bringen ihn nur noch mehr in Rage. Ich empfahl Mary, ganz von vorne anzufangen und das Amichien Bonding anzuwenden. Außerdem bat ich sie, Tess etwa einen Tag lang vornehmlich im Haus zu lassen, um ihr den Neubeginn besser zu verdeutlichen. Ich hatte das Gefühl, dass sie in einer viel stärkeren Position wäre, um die richtige Botschaft zum richtigen Zeitpunkt zu übermitteln, nachdem sie ihre Beziehung zu Tess auf diese Weise gefestigt hätte.

Der Praxistest erfolgte ein paar Tage später, als Mary Tess morgens in den Garten ließ. Ihre alte Feindin tauchte zur üblichen Zeit auf und wie immer reagierte Tess darauf, indem sie bellend am Zaun entlangrannte. Marys Aufgabe bestand darin, ihr die Verantwortung abzunehmen, an den Grenzen ihrer gemeinsamen »Höhle« zu patrouillieren. Um das zu erreichen, bat ich Mary, die Prinzipien von Aufforderung und Belohnung, die sie im Haus geübt hatten, nun auch draußen anzuwenden. Tess war so außer sich, dass sie es kaum bemerkte, als Mary zu ihr kam. Weil ich damit gerechnet hatte, sollte Mary Tess' Nacken leicht berühren, um ihre Aufmerksamkeit zu gewinnen, und ihr sofort einen Leckerbissen anbieten. In Fällen wie diesen, wo es um tief verwurzelte, extrem unangenehme Reaktionen geht, empfehle ich Leckereien, die auch dem Hund die besonderen Umstände verdeutlichen. Was genau Sie in so einer Situation verwenden, bleibt natürlich Ihnen überlassen. Ich selbst benutze Käse, weil meine Hunde ganz verrückt danach sind, aber nur zu seltenen Anlässen ein Häppchen davon bekommen. Die Botschaft, die man dadurch vermittelt, lautet: Ein bestimmtes Verhalten bringt mir bestimmte Leckereien, also Annehmlichkeiten, ein.

Mary gewann also Tess' Aufmerksamkeit. Sobald das erreicht war, lockte sie den Hund mit den ihr inzwischen vertrauten Methoden ins Haus und von der kritischen Situation weg. Das Gleiche tat sie am nächsten Tag und verleitete Tess wieder auf sanfte Weise dazu, den Schauplatz zu verlassen. Mit schnellem Erfolg war hier nicht zu rechnen, dieser Fall würde seine Zeit brauchen. Doch Mary hielt durch und hatte Tess' Aufregung am vierten Tag schon so weit reduziert, dass sie Marys Herankommen bemerkte, bevor diese den Zaun erreicht hatte. Bald musste sie Tess nur noch drei Viertel des Weges entgegengehen, weil der Hund schon auf sie zukam, um sich seine Belohnung abzuholen: Tess hatte ganz offensichtlich das Prinzip verstanden.

Nach einer Woche war sie so weit, dass Mary auf der Türschwelle stehen bleiben konnte. Tess bellte die andere Hündin zwar noch an, aber längst nicht mehr so heftig und wutentbrannt wie vorher. Sobald sie Mary an der Tür entdeckte, lief sie zum Haus zurück und die Lage entspannte sich. Einige Tage später rannte sie nicht einmal mehr zum Zaun. Schwach bellend machte sie sich gerade noch die Mühe, bis in die Mitte des Gartens zu kommen. Endlich war wieder Ruhe, das morgendliche Ritual der beiden Border Collies war abgeschafft worden.

In den letzten Jahren hatte ich es nur mit wenigen »Zaun-Rennern« zu tun. Im Fall der beiden Schnauzer Kathy und Susie musste ich allerdings beide Hunde gleichzeitig kurieren. Aufgrund der Lage ihres Zuhauses hatten Kathy und Susie eine sehr lange Grenze zu bewachen. Das Haus ihrer Besitzer stand an der Rückseite von etwa zwanzig Wohneinheiten mit Terrassen. Die Gärten aller Nachbarn grenzten also an das große Grundstück an. Sobald einer der Nachbarn auch nur einen Schritt in seinen Garten tat, schlugen die beiden Alarm. Verständlicherweise waren die Nachbarn darüber nicht sehr erfreut. Und auch die Hundebesitzer waren unglücklich, denn wer möchte schon Tiere haben, die eine solche Plage sind.

Ich erinnere mich, wie ich die Familie an einem warmen Sommerabend besuchte. Dort stieß ich auf echte Zweifel an der Effizienz meiner Methode. Zum Glück lieferten mir Kathy und Susie jedoch rasch den nötigen Beweis. Die Tatsache, dass es sich hier um zwei Hunde handelte, machte für mich keinen großen Unterschied. Von dem Moment an, als ich das Haus betrat, machte ich meinen Führungsanspruch mit den einfachen, aber wirkungsvollen Signalen deutlich, die ich immer verwende. Etwa eine Stunde nach meiner Ankunft hörten die beiden jemanden in einem der Nachbargärten und stürzten los, um ihren Zaun zu verteidigen. Ich ließe sie, ohne nach ihnen zu rufen, zunächst laufen, ging aber zur Haustür und forderte sie von dort aus auf, zu mir zu kommen. Ihren Besitzern blieben vor Staunen die Münder offen stehen, als Kathy und Susie sich umdrehten und schnurstracks zu mir liefen, um sich die Belohnung zu holen, die ich für sie bereithielt.

Die Veränderung im Alltag konnte aber natürlich nicht so schnell funktionieren wie bei diesem einen Mal, als ich die Hunde rief. Es braucht Zeit, wenn man die Beziehung zwischen Besitzer und Hund neu ausrichten will. Und Ergebnisse sieht man erst, nachdem der Prozess des Bonding abgeschlossen ist und der Hund sich in seine neue Position gefügt hat. Das verlangt Durchhaltevermögen und Geduld. In diesem Fall forderte ich die Besitzer von Kathy und Susie auf, auch ihre Nachbarn um Mithilfe zu bitten. Sie sollten die Hunde vollkommen ignorieren. Glücklicherweise waren die Nachbarn kooperativ und verständnisvoll, und so konnten schon bald alle Beteiligten vom Erfolg der Aktion profitieren. Langsam aber sicher nahmen Kathy und Susie nämlich von ihren Verteidigungsaktionen am Zaun Abstand. Nach einer Woche war den beiden Kommen und Gehen in den Nachbargärten bereits gleichgültig und den restlichen Sommer konnten alle Anwohner in Ruhe genießen.

KAPITEL 11

Das Auf-und-ab-Spiel: Hunde, die hochspringen

Einige Hundehalter halten es für normal, dass ihr Hund an ihnen hochspringt. Manche finden das sogar lustig (vor allem die Besitzer kleiner Hunde). Doch in vielen Fällen wird vor allem das Heimkommen zum Problem: Zerrissene Strümpfe, Spuren schmutziger Pfoten an den Kleidern und auf dem Boden verstreute Einkäufe sind das Ergebnis solcher Gewohnheiten. Das Schlimmste aber ist für mich das mangelnde Verständnis, das zwischen dem Hund und seinem Besitzer herrscht. Denn keiner von beiden begreift offenbar, was der andere ihm hier mitzuteilen versucht. In solchen Fällen kann ich, wenn Sie so wollen, als Dolmetscherin fungieren.

Jeder Hund, mit dem ich bisher zu tun hatte, ist mir auf seine Weise unvergesslich, doch keiner hat sich so unauslöschlich in meinem Gedächtnis festgesetzt wie Simmy, ein springfreudiger Mischling aus Whippet und Terrier. Seine Besitzer, Alan und Kathy aus Scunthorpe in Lincolnshire, baten mich um Hilfe, als sie mit ihrem Latein am Ende waren. Wie sie berichteten, bestand das Hauptproblem darin, dass Simmy an jedem hochsprang, der ins Haus kam. Und das ist, wie gesagt, eine höchst unangenehme Gewohnheit. Schon bei meiner ersten Begegnung mit Jimmy erlebte ich, wie lästig er sein konnte.

Ich hatte kaum den Fuß auf die Schwelle gesetzt, als Simmy auf seinen Hinterbeinen hochschnellte, um mir sozusagen Aug in Auge gegenüberzustehen. Natürlich hatte ich das schon bei vielen Hunden erlebt. Doch im Unterschied zu all den anderen erwies sich Simmy als besonders athletisch. Seine Schulterhöhe betrug nicht mehr als 35 Zentimeter, und doch schaffte er es, mehr als einen Meter hochzuspringen, als er versuchte, auf Augenhöhe mit mir zu gelangen. Noch eindrucksvoller aber war die Tatsache, dass er überhaupt nicht mehr aufhörte. (Er erwies sich diesbezüglich als Musterbeispiel eines Mischlings, denn in ihm verband sich die Elastizität und Sprungkraft des Whippet, der ja ein Rennhund ist, mit der Ausdauer des Terriers.) Er erinnerte mich an Tigger aus den *Winnie-the-Pooh*-Büchern. Wie Tigger war auch Simmy ein fabelhafter Springer. Seine Besitzer erzählten, dass er zur Begrüßung jedes Fremden, der ins Haus kam, ein solches Theater aufführte und kein Ende finden konnte, egal, ob der Besucher nun stehen blieb oder sich hinsetzte. Natürlich war das peinlich und unangenehm für den Gast wie für Simmys Besitzer. Ich wusste, dass mir da keine leichte Aufgabe bevorstand.

Körpersprache ist, wie gesagt, die wichtigste Kommunikationsmöglichkeit für einen Hund. Und ein deutlicheres Körpersignal als das Hochspringen kennt er nicht. Wir brauchen uns nur wieder in die Vergangenheit zu versetzen und das Verhalten von Hunden und Wölfen in freier Wildbahn zu betrachten, um zu verstehen, was hier vorgeht. Hunde zeigen durch eine bestimmte Körperhaltung, dass sie sich überlegen fühlen. Das ist bei uns Menschen nicht anders. Wer das nicht glaubt, braucht sich nur die Körpersprache zweier Boxer anzuschauen, wenn sie sich zu Beginn eines Kampfes gegenüberstehen. Beide fixieren einander, um noch vor dem Kampf eine gewisse psychologische Überlegenheit zu demonstrieren. Sie sehen sich an und senden damit eine deutliche Botschaft aus: Ich bin stärker und werde dir zeigen, wer hier der Boss ist.

Bei den Wölfen aber ist es mehr als eine Körperhaltung. Und es beginnt schon in frühester Jugend. Bereits die Welpen üben sich im Springen. Sie werden hart im Nehmen und gewöhnen sich daran, herumzupurzeln. Wolfsjunge sind stets bemüht, mit der oberen Körperhälfte, also mit Kopf, Nacken und Schultern über den Geschwistern zu sein. Mit dieser Stellung signalisieren sie auch später ihre Überlegenheit innerhalb des Rudels.

Unter den erwachsenen Tieren des Rudels nutzt das Alphapaar seine körperliche Überlegenheit, um seinen Führungsanspruch zu bekräftigen. Dasselbe gilt bei der Rückkehr zum Rudel nach der Jagd. Die Leittiere erheben sich über die anderen Rudelmitglieder, strecken die kritischen Körperpartien wie Kopf und Nacken empor und zeigen damit nicht nur ihre Zuneigung zu den rangniedrigeren Rudelmitgliedern, sondern demonstrieren zugleich ihre Stärke. Die Botschaft ist eindeutig: Ich weiß, wie ich euch unterwerfen und – wenn nötig – töten kann. Ihr müsst meine Führerschaft anerkennen.

Um mit Simmys übler Gewohnheit fertig zu werden, musste ich eine genauso deutliche Sprache sprechen wie er. Das Wichtigste war, auf das unerwünschte Verhalten gar nicht einzugehen. Sobald der Hund vor Ihnen hochspringt, treten Sie einfach einen Schritt zurück und dann zur Seite. Wenn ein gewisser Abstand zwischen Ihnen und dem Hund besteht oder der Hund sehr aufgeregt ist, wehren Sie ihn mit der Hand ab oder schubsen ihn weg. In beiden Fällen dürfen Sie nicht sprechen und keinen Blickkontakt mit ihm aufnehmen. Sie wollen ja seinen Führungsanspruch ignorieren.

Wie ich schon sagte, hat Simmys unglaublicher Überschwang sogar mich überrascht, aber trotzdem ließ ich mich von meiner normalen Eröffnung nicht abbringen. Während ich ins Haus ging, war ich darauf bedacht, ihn nicht zur Kenntnis zu nehmen. Das war allerdings gar nicht so einfach. Immer wieder sprang er so hoch, dass sein Kopf ganz dicht an meinem Gesicht war. Da wurde Alan verständlicherweise ärgerlich. Er packte Jimmy im Nacken und war entschlossen, seinen Hund mit Gewalt am Boden zu halten. Doch ich bestand darauf, dass er Simmy losließ. Ich wollte dem Hund beibringen, sich selbst unter Kontrolle zu halten. Ich wollte erreichen, dass er aus freiem Willen etwas tat oder unterließ, nicht aber von seinem Besitzer dazu gezwungen wurde. Sicher war das eine Zumutung für ihn, aber Alan willigte ein. Während Simmy fortwährend vor mir hochsprang, redete ich einfach über ihn weg oder auch um ihn herum und erklärte Alan und Kathy, wie sie verfahren sollten. Kurz gesagt, ich wollte nicht, dass sie auf Simmys Auf-und-ab-Spiel eingingen. Jedes Mal, wenn er hochsprang, reagierten die Besitzer auf ihn und erkannten ihn damit an: Das musste sofort aufhören.

Ich redete weiter auf die beiden ein, während wir ins Wohnzimmer gingen. Dabei turnte Simmy rückwärts vor mir her und sprang immer weiter. Eine tatsächlich meisterhafte Vorstellung, die er da ablieferte und genau das, was ich von ihm wollte. Doch es war nur noch eine Frage der Zeit, bis er sein Verhalten ändern würde. Bei den gescheitesten Hunden ist es am schwierigsten, sie von etwas abzubringen. Sie fragen ständig nach dem Warum. Warum soll ich tun, was du sagst? Warum kann ich nicht so weitermachen, wie es mir gefällt? Und Simmy gehörte sicher zu den ganz Gescheiten. Als er begriffen hatte, dass sein Verhalten keinerlei Reaktion mehr auslöste, änderte er seine Taktik und fing an, mich laut anzubellen. Wieder waren seine Besitzer ganz außer sich vor Ärger. Doch ich nahm sein Gekläff einfach nicht zur Kenntnis und kümmerte mich nicht um Simmy. Gleichzeitig konnte ich Alan und Kathy zu ihrer Beruhigung versichern, dass wir auf dem richtigen Weg und dem Ziel nahe wären.

Nach einer guten Viertelstunde wurden Simmys Batterien allmählich leer. Er musste feststellen, dass er keinerlei Aufmerksamkeit bei uns erregen konnte und trollte sich in ein anderes Zimmer. Wir hatten zwar eine wichtige Schlacht geschlagen, doch der Krieg war noch nicht gewonnen. Nach etwa zehn Minuten kam Simmy zurück. Er hatte diese Auszeit genutzt, um herauszufinden, was hier eigentlich vorging und beschlossen, der Sache auf den Grund zu gehen, indem er noch eine Serie von Sprüngen und eine Salve wilden Gebells hinlegte. Doch die Springerei dauerte nicht viel länger als eine halbe Minute, das Bellen vielleicht eine Minute. Als wir ihn auch jetzt nicht beachteten, zog er sich erneut zurück.

Simmy hatte genauso reagiert, wie ich es viele, viele Male erlebt habe. Er begriff, dass sich in seiner Umgebung etwas Grundsätzliches verändert hatte. Jedes Mal, wenn er wieder hereinkam, hegte er die Hoffnung, in der Rüstung des ehrgeizigen neuen Führers einen Spalt zu finden. Ich habe auch schon Hunde erlebt, die ein Dutzend Anläufe machten, bevor sie schließlich aufgaben. Mit jedem Mal wurde ihr Energievorrat kleiner, bis schließlich nur noch ein schwacher winselnder Protest übrig blieb. Doch man muss wissen, dass erst dann, wenn das gesamte Repertoire des Hundes abgespult ist, die Fünf-Minuten-Regel zur Anwendung kommt.

Bald hatten sich Alan und Kathy meine Methode zu Eigen gemacht und setzten alle vier Elemente des Amichien Bonding ein, um ihre Führungsrolle gegenüber Simmy zu bekräftigen. Ein besonders hartes Stück Arbeit bestand darin, ihm die Verantwortung für die Besucher des Hauses abzunehmen. Je nachdem, welche Gäste kamen, setzten sie unterschiedliche Mittel ein. Beim Besuch einer älteren Frau musste Simmy in einem anderen Zimmer bleiben. Wenn Alans Bruder kam, wurde ihm eingeschärft, Simmy nur an der Tür zu begrüßen. Auf jeden Fall überließen sie Simmy, sobald er zu springen anfing, einfach sich selbst und seinen Kunststücken. Jedes Mal wurde dem Hund signalisiert, dass es nicht seine Sache sei, mit dieser Situation fertig zu werden. Er solle sich einfach hinlegen und sich seines Lebens freuen. Kein Mensch interessiere sich für sein Auf-und-ab-Spiel und bald waren Simmy Alans und Kathys Gäste nicht mal mehr einen Blick wert. Die Springerei hatte ein Ende und ich bin sicher, der Hund war zufrieden.

KAPITEL 12

Gedächtnislücken: Hunde, die ohne Leine weglaufen

Die vielleicht wichtigste Fähigkeit des Hundehalters besteht darin, seinen Hund auch ohne Leine jederzeit zum Kommen zu bewegen. In manchen Augenblicken kann diese Fähigkeit über Tod oder Leben entscheiden und an ihr zeigt sich exemplarisch, ob der Hund seinen Besitzer als Leitfigur anerkennt, die wichtige Entscheidungen treffen kann und sich als das erfahrenste Mitglied des Rudels erweist.

In all den Jahren habe ich viele Fälle erlebt, in denen der Mangel an Kontrolle über den Hund fatale Folgen hätte haben können. Ein Vorfall hat sich besonders tief in mein Gedächtnis eingegraben. Es geschah eines Morgens, als ich draußen vor der Praxis meines Arztes stand. Das Gebäude lag in der Nähe einer großen Wohnsiedlung und an einer viel befahrenen Hauptstraße. Während ich darauf wartete, dass die Sprechstunde begann, sah ich plötzlich einen Yorkshire Terrier aus der Wohnanlage hervorschießen und in Richtung Straße rennen. Hinter ihm kam eine Gruppe Kinder gerannt, die vergeblich schrien und winkten. Jedes Mal, wenn der Hund stehen blieb, sah er sich nach ihnen um, und sobald ihr Schreien näher kam, rannte er weiter.

Es war mitten im Berufsverkehr. Ich sah, dass der Hund geradewegs auf die Straße zulief. Mir war klar, dass ich etwas unternehmen musste, deshalb schrie ich den Kindern so laut ich konnte zu, dass sie stehen bleiben sollten. Sie müssen geglaubt haben, ich wäre verrückt, weil ich so hemmungslos brüllte und gestikulierte, als stünde der Weltuntergang bevor. Doch sie spürten, dass Gefahr in Verzug war, und hielten sich genau an meine Anweisungen. Ich forderte sie auf, umzukehren und zu den Häusern zurückzulaufen. Zu meiner großen Erleichterung sah das der Hund und blieb nur wenige Meter von der Hauptstraße und all den rasenden Autos entfernt stehen. Dann drehte er sich auf der Stelle um und jagte ihnen dorthin nach, woher er gekommen war. Es war ein aufregender Augenblick. Wären die Kinder weiter hinter dem Hund hergerannt, hätte ihn mit Sicherheit ein Auto überfahren. In diesem Fall war keine Gelegenheit, den Kindern zu erklären, was sie falsch gemacht hatten: Indem sie den Yorkshire Terrier verfolgten, beteiligten sie sich an dem Spiel und bestärkten ihn in dem Glauben, dass er ihr Anführer war. Sie mussten dem Spiel ein Ende machen, um Autorität zurückzugewinnen.

Unvergesslich wird mir auch ein Bernhardiner namens Beau bleiben, mit dem ich im Rahmen meiner Arbeit für das Yorkshire Fernsehen zu tun hatte. Jeder weiß, wie verdient sich die Bernhardiner bei der Rettung von Menschen in Bergnot machen. Mit einem Schnapsfässchen am Halsband als Markenzeichen haben sie Hunderte von Bergwanderern und Kletterern in den entlegensten Gebieten aufgespürt, ihnen das Leben gerettet und mitgeholfen, sie in Sicherheit zu bringen. Beau allerdings lebte nicht als Suchhund in den Alpen. Er war einer der seltenen Vertreter seiner Rasse, der sich von niemandem zurückrufen ließ.

Seine Besitzerin, Heidi, verbrachte mehr Zeit, als sie sich selbst eingestehen mochte, mit hilflosem Herumjagen im Gelände. Was sie auch versuchte, Beau kam einfach nicht zu ihr zurück. Schließlich war sie an einem Punkt angekommen, wo sie alle Bemühungen aufgegeben hatte. Wann und wo sie auch mit Beau spazieren ging, sie ließ ihn nicht mehr von der Leine.

Doch als verantwortungsbewusste Hundebesitzerin wusste sie, dass sie ihrem Hund so kaum ausreichend Bewegung verschaffen konnte. Als wir uns trafen, bat ich sie, Beau von der Leine zu lassen. Er rumpelte wie ein riesiger Panzer durch den Park. Als er jedoch zurückkommen sollte, war es genau so, wie Heidi es mir beschrieben hatte. Sechs Mal rief sie nach ihm – vergeblich. Heidi machte exakt dieselben Fehler wie so viele Hundebesitzer. Bei ihr zu Hause hatte ich sofort bemerkt, dass es an jeder Ecke etwas zu fressen für Beau gab. Beim Spaziergang folgte sie ihm, wenn er frei lief, auf Schritt und Tritt. Damit aber erkannte sie seine Stellung als Rudelführer an, ließ ihn also die Spielregeln bestimmen.

Heidi musste Beau folglich als Erstes mit Signalen bombardieren. Am Anfang standen die vier Hauptelemente des Bonding. Es war wichtig, dass sie zu Hause die absolute Kontrolle über ihren Hund hatte, damit sie ihn auch im Freien dazu bringen konnte, genau das zu tun, was sie wollte. Beau war eigentlich ein gutmütiger Hund mit schneller Auffassungsgabe. Doch für viele Menschen ist so etwas keine leichte Aufgabe. Während dieser ersten Phase empfehle ich den Besitzern, ihre Hunde nicht frei laufen zu lassen, bis sie wirklich so weit sind. Innerhalb von zwei Wochen folgte Beau aufs Wort, wenn Heidi ihn im Haus oder im Garten zu sich rief. Sie hatte gelernt, dass sie ihn loben musste, und er verband mit seinem neuen Verhalten positive Assoziationen. Entscheidend war jetzt, dass Heidi die Botschaft noch verstärkte, die sie ihm im Umkreis des Hauses bereits vermittelt hatte. Sie musste sich Beau als diejenige zeigen, die auch draußen die Jagd anführte. Und das war keine leichte Sache.

Beau zeigte sich schon immer furchtbar aufgeregt, sobald sie die Leine herausholte. Deshalb riet ich Heidi, zuerst für Beruhigung zu sorgen. Sie sollte die Leine auf dem Tisch liegen lassen und weggehen. Das Signal war klar: Beau hatte das Ganze platzen lassen, die Jagd war gestrichen. Er musste die Folgen seines Verhaltens zur Kenntnis nehmen. Wenn Beau sich allmählich beruhigt hatte, machte sie die Leine an seinem Halsband fest und führte ihn zur Tür hinaus. Jetzt kam es darauf an, dass sie bei diesem Ausflug von Anfang an die Führung übernahm. Als Beau anfing, an der Leine zu reißen, empfahl ich ihr, die Sache zu beenden. Sie hielt an, drehte sich um und ging wieder ins Haus zurück. Es dauerte drei oder vier Tage, bis sie mit Beau über die Grenzen ihres Grundstücks hinauskam. Beaus ständiges Zerren hatte jedes Mal zur Folge, dass der Spaziergang abgeblasen wurde. Ganz allmählich kam die Botschaft bei ihm an, und er entschloss sich, anständig an der Leine zu gehen.

Nun sollte Beau die positiven Folgen des Gehorsams verinnerlichen. Auf meinen Rat verlängerte Heidi die Leine durch ein langes Seil. Ganz allmählich sollte sie die Leine länger werden lassen, sodass Beau etwa zwei Meter von ihr entfernt gehen konnte. Von Zeit zu Zeit lockte sie ihn mit einer Belohnung zu sich. Jedes Mal, wenn er gehorchte, gab sie ihm mehr Leine. Beau folgte ihrer Aufforderung tatsächlich jedes Mal, bis die Leine eine Länge von 30 Metern erreicht hatte. Als sie so weit gekommen war, konnte Heidi den Bernhardiner laufen lassen.

Jetzt wollte ich, dass Heidi all diese Gehorsamsübungen ohne Leine wiederholte. Die harte Arbeit zu Hause, die dem Spaziergang vorausgegangen war, trug nun Früchte. Auch jetzt funktionierte die Sache mit der leckeren Belohnung, Beau kam jedes Mal zu Heidi zurück, und sie konnte die Entfernung stetig vergrößern. Bald kehrte er aus mehr als 15 Metern zu ihr zurück. Nach einem Monat war es so weit, dass die Spaziergänge mit Beau genauso fröhlich und erlebnisreich waren, wie Heidi es sich immer gewünscht hatte. Die Zeiten, da sie über Stock und Stein hinter ihm herrennen musste, waren vorbei. Bedingungslos folgte er ihr. Das Ergebnis hätte nicht besser sein können. Noch wichtiger aber war, dass Beau jetzt besser trainiert, gesünder und glücklicher wirkte als je zuvor.

In meiner bisherigen Arbeit als Hundetrainerin konnte ich vor allem lernen, dass wir immer auch bereit sein müssen zu improvisieren. Die wahre Stärke meiner Methode liegt in ihrer Flexibilität, sie kann der Persönlichkeit des Hundes angepasst und entsprechend verbessert werden. Ich war immer davon überzeugt, dass die intelligentesten Hunde am meisten Widerstand leisten, wenn sie ihr Verhalten ändern sollen. Kluge Hunde stellen alle Entscheidungen stets infrage und erst, wenn sie begriffen haben, dass sie von einer neuen Situation nur profitieren können, gehen sie bereitwillig darauf ein.

Es gibt kaum eine intelligentere Rasse als den Deutschen Schäferhund, und ich kann mir nur wenige Hunde vorstellen, die eine raschere Auffassungsgabe haben als Daisy, die Deutsche Schäferhündin, die ich selbst aufgezogen habe. Daisy May war ein kaum zu zähmender Hund, ein Energiebündel. Der Umgang und die Arbeit mit ihr haben riesig viel Spaß gemacht. Sie ließ sich ganz leicht nach meiner Methode trainieren und fügte sich völlig problemlos in mein Rudel ein. Und dann kam plötzlich aus heiterem Himmel die erste Herausforderung.

Oft und mit viel Begeisterung fahre ich mit meinen Hunden im Auto in die Natur hinaus zu irgendwelchen besonders schönen Spazierwegen. Eines Tages hatte ich alle wieder zu einem Ausflug aufs Land mitgenommen, wo sie frei herumrennen konnten. Als es Zeit war, den Heimweg anzutreten, weigerte sich Daisy rigoros, ins Auto einzusteigen. Ich stand bei meinem Wagen und rief sie zu mir. Doch sie sprang nur wild um mich herum und wollte partout nicht einsteigen.

Offenbar gab es für mich in diesem Fall nur die Möglichkeit, sie zu packen und gegen ihren Willen ins Auto zu verfrachten. Doch mein Bestreben ist ja, wie ich schon erklärt habe, die Tiere nach freiem Willen selbst entscheiden zu lassen. Ich möchte, dass sie mit verschiedenen Situationen positive Assoziationen verbinden und entsprechend agieren. Doch wenn ich Daisy einfach ins Auto schubsen würde, wäre das keine positive Assoziation. Ich überlegte es mir anders. Da sie weiter herumsprang, stieg ich ins Auto und fuhr ohne sie los. Damit ließ ich ihr die Wahl. Alles in ihr sagte ihr ja, dass sie zu unserem Rudel gehörte. Ihr Überleben hing von dieser Zugehörigkeit ab. Wollte sie wirklich ohne das Rudel leben?

Nach etwa sechs, acht Metern blieb ich stehen, stieg aus und rief sie wieder. Daisy May rannte zum Auto, tobte aber weiter herum. Mir war klar, sie wollte dieses lustige Spiel fortsetzen. Wieder weigerte sie sich mitzukommen. Ich stieg wieder ein, doch diesmal fuhr ich schnell und weiter weg. Damit stellte ich ihr erneut und eindringlicher die Frage, ob sie wirklich auf sich selbst gestellt sein wollte. Ich beobachtete im Rückspiegel wie sie hinter dem Auto hertrabte. Als ich diesmal anhielt und die Tür öffnete, sprang sie mit einem Satz zu den anderen Hunden hinein. Natürlich bekam sie dafür eine Belohnung.

Ich wusste, dass eine so wichtige Lektion so bald wie möglich vertieft werden musste. Am nächsten Tag machte ich noch einmal den gleichen Ausflug und parkte am selben Platz. Wieder weigerte sich Daisy May zunächst, ins Auto zu springen. Doch ich wollte mich diesmal nicht auf ihr Spiel einlassen. Sobald sie anfing, herumzuspringen, zeigte ich ihr entschlossen, dass dieses Verhalten Folgen haben würde. Ich fuhr sofort mit hoher Geschwindigkeit los, etwa achtzig Meter weit in die Felder. Natürlich waren wir, das muss ich dazu sagen, mindestens einen halben Kilometer von der Landstraße entfernt. Wieder machte sich Daisy May an unsere Verfolgung und als ich die Tür öffnete, sprang sie sofort herein. Das war das letzte Mal, dass wir diese Übung brauchten. Daisy May war fortan immer die Erste, die wieder im Auto saß.

KAPITEL 13

Hund gegen Hund: Konfrontationen zwischen Artgenossen entschärfen

Als ich vor ein paar Jahren versuchte, gewissen Ähnlichkeiten im Verhalten von Haushunden und Wolfsrudeln auf die Spur zu kommen, sah ich einen bemerkenswerten Film. In der Dokumentation wurde die Geschichte von Grauwölfen nachgezeichnet, die in der Wildnis des Yellowstone Nationalparks in Wyoming ausgesetzt worden waren, um die Art in dieser Region wieder heimisch zu machen. Der Film war mir eine große Hilfe, während ich die Ideen zusammentrug, die jetzt meine Methode untermauern. Ganz besonders aufschlussreich war für mich eine Folge, in der ein Rudel gezwungen war, sich ein neues Alphamännchen zu suchen. Der frühere Anführer war einer Kugel aus der Flinte eines Jägers zum Opfer gefallen und nun musste das Alphaweibchen das Rudel führen. Schon bald näherte sich ein Wolf aus dem Nachbarrudel und versuchte sich aufzudrängen. Was dann folgte, war faszinierend. Der Außenseiter heulte zunächst laut, um festzustellen, ob als Antwort nicht etwa das charakteristische tiefe Geheul eines Alphamännchens käme. Weil es ausblieb, fasste er offenbar Mut und fing an die Peripherie des fremden Reviers zu durchstreifen.

Seine Annäherungen setzten ein kompliziertes und zwischendurch auch höchst aggressives Ritual in Gang. Die

Kontrahenten nahmen Aufstellung, und die Situation erinnerte mich an Indianer, die zu Füßen des potenziellen Widersachers einen Speer in den Boden stießen. Immer wieder gingen die Wölfe auf den Außenseiter los, jedes Mal zogen sie sich zuvor kurz zurück. Die Signale ihrer Körpersprache waren eindeutig.

Doch der Außenseiter blieb standhaft und beharrte auf seinem Anspruch. Er behauptete seinen Standort, wich nicht zurück und wedelte mit dem Schwanz. Die Wölfe des anderen Rudels bedrohte er nicht, zeigte aber auch keinerlei Anzeichen von Schwäche. Nichts deutete darauf hin, dass er zum Aufgeben bereit war. Geschlagene sechseinhalb Stunden dauerte das Ritual. Aber dann passierte plötzlich etwas Erstaunliches. Die Wölfe gingen nicht mehr auf den Eindringling los, sondern näherten sich ihm einer nach dem anderen. Nachdem die Mitglieder des Rudels ihre Aufwartung gemacht hatten, kam auch das Alphaweibchen herüber. In einer symbolischen Geste legte ihr das Männchen die Vorderpfote auf die Schulter und seinen Kopf auf ihren Nacken. Das dauerte nicht länger als eine halbe Sekunde. Doch es genügte, um zu signalisieren, dass der Handel perfekt war. Der Eindringling war das neue Alphamännchen. Jede Unklarheit war beseitigt und der Neue triumphierte. Er war nach dem Prinzip alles oder nichts verfahren. Hätte er verloren, wäre er mit größter Wahrscheinlichkeit vom Rudel getötet worden. Die Geste zwischen dem neuen Alphapaar war ein wunderschöner Anblick, ein Beispiel für die Kraft und Klarheit natürlicher Lebensäußerungen.

Der Hund lebt zwar nicht mehr im Wolfsrudel, doch stecken die Instinkte des Wolfs noch in ihm. Unsere Haushunde praktizieren das Verhalten der Wölfe nun auf ihre Weise auch im Alltag. Das ist in keiner Situation, mit der ein Hundehalter konfrontiert ist, offensichtlicher, als wenn sich zwei Hunde gegenseitig herausfordern. Wie für jeden anderen

Hundebesitzer ist es auch für mich eine Horrorvorstellung, ein Albtraum, dass einer meiner Hunde von einem anderen angegriffen wird. Hunde sind in der Lage, sich gegenseitig schwerste, sogar tödliche Verletzungen zuzufügen.

Wenn ein Hund sich auf einen Kampf einlässt, sind die seelischen Qualen, die der Besitzer erleidet, oft genauso schmerzlich wie die blutigen Spuren am Körper des Tieres. Das traf jedenfalls für den Fall von Christine zu, der ich im Rahmen meiner Fernseharbeit helfen konnte. Christine hatte vor kurzem ein kleines Anwesen in Yorkshire gemietet, wo sie auch zwei Hunde hielt, Basil, eine lebhafte braun-weiße Border-Collie-Mischung, und Tess, einen kleinen, schwarzen Mischling.

Doch die Ursache für Christines Sorgen war ein anderer Hund. Reggie, ein großer, hellbrauner Rottweiler-Mischling gehörte zum Inventar, das sie mit dem Anwesen übernommen hatte. Meiner Meinung nach ist die weit verbreitete Angst vor Rottweilern unbegründet. Ich habe viele liebenswerte Vertreter dieser Rasse kennen gelernt. Die meisten Leute vergessen, dass sie ursprünglich von deutschen und schweizerischen Bauern als Wachhunde für das Vieh gezüchtet worden sind. Und Reggie versah diese klassische Aufgabe seiner Rasse auf bewundernswerte Weise. Er wurde an einer Kette gehalten, die an einer Laufleine befestigt war, übrigens eine für mich inakzeptable Art der Hundehaltung. Trotz der Beschränkung seiner Bewegungsfreiheit war Reggie allerdings durchaus in der Lage, unerwünschte Besucher abzuschrecken, denn er sah Furcht erregend aus.

Christines Problem bestand darin, dass Basil zu den wenigen gehörte, die sich kein bisschen vor Reggie fürchteten. Mehrfach hatte er sich aus dem Haus gestohlen, war in den Teil des Hofes vorgedrungen, der zum Revier des Rottweilers gehörte, und hatte mit ihm gerauft. Wir kennen alle die Geschichten vom Yorkshire Terrier, der sich mit einem riesigen Deutschen Schäferhund anlegt oder dem Zwergdackel, der dem Dobermann Paroli bietet. Während uns der Größenunterschied gleich ins Auge fällt, scheinen Hunde keine rechte Vorstellung von ihrer Statur zu haben. Auch hier gehen wir von unserer eigenen Perspektive aus. Wir waren es ja auch, die die Hunde in unterschiedlichen Entwicklungslinien gezüchtet haben. Tatsächlich sind alle Rassen maximal fünf Entwicklungsgenerationen voneinander entfernt. Deshalb ist es kein Wunder, dass alle Hunde sich untereinander als körperlich gleichwertig betrachten. In diesem speziellen Fall hatte Basil die Vorstellung, dass er auch ein Rottweiler wäre. Leider aber war Reggie in Bezug auf Größe und Kraft nur zu offensichtlich im Vorteil und Basil gerade mal halb so groß. Und weil Reggie an der Kette gehalten wurde, hatte er gar keine andere Wahl als sich zu verteidigen. Er brachte Basil allerlei Bisse und Wunden an Ohren, Beinen und auch am Rumpf bei. Der arme Basil sah schon fast aus wie ein Flickenteppich und auch Reggie trug Kampfspuren davon. Es war nur eine Frage der Zeit, bis sich die beiden buchstäblich in Stücke reißen würden.

An dieser Stelle muss ich nochmals erwähnen, dass sich mit meiner Methode die aggressiven Neigungen eines Hundes niemals ausmerzen lassen. Wie ich schon sagte, kann man den Instinkt zuzubeißen nicht zurückdrängen, er ist Teil der Persönlichkeit eines Hundes. Manchmal vergleiche ich dies mit Sylvester Stallone im ersten *Rambo*-Film. Solange man Rambo in Ruhe ließ, konnte er sein Leben als ganz normaler Mensch leben. Doch wenn er sich verteidigen musste, fiel er in seine Gewalttätigkeit zurück. Täuschen Sie sich also nicht – es gibt Hunde, die fähig sind, Menschen in einer Kampfsituation grausam zuzurichten. Rassen wie Pitbulls beispielsweise hat man speziell zu Kampfhunden gezüchtet, und sie zeigen, wenn sie herausgefordert werden, die ganze Brutalität ihrer Natur. Auch mit meiner Methode kommt man gegen solche, einem Tier innewohnenden Instinkte, bei welcher Rasse auch immer, nicht an. Sehr wohl kann ich aber die Hundehalter dazu bringen, mit ihren Tieren so umzugehen, dass es niemals zu Konfrontationen kommt, bei denen solche Aggressionen frei werden.

Leider konnte ich für Reggie nichts tun, da Christine von seinem Besitzer nicht die Erlaubnis bekam, mich mit ihm arbeiten zu lassen. Der Eigentümer des Anwesens wollte einen Wachhund im 24-Stunden-Dienst. Doch Basil war ein anderer Fall. Schon als ich ihn zum ersten Mal sah, stellte ich fest, dass es sich hier um das Paradebeispiel eines verhinderten Alphatiers handelte. Er zeigte die klassischen Symptome, riss an der Leine, sprang hoch und bellte. Er war fest davon überzeugt, dass ihm die Leitung des Haushalts oblag und hatte sich sogar angewöhnt, in der Küche auf die Arbeitsplatte zu springen, um durchs Fenster alles, was ringsum vorging, zu beobachten.

Christine machte mit Basil das ganz normale Bonding durch. Während dieser Phase schärfte ich ihr ein, besonders darauf zu achten, dass Basil sich von Reggies Teil des Hofes fern hielt. Die beiden Hunde sollten sich gar nicht sehen. Als ich den Eindruck hatte, dass Basils Training abgeschlossen war, nahmen wir ihn mit in den Hof. Ich hielt ihn nicht nur an der Leine, sondern hatte ihm auch ein Geschirr angelegt. Ich wusste ja, wie sehr er sich aufregen konnte, und wollte auf jeden Fall vermeiden, dass er die Leine samt Halsband abstreifte. Reggie hatten wir in den Schuppen gebracht, und sobald Basil an Ort und Stelle war, ließen wir auch Reggie wieder heraus. Er blieb aber an seiner Kette. Gleichzeitig kniete ich mich hin und hielt Basil ganz ruhig auf sechs bis sieben Meter Abstand von der Stelle entfernt, die Reggie an seiner Kette erreichen konnte. Bis heute weiß ich nicht ganz genau, wieso Reggies Kette gehalten hat. Der Hund wütete, als ginge es um sein Leben, und stürmte auf Basil zu. Der war wie immer ganz auf Konfrontation eingestellt, und ich konnte nichts anderes tun, als ihn mit aller Kraft zurückhalten. Solange beide Tiere noch Aggressionssignale aussandten, konnte ich sie nicht aufeinander prallen lassen.

Allmählich fielen die Adrenalinspiegel und eine gewisse Langeweile überkam die Kontrahenten. Hier handelte es sich also nicht um das sechseinhalbstündige Ritual, das die Wölfe zelebrierten, sondern nur um ein etwa viertelstündiges. Sobald die Drohgebärden nachließen, erschien, wie wir vorher ausgemacht hatten, Christine auf dem Hof und brachte für jeden der beiden Hunde einen gefüllten Fressnapf. Mit dem Signal, das wir dadurch aussenden wollten, verfolgten wir eine Doppelstrategie. Einmal sollten die Hunde mit der Gegenwart des anderen etwas Positives assoziieren und zum andern begreifen, dass es nur eintreten würde, wenn sie friedlich waren.

Bis jetzt kann ich in dieser Sache keinen hundertprozentigen Erfolg vermelden, vor allem weil wir an Reggies Gefangenschaft nichts ändern können. Basil reagierte zwar sehr gut auf das Amichien Bonding und wurde bald bei jeder Gegenüberstellung mit Reggie ruhiger. Die beiden haben sich schon seit einiger Zeit keinen Kampf mehr geliefert und Basil brauchte auch schon länger nicht genäht zu werden. Ich bin sicher, wenn man Reggie ebenfalls die richtigen Signale gäbe, könnten die beiden Hunde friedlich nebeneinander leben. Doch so weit ist es noch nicht. Das Beste, was wir in dieser Situation also vorläufig erhoffen können, ist, dass Basil auch in den nächsten Jahren nicht wieder Stammgast beim örtlichen Tierarzt wird.

Immer wenn wir uns ins Auto setzen, müssen wir der Tatsache ins Auge sehen, dass wir trotz aller Vorsicht und Routine einem weniger vorsichtigen oder weniger routinierten Fahrer begegnen könnten. Dasselbe gilt für jeden Hundehalter, wenn er die Sicherheit der eigenen vier Wände, des eigenen Grundstücks verlässt. Im Allgemeinen macht ein Spaziergang mit dem Hund Spaß, ist im besten Fall sogar eine besonders fröhliche, gesellige Unternehmung. Und doch kommen die meisten Hundebesitzer irgendwann einmal in die Situation, dass ihr Vierbeiner von einem anderen Hund angegriffen wird.

Nicht jeder investiert so viel Mühe und Sorgfalt in seinen Hund und kontrolliert ihn so streng, wie ich das den Hundebesitzern, mit denen ich arbeite, beibringe. Jeder verantwortungsbewusste Tierfreund hat es irgendwann einmal mit einem leichtsinnigen Hundehalter zu tun; damit müssen wir leben. Abgesehen davon lassen sich, wie ich schon ausgeführt habe, die natürlichen Verteidigungsinstinkte eines Hundes nicht unterdrücken, die augenblicklich zu Tage treten, sobald er einer Konfrontation nicht mehr ausweichen kann. Mein wichtigster Ratschlag dazu: Vermeiden Sie solche Situationen, so gut es irgend geht!

Immerhin können Sie eine Menge tun, um sicherzustellen, dass Ihr Hund nicht der Angreifer ist. Und auch dabei ist zu bedenken, dass die Wurzeln der Aggression in der Natur des Hundes und in der Dynamik des Wolfsrudels liegen. In der freien Natur sind Wölfe sorgfältig darauf bedacht, nicht mit anderen Rudeln zusammenzutreffen. Die Gründlichkeit, mit der sie ihre Höhlen und Jagdgründe markieren, hat den Zweck, dem Rudel Orientierung zu geben, damit es sein Territorium nicht verlässt.

Wenn wir uns das klar machen, leuchtet uns ein, wie unnatürlich es eigentlich ist, wenn Haushunde überhaupt mit Artgenossen in Kontakt kommen. Wir sollten uns auch daran erinnern, dass für einen Hund ein Rudel sehr wohl aus nur zwei Mitgliedern bestehen kann: einem Menschen und einem Hund. Für den Hund, der sich als Rudelführer fühlt, birgt jede Begegnung mit einem Artgenossen potenzielle Gefahren. Kommt es zu einer Konfrontation, wird er alles tun, um seine Schutzbefohlenen vor Schaden zu behüten. Die Angst kann noch gesteigert werden, wenn es zu einem Zusammentreffen in der gewohnten Umgebung eines Hundes kommt, beispielsweise im eigenen Garten oder in dem Park, den er von seinen Spaziergängen kennt. Abgesehen von seiner Verantwortung für das Rudel kann der Hund eine solche Begegnung auch als Bedrohung seines Territoriums wahrnehmen.

Ich empfehle für alle Hunde, mit denen ich zu tun habe, ein Training, das ich als *cross-packing* bezeichne. Der Hundebesitzer kann es praktizieren, indem er darauf bedacht ist, bei Spaziergängen stets die Führung zu übernehmen. Der Sinn dieser Aktion ist, dass sich der Hund daran gewöhnt, in Kontakt mit anderen Hunden und ihren Haltern zu sein, damit sich die Rudel ohne Zwischenfälle begegnen können. Langfristig soll es dahin führen, dass die Hunde ihren Artgenossen gegenüber so indifferent werden wie ein moderner Stadtmensch dem anderen. Wann immer ein Hund mit einem anderen in Kontakt kommt, empfehle ich den Haltern, das fremde Tier einfach zu ignorieren. Wenn sich der Hund daran ein Beispiel nimmt und den Artgenossen ohne irgendeine Reaktion vorbeigehen lässt, wird er mit einem Leckerbissen belohnt. Wieder soll der Hund etwas Positives mit dieser Situation assoziieren. Das Wichtigste ist dabei aber, dass der Besitzer Leittier-Qualitäten demonstriert, mit denen sein Hund leben und an die er glauben kann.

Doch wie gesagt kann der einzelne Hundehalter sein Tier noch so gut unter Kontrolle halten – auf das Verhalten anderer Hunde hat er keinen Einfluss. Ich werde oft gefragt, auf welches Körpersignal man bei aggressiven Hunden achten sollte. Verständlicherweise möchte jeder Hundehalter gern wissen, wie man am besten reagiert, wenn unweigerlich einmal ein Hund den anderen herausfordert. Wodurch wird ein knurrender Hund zum Angreifer, was löst die Attacke aus und so weiter? Meine Antwort ist stets dieselbe: Sie sollten lieber den Hundehalter im Auge behalten als den Hund – überlassen Sie es einfach dem Hund, seinen Artgenossen einzuschätzen.

Wenn das Herrchen oder Frauchen locker und fröhlich aussieht, wird sich der Hund sicher genauso entspannt fühlen. Gestikuliert der Besitzer aber mit den Armen, schaut er besorgt drein oder kann er seinen Hund kaum im Zaum halten, ist der Hund wahrscheinlich in demselben Zustand höchster Erregung. Ein Hund mit einem solchen Herrchen oder Frauchen kann viel eher zum Angreifer werden als einer, dessen Begleiter gelassen bleibt. Ich kann nur immer wieder raten, Konfrontationen um jeden Preis aus dem Weg zu gehen. Man sollte unbedingt jede Zuspitzung der Situation vermeiden, also den anderen Hundehalter nicht etwa herausfordern, indem man ihn beschimpft. Das Allerwichtigste ist, dass zumindest einer ruhig bleibt.

Ich werde oft gefragt, ob man den eigenen Hund in so einer Situation nicht – zumindest wenn es sich um eine kleine Rasse handelt – einfach auf den Arm nehmen sollte. Die Antwort ist Nein. Ich bin dagegen, weil man damit dem Hund unklare, ihn verwirrende Signale geben würde. Erstens hebt man ihn von der Ebene, auf der sich auch der andere Hund befindet, hoch und nimmt ihm damit die Möglichkeit, die Situation selbst einzuschätzen. Zweitens riskiert der Besitzer, bei einer Auseinandersetzung gebissen zu werden. Meiner Meinung nach ist es viel besser, dem Hund zu zeigen, dass man die Situation beherrscht und wie er sich in einer solchen Lage verhalten muss.

Zweifellos kann die Angst vor möglichen Aggressionen zwischen Hunden den Besitzern das Leben und die Freude an ihrem Haustier vergällen. Der Fall von Miss Artley, einer pensionierten Krankenschwester, verdeutlicht das besser als jeder andere, mit dem ich je zu tun hatte. Miss Artley wohnte in Bridlington, einem Badeort an der Küste, und hatte ein reizendes Häuschen. Ihre Gefährten waren Ben und Danny, zwei schöne, Altenglische Schäferhunde. Bedauerlicherweise wurden sie bei den täglichen Spaziergängen mit der Zeit immer aggressiver gegenüber anderen Hunden. Beide Hunde waren 45 Kilo schwer und sehr groß. Zum Vergleich: Die zierliche Miss Artley wog selbst nur knapp 45 Kilo. Sie konnte Ben und Danny praktisch nicht mehr unter Kontrolle halten, wenn sie an der Leine gingen, um den Hunden bei etwaigen Attacken gegen andere Artgenossen Einhalt zu gebieten.

Als Miss Artley mich um Hilfe bat, war es bereits so weit gekommen, dass die Arme sich nur noch zu nachtschlafender Zeit mit ihren Hunden spazieren zu gehen traute. Sie berichtete mir, sie führe Ben und Danny um Mitternacht und dann noch einmal morgens um fünf Uhr aus, um jeder aufregenden Konfrontation mit anderen Hunden aus dem Weg zu gehen. Offensichtlich war sie, bevor sie mich persönlich kennen lernte, meinen Fähigkeiten gegenüber genau so skeptisch wie viele andere Leute auch. Ich kann das gut verstehen. Nachdem ich fünf Minuten dort war, hatte ich sie beruhigt. Wie immer betrat ich das Haus voller Entschlossenheit und signalisierte den Tieren, dass ich jetzt die Anführerin sei und über uneingeschränkte Autorität verfügte. Die beiden Hunde lagen dann auch bald zum ersten Mal in den sechs Jahren, seit sie bei Miss Artley lebten, zufrieden im Wohnzimmer.

Für die Spaziergänge hatte ich einen ganz einfachen Lösungsvorschlag: Ich empfahl Miss Artley, die Hunde durch kleine Belohnungen daran zu gewöhnen, dass sie einfach weitergingen, sobald sie mit anderen Hunden zusammentrafen. Zunächst sollte Miss Artley die Straßenseite wechseln, wenn sie andere Hunde kommen sah, und sobald sie sicher hinübergelangt wäre, die Tiere mit einem Leckerbissen belohnen. Durch diese einfache Aktion war nicht nur die Möglichkeit einer unerfreulichen Begegnung ausgeschaltet, sondern die Hunde merkten, dass Miss Artley bei der Verteidigung des Rudels die Führung übernommen hatte. Zugleich schärfte ich ihr ein, wie wichtig es sei, in einer solchen Situation Ruhe zu bewahren.

Natürlich lässt sich so ein Problem nicht auf die Schnelle lösen. Und es ist unerlässlich, das man den Prozess des Bonding erfolgreich absolviert, bevor man einen Spaziergang wagt. In schweren Fällen bestehe ich darauf, dass ein Hund eine Woche lang das eigene Grundstück nicht verlässt, bevor man ihn einer möglichen Konfrontation aussetzt.

Miss Artley hielt sich ganz genau an meine Empfehlungen. Nach zwei Wochen konnte sie ihre Hunde zu normalen Tageszeiten spazieren führen. Wie stark sich ihr Leben verändert hatte, erfuhr ich, als sie mich zum Jahrestag meines ersten Besuches anrief und mir erzählte, dass sie gerade mit Ben und Danny von einem Strandspaziergang zurückgekommen sei, bei dem die Hunde mit befreundeten Artgenossen gespielt hatten. Die Resozialisierung der drei in die Hunde-Society von Bridlington war also geglückt.

KAPITEL 14

Das Unerwartete erwarten: Angst vor Geräuschen

Viele Leute fragen mich, wieso es eigentlich falsch sein soll, wenn sich ein Hund als Rudelführer fühlt; bei uns Menschen gelte ausgeprägte Selbstachtung doch als Vorzug. Und weiter fragen sie, ob wir dem Hund nicht jegliches Selbstbewusstsein nehmen, indem wir ihn in der Rangordnung herabstufen. Wenn die Welt, in der wir leben, von Hunden für Hunde geschaffen worden wäre, hätten diese Kritiker natürlich Recht. Tatsache aber ist, dass unsere Hunde in einer Welt leben, die ausschließlich auf die Bedürfnisse von Menschen zugeschnitten ist. Und da fangen die Probleme an. Deshalb müssen die oben gestellten Fragen auch mit einem klaren »Nein« beantwortet werden. Der Glaube der Hunde an ein hierarchisches System, aus dem sie hervorgegangen sind, ist unumstößlich. Wenn der Hund sich einbildet, der Rudelführer zu sein, ist er auch davon überzeugt, dass er mehr weiß und kann als alle seine Untergebenen. Diese Logik ist ganz einfach. Wüsste ein jüngeres Mitglied des Rudels mehr als der Anführer, würde es automatisch zum neuen Leittier. Solange ein Hund aber glaubt, er sei der Erste, wird er in jeder Situation die Entscheidungen nach seinem Willen treffen. Tatsächlich ist es außerordentlich gefährlich, wenn man es bei einem Hund so weit kommen lässt; in einer Situation, mit der er nicht vertraut ist, wird er sich seine eigenen Regeln aufstellen und entsprechend handeln.

Das lässt sich am Beispiel von kleinen Kindern verdeutlichen. Würden Eltern einem fünfjährigen Kind erlauben, mit dem Auto der Familie herumzufahren oder eine Einkaufstour ins Stadtzentrum zu machen, auch wenn es noch so intelligent ist und ein denkbar selbstbewusstes Auftreten hat? Natürlich nicht, denn ein Kind kann mit solchen Situationen einfach nicht fertig werden. Der Unterschied ist allerdings, dass das Kind eines Tages erwachsen wird. Hunde aber bleiben, so, wie wir sie halten, darüber haben wir schon gesprochen, ein Leben lang Welpen. Man kann ihnen deshalb niemals eine solche Verantwortung übertragen.

Wenn Sie Ihrem Hund gestatten, sich als Rudelführer zu fühlen, begeben Sie sich auf höchst unsicheres Eis: Sobald das Tier mit einem Anblick oder mit Geräuschen konfrontiert ist, die es nicht versteht, fangen die Probleme an. Der Hund empfindet solche Situationen als Gefahr für seine Rudelmitglieder und wird dann selbst zur Gefahr. Wer je einen Hund hinter einem Auto hat herjagen sehen oder erlebt hat, wie ihn ein Donnerschlag beunruhigen kann, der weiß nur zu gut, wie erschreckend solche Ereignisse für ihn sind.

Ich bin in vielen solcher Fälle um Hilfe gebeten worden. Die Liste reicht von Hunden, die beim Vorbeifahren eines Pkws oder Lastwagens tobten, bis zu Tieren, die während eines Gewitters oder Feuerwerks ununterbrochen heulten und bellten. Solche Situationen können einen Hund maßlos aufregen. Immer wieder hört man Geschichten von Hunden, die bei der Fehlzündung eines Autos in Panik auf eine viel befahrene Straße gerannt und überfahren worden sind. Hier handelt es sich also tatsächlich um ernste Problemfälle, und in ihnen erweist sich die Unfähigkeit des Hundes, mit der Rolle als Rudelführer fertig zu werden. Was solche Situationen besonders gefährlich macht, ist die Tatsache, dass das Tier für eine derartige Verantwortung nicht ausgestattet ist und den Boden unter den Füßen verliert. Als Reaktion verfällt es in Panik.

Viel von dem, was ich weiß, habe ich im Umgang mit meinen eigenen Hunden gelernt. Früher hatte ich immer am 5. November, der Bonfire Night, in der es in England besonders laut zugeht, große Sorgen. Im Laufe der Jahre aber wurde mein Haus, das an ein Grundstück grenzt, auf dem das offizielle Feuerwerk des Ortes abgebrannt wird, zu einer Zuflucht für traumatisierte Hunde. Als vor ein paar Jahren nachts das Feuerwerk losging, wurde ich durch heftiges Klopfen an der Tür aufgeweckt. Ein Passant hatte vor meinem Haus mitten auf der Straße einen Hund sitzen sehen, der vor Angst buchstäblich gelähmt war. Er hatte fälschlicherweise angenommen, das Tier gehöre mir. Von seinem Besitzer fand sich keine Spur. Ich musste schmunzeln, als ich sah, dass ein Mann versuchte, ihn mit einem Keks zu locken. Kein Leckerbissen der Welt hätte den armen Hund von dem schrecklichen Geräusch der ringsum explodierenden Feuerwerkskörper ablenken können. Vorsichtig hob ich den Hund von der Straße auf und trug ihn ins Haus. Später erfuhr ich, dass die Hündin Sophie hieß. Stundenlang saß sie ängstlich in meiner Küche. Ich habe sie nur allein gelassen, um ihr etwas zu fressen und zu trinken zu holen. Erst nach drei Tagen meldete sich der Besitzer.

Etwas Ähnliches geschah im darauffolgenden Jahr, als eine schwarzweiße Border-Collie-Hündin bei mir vorbeigebracht wurde. Sie war während des Feuerwerks einfach von zu Hause weggelaufen. Ich konnte sie beruhigen, nachdem ich sie in mein Auto gesetzt und den Motor gestartet hatte. Das Radio war auf volle Lautstärke gestellt, bis das Feuerwerk endete. Zum Glück fand der Besitzer heraus, wo sie geblieben war, und konnte sie noch am selben Abend erleichtert bei mir abholen.

Doch nicht nur mit den Hunden anderer Leute ereigneten sich solche Dramen. Auch Kim, mein kleiner Beagle, war immer fürchterlich schockiert, wenn die Knallkörper flogen. Beim ersten Mal saß ich einfach da und drückte die arme, jämmerlich zitternde Kreatur an mich. Ein anderes Mal packte ich sie und meine anderen Hunde ins Auto und fuhr mit ihnen weit hinaus aufs Land, mitten ins Herz von Lincolnshire, wo sie weit genug vom Feuerwerk entfernt waren. Heute weiß ich, dass ich damals genauso reagierte wie früher bei meinen Kindern, wenn sie nachts von Blitz und Donner aufgeweckt wurden und schreckliche Ängste ausstanden. Instinktiv wollte ich meine Lieben um mich scharen und sie trösten.

Erst als sich meine Methode allmählich herausbildete, merkte ich, was für einen gravierenden Fehler ich gemacht hatte, indem ich das Trösten auch auf die Hunde anwendete. Mit meiner Reaktion auf ihr Verhalten belohnte ich sie sozusagen dafür. Ich hätte aber genau das Gegenteil tun sollen, nämlich das Ganze einfach ignorieren, um ihnen klar zu machen, dass nichts Wichtiges geschah. Erst als ich vom absoluten Glauben des Hundes an den Rudelführer wusste, kam alles in Ordnung. Wenn sich der Hund sein eigenes Leittier ausgewählt hat, wird er immer davon ausgehen, dass der Rudelführer mehr weiß als er. Andernfalls wäre er oder sie ja nicht Anführer geworden. Ich wusste nun, was ich in den geschilderten Augenblicken zu tun hatte, nämlich die Situation herunterspielen. Ruhig bleiben und so tun, als ob ich die Geräusche gar nicht hörte. Als Rudelführer einen kühlen Kopf bewahren, wenn andere ihn verlieren. Ich hatte Folgendes gelernt: Wenn ein Hundebesitzer die erschreckenden Geräusche einfach ignoriert und der Hund ihm glaubt, so wird auch das Tier sich bald nichts mehr daraus machen.

Dieses Prinzip fand ich kurz darauf bestätigt, als ich mit einem ähnlichen Problem zu tun hatte, und zwar bei der Arbeit mit einem Hund, der sich vor den Geräuschen von

Autos fürchtete. Nach meiner Erfahrung gehört der Krach, den die Motoren von Pkws und Lastwagen auf einen nur wenige Meter entfernten Hund machen, zum Erschreckendsten und Verwirrendsten, was ihm überhaupt widerfahren kann. Ich kenne Hundehalter, die ihren Hund auf keinen Fall ins Verkehrsgewühl mitnehmen können, was in einer dicht bebauten Gegend wie ein Gefängnis wirken kann.

Minty, ein sehr hübscher, dunkler Border Collie machte einem älteren Herrn große Sorgen. Eigentlich gehörte der Hund dem im Ausland arbeitenden Sohn, und der ältere Herr pflegte mittags und abends seine Frau zu besuchen, die in einem nahe gelegenen Pflegeheim lebte. Die Schwierigkeit war, dass der Hund jedes Mal durchdrehte, wenn er ein Auto sah oder hörte, der Spaziergang zum Heim aber an einer besonders verkehrsreichen Straße entlangführte. Mehrfach waren Herr und Hund schon gezwungen gewesen, nach Hause zurückzukehren.

Ich ging im Haus des Hundebesitzers an die Arbeit und trainierte mit Minty zuerst die vier Elemente des Bonding. Ich sollte hier vielleicht erwähnen, dass ich mit den Hunden möglichst in der vertrauten Umgebung, d. h. in der Wohnung ihres Halters arbeite, und zwar aus zwei Gründen. Erstens benehmen sich Hunde in fremder Umgebung meiner Erfahrung nach ganz anders und sind weniger sie selbst. Sogar zufriedene und willige Hunde können durch einen Ortswechsel erschreckt werden. Was zweitens für die Arbeit im eigenen Heim spricht, ist die Möglichkeit für den Besitzer, dabei zu sein. Es steckt ja kein Geheimnis hinter dem, was ich tue, im Gegenteil, der Besitzer soll ebenfalls meine Methode anwenden können. Auch er wird zu Hause entspannter und lockerer sein und wir kommen schneller ans Ziel.

In diesem Fall hatte der Hundehalter die wichtigsten Aspekte des Bonding gut begriffen. Doch natürlich war klar, dass erst der Spaziergang mit Minty die Feuerprobe sein würde.

Meine Strategie beruhte auf einem ganz einfachen Gedanken. Wenn Minty auf die Straße hinausging, sollte dies eine Erfahrung werden, mit der sie eher etwas Positives als Negatives assoziierte. Deshalb nahm ich Minty nach gut einstündiger Arbeit, in der ich ihr meine Stellung als Rudelführerin klar gemacht hatte, an die Leine und ging mit ihr spazieren.

Wie ich es mir gewünscht hatte, war auf der Straße viel Verkehr. Sobald der Hund erste Reaktionen auf ein vorbeifahrendes Auto zeigte, sagte ich: »Komm, Minty« und gab ihr zugleich ein kleines Stück Käse. Bei jedem nachfolgenden Auto machte ich dasselbe. Wenn Minty nicht zu mir kam und stattdessen das Auto anbellte, ignorierte ich sie einfach. Ich wollte ja das unerwünschte Verhalten nicht auch noch belohnen. Doch Minty kam immer häufiger zu mir und ich belohnte sie mit Käse und freundlichen Worten. Auf diese Weise setzten wir unseren Spaziergang die Straße hinunter fort. Es dauerte nicht lange, bis Minty mich ansah statt auf jedes herannahende Auto zu achten, sobald sie es kommen hörte. Nachdem wir ungefähr ein Dutzend Autos auf diese Weise passiert hatten, erübrigte sich bereits die Nahrungsassoziation. Wir waren nur eine Viertelstunde lang draußen gewesen. Es war ganz einfach: Ich hatte aus einer schlechten Assoziation eine gute gemacht. Ich übergab Minty ihrem Herrn, und er machte bald darauf einen Spaziergang zum Pflegeheim, um seiner Frau die gute Nachricht mitzuteilen.

Natürlich muss es nicht immer eine Fehlzündung sein, die einen Hund zum Wahnsinn treibt. Im Fall von Bonnie, einem schwarz-braunen Mischling aus Welsh Corgi und Border Collie, der mit seiner Familie in Revesby, Lincolnshire, wohnte, genügte schon das Klingeln des Telefons, um schreckliche Angst auszulösen. Wie in vielen ähnlichen Fällen rief mich Pat, der Besitzer von Bonnie, aus verschiedenen Gründen an. Bonnie litt unter mehreren Symptomen einer nervösen

Aggression: Sie zerrte an der Leine, sprang hoch und bellte viel, aber das Schlimmste war das Telefon. Pat erzählte mir, dass Bonnie beim Klingeln des Telefons völlig außer sich geriet, keuchte, wie besessen hochsprang und sogar heulte. Ihr Verhalten ging bald so weit, dass sie schließlich ein ganz seltsames Ritual abspulte, in dessen Verlauf sie, nachdem das Klingeln aufgehört hatte, noch eine Viertelstunde lang den Teppich ableckte.

Ich wollte mir das selbst ansehen und Bonnies Reaktionen beobachten. Ich fuhr also zu Pats Haus und rief sie von meinem Handy aus an, während ich in ihrem Wohnzimmer saß. Natürlich drehte Bonnie wieder völlig durch. Doch durch diesen Versuch erfuhr ich ebenso viel über Pat wie über Bonnie. Ich erlebte, wie Pat mit ihrem Hund schimpfte und in höchsten Tönen »Hör auf damit!« schrie. Ich wunderte mich auch nicht, dass sie, wie ich im Verlauf unseres Gesprächs beobachten konnte, bei jedem Klingeln hektisch zum Telefon stürzte. Natürlich verschärfte all das die Probleme noch.

Bonnies Angst hatte ihren Grund in der Tatsache, dass sie glaubte, der Rudelführer respektive Haushaltsvorstand zu sein. Das Klingeln des Telefons war jedes Mal eine Bedrohung für sie und da sie nicht fähig war, mit dieser Bedrohung umzugehen, geriet sie in wilde Panik. Die Spannung wurde dann durch Pats aufgeregte Reaktion noch gesteigert. Dass Bonnie den Teppich ableckte, war eine zwanghafte Demonstration ihrer Hoffnungslosigkeit. Als Erstes musste ich die Situation entdramatisieren, indem ich Bonnie davon überzeugte, dass das Klingeln des Telefons etwas völlig Harmloses war.

Seit meiner Anwesenheit im Haus hatte ich Bonnie Signale gegeben, die anzeigten, dass ich jetzt die Chefin war. Nachdem sie das zu akzeptieren schien, legte ich ihr die Leine an, setzte mich ruhig neben sie hin und wählte auf meinem Handy erneut Pats Nummer. Als es zu klingeln begann, blieb ich völlig entspannt. Ich reagierte längere Zeit überhaupt nicht auf das Läuten. Bonnie fürchtete sich zwar, bemerkte aber bald, dass etwas anders geworden war. Um ihr weiter Mut zu machen, belohnte ich sie mit einem Stück Käse. Mein Ziel war es, sie so weit zu bringen, dass sie mit dem ihr so wohl bekannten Klingeln des Telefons positive statt der negativen Assoziationen verband.

Bonnie reagierte nach Wunsch und blieb, obwohl sie alarmiert war, neben mir sitzen, hielt sich also zurück. Im Laufe der nächsten Stunde wiederholte ich die Prozedur etwa jede Viertelstunde. Als das Telefon zum vierten Mal klingelte, reagierte Bonnie überhaupt nicht mehr. Mit der wilden Raserei war es vorbei, sie hörte auch auf den Teppich abzulecken, und blieb, wenn das Telefon läutete, stets gelassen.

Bis ich verstand, welche Wirkung positive Assoziationen haben können, musste ich erst die entsprechende Erfahrung mit drei von meinen eigenen Hunden machen. Mein junger Deutscher Schäferhund Sadie, eine Tochter von Sasha, stand kurz vor ihrem ersten Geburtstag, Molly, der kleine Springerspaniel, und ihr Halbbruder Spike Milligan waren sieben bzw. fünf Monate alt. Bevor sie ihr erstes Feuerwerk in der Bonfire Night erlebten, traf ich alle Vorbereitungen, damit sie sich nicht aufregten. Ich hatte sie im Haus behalten und in der Küche, wo ihre Fressnäpfe standen und sie auch schliefen, einen kleinen Fernseher eingeschaltet. Die Geräusche aus dem Fernseher sollten sie ablenken, wenn draußen das Feuerwerk begann.

Doch war ich so beschäftigt mit anderen Dingen, dass ich vergaß, die Tür hinter mir zu schließen, als ich in den Garten ging, um mir das Feuerwerk anzusehen. Bevor ich mich versah, sprangen alle drei um mich herum. Der Zeitpunkt konnte nicht schlechter (oder besser!) gewählt sein. Denn im selben Augenblick schoss die erste Rakete in den dunklen Himmel und explodierte in voller Farbenpracht.

Ich hatte keine Zeit, sie zu bewundern, denn bei diesem Knall rastete vor allem Spike aus. Er warf sich auf den Boden und wand sich um meine Füße. Die beiden anderen kauerten geduckt da und starrten mich mit weit aufgerissenen Augen an. Ich wusste, dass ich entschlossen handeln musste. So lächelte ich zu den Tieren hinunter und sagte mit ruhiger Stimme und allem Gleichmut, den ich aufbringen konnte: »Das war ein Mordsknaller, was?« Dann wandte ich mich wieder dem Feuerwerk zu. Es genügte, um die Hunde zu beruhigen. Kurz darauf standen alle drei auf und gingen davon. In der nächsten halben Stunde beobachteten auch sie die krachenden Raketen. Ein Jahr später drängten sie sich an der Tür, als das Feuerwerk begann und wollten hinaus. Ich glaube, sie haben inzwischen für die Bonfire Night richtig Feuer gefangen.

KAPITEL 15

Junge Hunde, alte Tricks: Welpen ihr Zuhause zeigen

Am häufigsten habe ich mit Hunden zu tun, bei denen etwas abgestellt werden muss. Die Tiere zeigen Verhaltensstörungen, die vom lästigen Zerren an der Leine bis zum Zerbeißen aller möglichen Gegenstände in ihrer Umgebung reichen. Immer liegen die Wurzeln solcher Schwierigkeiten in der Vergangenheit. Die Hundehalter haben ihnen über Jahre unbewusst Signale gegeben, die die Tiere als Aufwertung ihrer eigenen Bedeutung missverstehen mussten. Meine Aufgabe besteht darin, das Gleichgewicht wiederherzustellen, durch bestimmte Signale eine neue Rangordnung zu etablieren und dem Hund wie seinem Besitzer eine ruhigere, erfreulichere Zukunft zu ermöglichen.

Es gehört nicht viel Erfahrung dazu, um zu wissen, dass die ideale Vermeidung solcher Probleme natürlich darin besteht, mit dem Hund schon in frühester Jugend richtig zu arbeiten. Manche Leute wundern sich, dass ich besonders oft zu ganz jungen Welpen gerufen werde. Und solche Fälle sind mir natürlich besonders willkommen. Die Bitte um Rat und Hilfe geht dann meist von den wirklich idealen Hundebesitzern aus, die ihren Liebling vom Beginn des Zusammenlebens an richtig versorgen, aber auch in seiner Eigenart respektieren und verstehen wollen. Schon im Vorhinein sollte man einiges über das Tier wissen, mit dem man in Zukunft zusammenleben will. Viel zu wenige Hundebesitzer nehmen sich dafür Zeit oder scheuen die geringe Mühe.

Ich habe eine sehr dezidierte Meinung darüber, wem man einen Hund anvertrauen sollte und wem nicht. Manche Leute sind einfach unfähig, für einen Hund zu sorgen und können schon gar nicht mit verletzlichen Welpen umgehen. Auf keinen Fall eignen sich junge Tiere als Geschenk für Kinder. Dieser Grundsatz ist für mich unumstößlich. Wenn Kinder etwas zum Spielen brauchen, sollten die Eltern ihnen eine Puppe oder eine Eisenbahn kaufen. Ein Hund ist kein Spielzeug.

Ich muss zugeben, dass ich mit dieser Meinung in der Vergangenheit oft angeeckt bin. Nur sehr selten bin ich einverstanden, wenn Leute, die zum ersten Mal bei mir sind, gleich einen meiner Welpen mitnehmen möchten. Ich will mir wirklich ganz sicher sein, dass der Hund in die richtigen Hände kommt. Einmal habe ich mich sogar geweigert, einer Familie einen Hund mitzugeben, die aus mehr als zweihundert Kilometer Entfernung zu mir gekommen war. Ein anderes Mal schlug ich es einem Paar ab, ihm einen Welpen als Weihnachtsgeschenk für die Kinder zu überlassen. Natürlich war ihre erste Reaktion, dass sie sagten, sie würden sich dann anderswo einen besorgen. Immer gibt es Leute, die Hunde züchten und verkaufen, ohne sich weiter um das Wohl der Welpen zu kümmern. In diesem Fall aber verstand die betreffende Familie schließlich meine Ablehnung. Wenn ich gegen einen Hund als Weihnachtsgeschenk bin, so hat das damit zu tun, dass ich Ruhe und Beständigkeit für notwendig halte, um einen Welpen an seine Besitzer zu gewöhnen, und Weihnachten ist die Zeit des Jahres, in der am wenigsten Ruhe und Beständigkeit herrscht. Statt einen Hund unter den Weihnachtsbaum zu setzen, kam die Familie am Heiligen Abend zu mir. Die Kinder waren aufgeregt, ihren neuen Freund zu erleben, begriffen aber, dass sie noch bis nach den Weihnachtsfeiertagen warten mussten, bevor sie ihn mit nach Hause nehmen durften, und erst als nach den Ferien der normale Alltag wieder eingekehrt war, zog der neue Hausgenosse ein. Abgesehen von allen anderen Aspekten war diese Wartezeit auch deshalb günstig, weil sich danach alle in ihrem ehrlichen Wunsch nach einem Hund ganz sicher waren und der Welpe in der richtigen Umgebung aufwachsen konnte und erzogen wurde. Am Neujahrstag konnte ich ihnen schließlich den Hund übergeben, und ich war sicher, er würde ein gutes Heim bekommen.

Wer einen Welpen bei sich aufnehmen will, sollte sich an eine oder zwei goldene Regeln halten. Die erste besagt, dass der Hund nicht jünger als acht Wochen sein darf, bevor er sein ursprüngliches Heim verlässt. Das hat mit der Natur des Hundes zu tun. Alle Welpen werden in eine natürliche Familienumgebung hineingeboren, in den Wurf. Hier lernen sie die Lebenswirklichkeit kennen. Sie müssen soziale Fähigkeiten innerhalb des Wurfs entwickeln und die Sprache ihrer Bezugsgruppe lernen. Wenn man einen Hund vor Ablauf dieser ersten, intensiv erlebten acht Wochen aus dem Wurf reißt, führt das – davon bin ich fest überzeugt – zu schweren Schäden für den Welpen.

Sobald das Hündchen seinen Wurf verlassen hat, sind die ersten 48 Stunden im neuen Heim von ausschlaggebender Bedeutung. Man muss sich die harte, aber wichtige Tatsache klar machen, dass der Welpe, den man zu sich nimmt, ein Rudeltier ist, das aus seinem Rudel gerissen worden ist. In seinem Wurf hatte er eine glückliche, lebendige und liebevolle Umgebung, in der er die ersten Wochen zusammen mit seinen Geschwistern verbrachte. Dann aber wird er in eine ihm ganz fremde Welt verfrachtet, eine Heimat, die er sich nicht selbst ausgesucht hat. Wenn man in dieser Situation den Welpen behandelt, als wäre er bereits ein ganz normaler Hund, kann das traumatische Folgen haben. Für den jungen Hund bedeutet die Umstellung eine aufregende Erfahrung, ganz gleich wie liebevoll er aufgenommen wird. Deshalb ist es für meine Begriffe wichtig, während dieser zwei Tage die Verbindung zu dem Hund so eng wie möglich zu gestalten.

Jetzt muss einfach alles geschehen, um dem Welpen die Sicherheit zu geben, dass ihm sein neues Heim gefallen wird. Darum mein Rat, in der ersten Nacht neben dem Hund zu schlafen. Das heißt nicht, dass Sie ihn mit in Ihr Bett nehmen. Viel praktischer ist es, diese eine Nacht neben dem Welpen auf einer Couch oder Liege zu verbringen. Das bedeutet meiner Erfahrung nach kein großes Opfer, es gibt dem Hündchen aber Sicherheit in einer Phase, in der es ganz besonders verletzlich ist. Die Verbindung, die dadurch begründet wird, erweist sich am nächsten Tag als hilfreich, wenn Sie dem Hund beim Kennenlernen und Erkunden seiner neuen Umgebung behilflich sind. Es ist enorm wichtig, dass sich der Hund von Anfang an wohl und behaglich fühlt. Hier bekommt er sein Fressen, hier findet er Zuneigung, hier legt er sich zur Ruhe.

Zugleich ist es natürlich auch wichtig, von Anfang an auf gute Manieren zu achten. Aus Gründen, auf die ich noch eingehen werde, bin ich nicht der Meinung, dass beim Welpen die bei meiner Methode sonst wichtigen Essrituale notwendig sind. Die drei anderen Elemente von Amichien Bonding sollten aber so früh wie möglich eingeführt werden.

Das wichtigste dieser Elemente ist zweifellos, dass man nach kurzer Trennung eine bestimmte Ordnung aufrechterhält. Auch wenn man als Besitzer bei der Rückkehr vom Einkaufen noch so sehr von dem reizenden, flauschigen Bündel, das an einem hochspringt, in Versuchung geführt wird, ist es wichtig, dass man ihm in diesen ersten Tagen nicht zu viel Beachtung schenkt. Die ausgesandten Signale müssen klar und unmissverständlich ausdrücken: »Ich will mit dir spielen, aber nicht jetzt, sondern dann, wenn ich es dir sage.«

Das muss von Anfang an unmissverständlich sein, von der ersten Trennung an, auch wenn das Tier nur ins Nebenzimmer gegangen ist und den Besitzer ein paar Augenblicke lang nicht gesehen hat.

Das mag sich anhören, als wären diese beiden Verhaltensweisen nicht vereinbar. Viele Leute fragen mich, wie denn ein Hundehalter gleichzeitig autoritär und liebevoll sein soll, wenn so strikte Regeln dabei einzuhalten sind. Ich weise dann darauf hin, dass die Freude viel größer ist, wenn ein Welpe nach den richtigen Regeln spielen lernt, als wenn man ihn einfach gewähren lässt. Das bedeutet keineswegs weniger Spaß – ganz im Gegenteil. Es geht ganz einfach darum, ihm Zuneigung ganz gezielt zuteil werden zu lassen.

Die gute Nachricht für den Umgang mit Welpen ist, dass die Fünf-Minuten-Regel, die ich den Hundehaltern nach einer Trennung empfehle, in diesem Fall fast immer genügt. Bei erwachsenen Hunden mit Verhaltensschwierigkeiten kann das Trick-Repertoire, mit dem sie versuchen, Aufmerksamkeit zu erregen, zeitlich fast unbegrenzt sein. Ich kenne Fälle von zehn Sekunden Dauer, aber auch von anderthalb Stunden. Ein erwachsener Hund kann eine Ewigkeit lang herumspringen, bellen und winseln. Bei einem Welpen dauert es nie so lange.

Sobald sich der Welpe gesetzt hat, kann die normale Prozedur beginnen, mit der ihn der neue Rudelführer dazu bringt, zu ihm zu kommen. Und dabei stellt sich dann, wie gesagt, das wahre Vergnügen an dem Tier ein. Besonderen Spaß macht schließlich die Wahl eines Namens für den jungen Hund. Es ist wichtig, das Tier von Anfang an mit diesem Namen zu rufen. In diesem Stadium sind geübte Hundehalter samt ihren Tieren im Vorteil. Ich fordere die Hundebesitzer auf, ihre Welpen so oft wie möglich zu sich zu rufen und nicht zu vergessen, dass sie mit Leckerbissen und Lobesworten belohnt werden müssen, wenn sie das Richtige gemacht haben. Nach meiner Erfahrung kann ein Welpe gar nicht genug davon bekommen, ein »braver Hund« genannt zu werden.

Zu den Freuden der Welpenerziehung gehört die Schnelligkeit, mit der die Tiere neue Fertigkeiten lernen. Ich habe festgestellt, dass ein Welpe nach dreimaliger Wiederholung eine bestimmte Botschaft schon begriffen hat, ganz egal, wie sie lautet. Wie bei älteren Hunden lässt sich auch beim Umgang mit den Hundekindern feststellen, wann das Amichien Bonding seine Wirkung tut. Sobald der Welpe schwanzwedelnd dasteht oder sich sichtlich entspannt hinsetzt und darauf wartet, dass Sie ihm seine Aufmerksamkeit zuwenden, bestätigt er Ihnen durch sein Verhalten, dass er gerade dabei ist, sich seinen Rudelführer zu wählen. Wenn er es so weit gebracht hat, kann der Besitzer darangehen, auch in den anderen Bereichen des Bonding zu arbeiten. Ich empfehle mit Welpen erst zwei Wochen, nachdem sie die erste Serie von Impfungen bekommen haben, erstmals spazieren zu gehen, also nicht, bevor sie etwa vierzehn Wochen alt sind. Vorher sind sie einfach noch nicht vorbereitet auf die große Welt. Meiner Erfahrung nach ist es viel besser, mit ihnen in eine gut geführte Welpengruppe zu gehen, wo sie sich in einer ähnlich spielerischen Situation bewegen können wie in ihrem Wurf unter den Geschwistern.

Gleichzeitig aber ist es jetzt bereits an der Zeit, dass der Hund die Grundregeln des Bei-Fuß-Gehens einübt, am besten im Haus oder im Garten. Das Tier muss unbedingt lernen, wie wichtig es ist, sich unmittelbar neben seinem Besitzer aufzuhalten und dass der beste Platz zu seinen Füßen ist. Auch dabei sind kleine Leckerbissen und lobende Worte nötig. Wenn der Welpe einfach weggehen will, lassen Sie die Leine locker und führen sie ihn wieder an den Ausgangspunkt. Auf jeden Fall ist spielerisches Ziehen an der Leine zu vermeiden. Welpen lieben nichts mehr als herumzuspielen.

Doch für Spiele ist später noch Zeit genug. Jetzt muss der oder die Kleine zuallererst die Regeln eines ganz anderen Spiels verstehen lernen. Wenn Sie die Regeln nicht genau zu diesem Zeitpunkt festlegen, stellt sich der Hund – und da können Sie ganz sicher sein – seine eigenen auf.

Meiner Meinung nach ist auch der Ton, in dem Sie mit dem neuen Hausgenossen sprechen, von entscheidender Bedeutung. Ich rate jedem, der mich fragt, nicht zu laut und zu schrill zu reden, also einen eher liebevollen Ton anzuschlagen. Schließlich soll der Hund ja der beste Freund seines Besitzers werden. Wie aber spricht man mit seinem besten Freund? Brüllt oder keift man ihn an oder verständigt man sich auf freundliche und ruhige Weise mit ihm? Sobald der Hund auf sanfte Aufforderungen reagiert, können Sie Ihre Stimme fast bis zum Flüstern senken. Das wird später bestimmt Früchte tragen. Ein Hund, der gewohnt ist, auf leise Kommandos zu hören, wird sicher besonders aufmerksam sein, wenn sein Besitzer die Stimme hebt.

Was die Begrüßung an der Tür angeht, so sollten hereinkommende Besucher den Welpen mehr oder weniger ignorieren. Es gibt zwei Möglichkeiten in dieser Situation: Einerseits ist es leicht, einen kleinen Hund gleichsam zu übersehen, doch weckt andererseits nichts so sentimentale Regungen beim Gast wie der Anblick eines herzigen Welpen. Und doch müssen bestimmte Prinzipien unbedingt für jede Situation gelten. Einen Hund hat man ja nicht nur für Weihnachten, sondern fürs Leben. Dasselbe gilt bei meiner Methode. Man kann sich nicht das eine oder andere herauspicken und anderes einfach weglassen. Als Hundebesitzer müssen Sie sich, wenn Sie sich einmal entschlossen haben, schon dabei bleiben.

Von der mächtigen Wirkung der Leckerbissen war schon die Rede. Nirgendwo sind sie so wichtig wie beim Training von Welpen. In diesem Fall sollte die Fütterung auf die besonderen Umstände der Arbeit mit dem Welpen abgestellt werden.

Ein wichtiges Ziel jeder Fütterung aber muss sein, dass sie die Führerschaft des Hundehalters untermauert. Ein acht Wochen alter Welpe wird meist viermal täglich gefüttert. Wenn ein Besitzer dem Tier so oft etwas zum Fressen hinstellt, sendet er damit zugleich eine ständige und starke Botschaft aus. Er oder sie versorgt das Tier und hat deshalb in diesem Rudel absolute Priorität. Wenn Sie so weit gekommen sind, ist es nicht nötig, beim Füttern die Essgebärde anzuwenden. Wozu einen Vorschlaghammer benutzen, wenn's auch mit dem Nussknacker geht?

Gleichzeitig eignet sich das Futter besonders gut, wenn der Welpe andere Verhaltensweisen lernen soll. Am einfachsten ist es, den Hund das Sitzen zu lehren. Wenn Sie die schon beschriebene Methode dabei anwenden und das Futter erst hoch und dann über seinen Kopf halten, wird der Hund das ganz schnell begreifen. Wieder spielen Sie nach dem Prinzip »Was ist für mich drin?« und sprechen damit den jedem Hund angeborenen Eigennutz an. Bis heute kann ich nicht genug darüber staunen, wie schnell Welpen das kapieren.

KAPITEL 16

Kleine Kobolde:
Vom Umgang mit Problem-Welpen

Welpen sind an sich die perfekte Gelegenheit, einen Hund von Anfang an richtig zu erziehen. Traurigerweise kann es aber auch katastrophale Folgen haben, wenn man nicht weiß, wie ein Welpe korrekt in eine Familie eingeführt wird. Man bittet mich oft, mit Welpen zu arbeiten, die nicht mehr zu bändigen sind. Wenn ich dann zu solchen Familien nach Hause komme, fühle ich mich wie in den Film *Gremlins* versetzt. Ein paar Wochen zuvor haben die Besitzer noch ihren süßen, flauschigen neuen Freund vergöttert. Zu dem Zeitpunkt, wo ich auftauche, leben sie schon in Angst und Schrecken vor einer Kreatur, die sich – zumindest in ihren Augen – in ein kleines Monster verwandelt hat. Die Realität sieht so aus, dass es ebenso leicht ist, einen Welpen schlecht zu erziehen wie ihn richtig auszubilden.

Wenn Leute mich fragen, wie sie aus ihrem Welpen einen glücklichen und ausgeglichenen Hund machen, kehre ich die Frage oft um. Was würden sie tun, wenn sie ihn total verziehen wollten? Wahrscheinlich würden sie in einer Sprache mit ihm reden, die er nicht versteht, ihm Aufgaben stellen, denen er nicht gewachsen ist, und ihn ständig mit einander widersprechenden Signalen bombardieren, sodass er niemals dahinterkäme, was richtig ist und was falsch. In einem Augenblick würden sie ihn belohnen, weil er so temperamentvoll und lustig ist, im nächsten bekäme er für das gleiche Verhalten geschimpft. Und genau das tun viele Hundebesitzer mit ihrem Welpen. Was man machen sollte, ist das exakte Gegenteil. Tatsache ist, dass jeder Idiot einen Hund verderben kann. Aber um ein glückliches und zufriedenes Haustier großzuziehen, bedarf es eines echten Hundeliebhabers. Ich möchte Ihnen anhand von zwei Fällen die wichtigsten Problembereiche veranschaulichen, mit denen ich bei Welpen konfrontiert werde: das Anknabbern von Sachen und die fehlende Stubenreinheit. Beide Probleme werden von Hundebesitzern verursacht, die am Beginn der Hundeerziehung die falsche Richtung eingeschlagen haben.

Von allen Schwierigkeiten, die Leute mit Welpen haben, sind diejenigen, die mit ihren Zähnen zu tun haben, am verbreitetsten. Auch hier ist es hilfreich, sich zunächst ein bisschen mit dem naturgegebenen Hintergrund auseinander zu setzen. Welpen bekommen schon in ganz jungem Alter nadelspitze Zähne, die ihnen erlauben, die Kraft ihrer Kiefer zu erproben. Ein bisschen wie Babys, die alles in den Mund nehmen, beißen Welpen auf alles, was in ihren Mund passt. In ihrer Wurfkiste knabbern die Welpen an ihren Geschwistern. Diese reagieren darauf mit einem einfachen Signal: Sie quieken und laufen weg. Wenn keine Geschwister mehr da sind und der Welpe sich gerade in seinem neuen Zuhause einlebt, schnappt er freudig nach allem, was ihm zwischen die Zähne kommt – und sei es ein Finger seines neuen Besitzers.

Meiner Ansicht nach löst man dieses Problem am besten spielerisch. Schmerzhafte Bestrafungen werden Sie in meiner Methode vergeblich suchen. Ich halte es für sinnvoller, Hunden die wichtigen Lektionen ihres jungen Lebens durch Spaß und Spiel zu vermitteln. Welpen bringen dafür ideale Voraussetzungen mit. Ich rate Welpenbesitzern immer, einen großen Vorrat an Spielsachen und Ähnlichem bereitzuhalten, auf denen ihr Hund herumkauen kann. Sie fungieren wie ein Beißring bei einem Baby. Welpen zahnen vierzehn Monate lang und man sollte ihnen den Vorgang auf diese Weise erleichtern. Die Auswahl der Spielsachen ist ganz Ihnen überlassen – das können kleine Büffelhautknochen, verknotete Taue oder auch einfach zusammengeknotete alte Handtücher sein. Nur achten Sie bitte auf die richtige Größe: Zu kleines Spielzeug wird von Welpen oder auch ausgewachsenen Hunden leicht verschluckt.

Spielsachen sind unschätzbar wichtig, wenn ein Welpe mit dem unerwünschten Anknabbern etwa der Beine Ihrer Möbel beginnt. In so einem Fall rate ich zur Ablenkung mit einem Spielzeug, das man ihm irgendwo anders hinwirft. Wichtig ist hier, den Welpen nicht für seine natürliche Ausgelassenheit zu bestrafen. Stattdessen lenkt man den Spieltrieb in eine erwünschte Richtung. Wenn der Hund mitmacht, wird das Spiel mit dem »Dankeschön-Ritual« beendet: Sie nehmen ihm das Spielzeug weg, geben ihm eine Belohnung und sagen »Dankeschön«. Dies ist eine weitere einfache Methode, um die Message des Amichien Bonding zu unterstreichen. Als Rudelführer bestimmen Sie darüber, mit welchem Spielzeug wann und wie lange gespielt wird.

Natürlich muss die Rudelführerschaft auch dann zum Ausdruck kommen, wenn ein Welpe seine Grenzen überschreitet. Junge Hunde mögen es zum Beispiel sehr, einen an der Kleidung zu ziehen und zu schnappen. Diese Gewohnheiten sollten im Keim erstickt werden. Ich bringe Welpen bei, sich damit zurückzuhalten, indem ich, wie leicht auch immer ich gezwickt werde, laut aufschreie und weggehe. Wenn das Tier sich weiterhin schlecht benimmt, wird er für fünf Minuten isoliert, das heißt vom Rudel ausgeschlossen. Das gibt ihm Gelegenheit, sich zu beruhigen, bevor es wieder zur Familie stoßen darf.

Leider senden die Besitzer schnappender Welpen sehr häufig die falschen Signale aus. Das war zum Beispiel der Fall bei einem Akita-Welpen namens Nuke. Als ich die Familie, eine Mutter mit drei Kindern, besuchte, erzählten sie mir, Knabbern sei Nukes Lieblingsspiel. Alle hielten ihm Spielsachen oder ihre Hand vor die Schnauze und ließen ihn daran knabbern. Wenn er sie dabei zwickte, bekam er eins auf die Nase. Zunächst hatte das allen Beteiligten großen Spaß gemacht. Doch leider war Nuke bei diesem Spiel immer übermütiger geworden und hatte begonnen, die Kinder zu verletzen. Er biss von Mal zu Mal fester zu.

Akitas sind majestätische, wunderschöne und sogar im Welpenalter sehr kräftige Tiere. So hatte Nuke schon alle Kinder blutig gebissen, obwohl er erst elf Wochen alt war, und er wurde dafür von Zeit zu Zeit in ein leeres Zimmer gesperrt.

Insbesondere weil die Familie Nukes natürlichem Bedürfnis, seine Zähne auszuprobieren, nachgegeben hatte, hatte sie sich keinen Gefallen getan. Der Welpe hatte gelernt, wie sich nach Belieben Aufmerksamkeit erregen ließ. Er hatte auch schon zu durchschauen begonnen, wie man Menschen, besonders beim Spielen, manipuliert.

Wie ich bereits erwähnt habe, ist es von entscheidender Bedeutung, dass der Rudelführer die Kontrolle über das Spiel behält. Der Anführer bestimmt, was gespielt wird, wann man damit beginnt, wie die Regeln lauten und wann das Ganze beendet wird. Hier traf Nuke all diese Entscheidungen, und das musste sich natürlich ändern. Meine erste Aufgabe bestand darin, die Rudelführerschaft neu zu etablieren. Die Kinder der Familie waren Teenager und durchaus in der Lage, die Prinzipien meiner Methode nachzuvollziehen. Aber weil es im Haus sehr lebendig zuging und oft auch andere Kinder zu Besuch waren, bat ich darum, Nukes Freiraum in dieser Zeit auf einen bestimmten Bereich zu beschränken.

Zu diesem Zweck installierten sie eine Art Gatter an der Küchentür. Wenn die Familie unter sich war, durfte Nuke auch ins Wohnzimmer. Jedes Mal wenn er sie stürmisch ansprang, sollten sie ihn mit dem Körper abwehren. Und immer wenn er das alte Beißspiel beginnen wollte, sollten sie ihm einfach ihre Hand entziehen. Falls es ihm dennoch gelänge, jemanden zu zwicken, sollte der- oder diejenige laut aufschreien und weggehen – genau wie es die Welpengeschwister in der Wurfkiste machen würden. Nuke kam schnell dahinter, dass man ihm die gewünschte Aufmerksamkeit vorenthielt. Ein Hund unterscheidet sich in dieser Hinsicht nicht sehr von einem Menschen: Wenn etwas nicht den erhofften Erfolg zeitigt, lässt man es eben bleiben.

Bald gab es keine derartigen Aktivitäten ohne vorherige Aufforderung mehr, denn Nuke hatte schnell begriffen, dass man Ausgeglichenheit und Selbstbeherrschung von ihm erwartete. Er wusste, dass er sich zu benehmen hatte. Innerhalb weniger Wochen hatte Nukes Verhalten sich enorm gebessert und die Kinder konnten wieder genauso viel mit ihm spielen wie früher.

Das zweithäufigste Welpenproblem, mit dem die Leute zu mir kommen, ist die Stubenreinheit. Die kann sowohl für den Besitzer als auch für den Hund zu einer sehr stressigen Angelegenheit werden. Im Sommer 1997 bat mich die Familie von D'Arcy, einem schwarz-braunen Gordonsetter-Welpen zu sich. D'Arcy erwies sich als genauso aristokratisch wie sein Name vermuten ließ. Selbst im zarten Alter von fünf Monaten war er schon ein wunderschönes, edel wirkendes Tier. Er würde eindeutig ein prächtiger Hund werden. Umso peinlicher war es seinen Besitzern, dass D'Arcy sich angewöhnt hatte, seinen eigenen Kot zu fressen. Die Familie hatte schon alles versucht, ihn davon abzubringen, aber je mehr Mühe sie sich gab, desto mehr strengte sich auch D'Arcy an, um nicht dabei erwischt zu werden. Inzwischen versteckte er sich schon in den entlegensten Winkeln des Gartens und kroch unter

Büsche, um sein Geschäft zu verrichten. Die Familie war sehr unglücklich darüber und wusste sich nicht mehr zu helfen.

Als ich sie besuchte, sah ich auf den ersten Blick, dass D'Arcy mit einigen unverkennbaren Problemen zu kämpfen hatte. Trotz seines Alters stand der Hund bereits unter Stress. Er sprang an einem hoch, zerrte an der Leine und fuhr einem permanent ins Gesicht. Die Familie hatte darin nicht einmal Symptome erkannt, doch für mich waren das weitere Hinweise auf ein grundlegendes Problem. Der Hund war bereits jetzt davon überzeugt, Anführer seines Rudels zu sein. Während ich mich ausführlich mit den Familienmitgliedern unterhielt, wurde auch deutlich, warum das Häufchenmachen sich für ihn so problematisch entwickelt hatte. Seine Menschen waren sehr penibel und nahmen seine großen und kleinen »Geschäfte« fast schon krankhaft wichtig. Wenn sie meinten, er müsse raus, veranstalteten sie ein Riesengetue, nahmen ihn hoch und stürzten nach draußen. Wenn D'Arcy im Haus mal ein Missgeschick passierte, veranstalteten sie ein ähnliches Theater.

Mir war klar, dass D'Arcy sich nicht nur gestresst fühlte, weil er sich für den Rudelführer hielt, sondern auch, weil er den Eindruck bekam, dieser Rolle nicht gerecht zu werden. Ein Teil seiner Aufgabe bestand schließlich darin, sein Rudel glücklich zu machen. Weil ihm das offenbar nicht gelang, versuchte er die Ursache dieses Unglücklichseins zu beseitigen, indem er sie auffraß. Meine Aufgabe bestand in diesem Fall aus zwei Komponenten: Ich musste D'Arcy nicht nur die Rudelführerschaft ausreden, sondern auch die Sache mit den Häufchen entdramatisieren.

Stubenreinheit ist im Welpenalter natürlich eine wichtige Angelegenheit, die schon eine Menge einander widersprechender Vorstellungen hervorgebracht hat. Geradezu barbarisch mutet etwa die altmodische Methode an, die Nase des Hundes in seine Exkremente zu tauchen. So etwas hat in meinem Training nichts verloren. Aber natürlich führt kein Weg daran vorbei, dass ein Hund irgendwann stubenrein werden muss. Meiner Erfahrung nach ist es jedoch vollkommen überflüssig, einem Welpen dabei einen Vortrag über gutes Benehmen zu halten.

Bei D'Arcy begann die Familie das ganz normale Bonding zu praktizieren und ignorierte vorläufig seine Versuche, auf sich aufmerksam zu machen. Bei diesem fordernden Hund dauerte das eine gewisse Zeit, zeitigte dann jedoch gute Erfolge. Um die Situation zu entspannen, wenn der Hund mal musste, forderte ich sie auf, D'Arcys Verhalten durch Stimulation und Reaktion zu verstärken. Seine Familie lag förmlich auf der Lauer und wartete darauf, dass er musste. Ich erklärte ihnen, dass es ganz normal war, hier mal mehr, mal weniger Glück zu haben. Es würde ihnen nicht gelingen, den Hund jedes Mal abzupassen. Deshalb sollten sie sich auf die wahrscheinlichsten Zeiten konzentrieren: gleich morgens, aber auch tagsüber nach dem Aufwachen sowie nach den Mahlzeiten. Das Wichtigste war jedoch, dass die Familie das Ganze herunterspielte und entdramatisierte. Statt nervös herumzurennen, forderte ich sie auf, entspannt und heiter zu sein. Und wie immer bat ich natürlich um Beständigkeit und Konsequenz, damit D'Arcy auch verstand, was zu seinem Besten geschah.

Der erste Schritt bestand darin, ihn davon abzuhalten, seinen Kot zu fressen. Jedes Mal wenn jemand dabei war, sollte der- oder diejenige ihn in Ruhe fertig machen lassen, aber dann sofort mit einer Belohnung anlocken. Dabei verwendeten alle den Ausdruck »sauberer Hund«, während sie ihn streichelten und ihm einen Leckerbissen fütterten. Und während D'Arcy noch an seiner Belohnung kaute, konnte man seine Hinterlassenschaft rasch beseitigen.

Ich möchte explizit darauf hinweisen, dass die Sauberkeitserziehung einer der wenigen Anlässe ist, bei denen der

Mensch mit der Belohnung auf den Hund zugehen kann. Meiner Erfahrung nach verwirrt dies das Tier nicht, sondern unterstreicht die Belohnung für das richtige Verhalten noch. Dadurch wird die Situation zu etwas Besonderem und bringt umgekehrt den Hund dazu, sich mehr anzustrengen. Dieses Training ist meist nicht sehr lange notwendig, eben nur, bis der Welpe verstanden hat.

D'Arcy reagierte schnell und hörte bald damit auf, seinen Kot zu fressen. (Diesen Prozess kann man übrigens noch beschleunigen, indem man etwas Zucchini oder Ananas unters Futter mischt. Aus irgendeinem Grund schmeckt den Welpen der Kot dann nicht mehr.) Durch diesen Erfolg angespornt begann die Familie anschließend, D'Arcy an geeignete Plätze zu führen, wo er sein Geschäft verrichten konnte. Auch hier bat ich die Beteiligten, ruhig und konsequent zu bleiben, um schädliche Aufregung zu vermeiden. Wenn der Hund sich an einem falschen Platz niederließ, sollten sie einfach nichts sagen und den Kot beseitigen. Das Gleiche galt für Missgeschicke im Haus, wenn man den entscheidenden Zeitpunkt verpasst hatte. Ich erklärte, dass es noch sinnloser sei, den Hund im Nachhinein zu schimpfen, weil er den Grund dann bereits vergessen hätte und vom plötzlichen Zorn nur verwirrt wäre. Wieder reagierte D'Arcy wie gewünscht, verrichtete sein Geschäft nach zwei Wochen immer am selben Fleck und ließ es danach unangetastet. Seine Familie zeigte sich sehr erleichtert.

KAPITEL 17

Das Territorium markieren: Wenn Hunde ins Haus machen

Auch wenn sie als Welpen ganz korrekt zur Stubenreinheit erzogen wurden, haben manche erwachsenen Hunde hier später ein Problem. Während wir Menschen Stress auf vielerlei Weise verarbeiten – von akuter Krankheit bis hin zu Alkoholmissbrauch – gehen Hunde auf ganz eigene Weise damit um. Die für jeden Hundehalter unerfreulichste Form ist es, wenn das Haustier in die Wohnung macht. Ich wurde beispielsweise von Leuten um Hilfe gebeten, deren Hunde im Haus urinierten, sobald ein Fremder es betrat. Manche Tiere zielten dabei auf die Möbel, andere auf die Vorhänge oder gar ihre Besitzer selbst. Das ist natürlich ein sehr unangenehmes Problem, und die Erklärung dafür finden wir wieder einmal in der Wildnis.

Wölfe und Wildhunde sind extrem auf ihr Territorium fixiert. Frei lebende Tiere dieser Spezies markieren die Grenzen der von ihnen beanspruchten Gebiete mit Urin und Kot. Die Gerüche der Exkremente sind ein klares Signal für die Artgenossen: Wer hier eindringt, wird auf Widerstand stoßen. Eindeutig kommt diese Aufgabe den Alphatieren zu, die auch sonst die Entscheidungen treffen. Deshalb haben übrigens Hunde die Fähigkeit entwickelt, in kleinen Dosen zu urinieren. Die Möglichkeit, Urin in der

Blase zurückzuhalten, erlaubt ihnen ein größtmögliches Gebiet zu markieren.

Während dies Verhalten in der Wildnis das Natürlichste überhaupt ist, reagiert man in häuslicher Umgebung komplett anders darauf. Wenn ein Hund in der Wohnung zu markieren beginnt, kann das für den Besitzer die Hölle sein. Zwei Beispiele von derartigen Fällen, mit denen ich zu tun hatte, zeigen, wie man zu einer schnellen und im wahrsten Sinne des Wortes sauberen Lösung kommt.

Einer der ersten fremden Problemhunde, mit denen ich mich befasste, war der Labradormischling Callie. Die Hündin lebte bei einem Ehepaar in Newcastle und war an sich so sanft und freundlich wie ihre Besitzer Susie und Tom. Irgendwann hatte sie allerdings damit begonnen, schmutzige Pfotenabdrücke auf dem Teppich zu hinterlassen, später dann sprang sie immer wieder aufs Sofa und urinierte dort demonstrativ. Das Ganze war so schlimm geworden, dass Callies Besitzer sich gezwungen sahen, ihre Möbel mit Plastiküberzügen zu schützen.

Wie so viele echte Tierfreunde, die mich zu Hilfe rufen, waren auch Susie und Tom nicht böse auf ihren Hund. Sie verstanden einfach nicht, was da vor sich ging und sahen die einzige Lösung darin, die Hintergründe von Callies Problem zu begreifen. Während unseres ersten Telefonats war es dem Ehepaar nur um die Angewohnheit des Hundes, aufs Sofa zu urinieren, gegangen. Es passiert oft, dass Leute so auf ein Problem fixiert sind, dass sie den Zusammenhang mit vielen anderen nicht sehen. So war es auch in diesem Fall. Als ich mich mit Susie und Tom in ihrem Zuhause unterhielt, bemerkte ich, dass das Urinieren bei weitem nicht das einzige Symptom war, das ihr Hund erkennen ließ. Callie hatte beispielsweise auch Angst davor, allein in den Garten zu gehen. Und im Dunkeln wollte sie überhaupt nicht hinaus. Mir war klar, dass ich hier einen überanstrengten Hund vor mir hatte. Callie litt unter der Verantwortung, die ihre Besitzer ihr unabsichtlich aufgebürdet hatten.

In diesem besonderen Fall wurden meine Erklärungsversuche durch die Tatsache erleichtert, dass Tom Feuerwehrmann war. Ich habe schon oft das Verhalten eines Wolfsrudels mit der Teamarbeit etwa bei der Feuerwehr verglichen. Das half Tom und seiner Frau, meine Prinzipien schneller nachzuvollziehen. So ist auch die große Bedeutung des Rudels für den Hund zu verstehen; er wird die ihm zugeteilte Aufgabe bestmöglich erledigen, um das Überleben des Rudels zu sichern. Das Motto lautet: Einer für alle, alle für einen. Einzelkämpfermentalität hat hier keinen Platz. Das ist auch bei der Feuerwehr nicht anders. Insbesondere bei Gefahr im Verzug ziehen alle am selben Strang – was wir ja in unserer per se egoistischen, auf Konkurrenzdenken basierenden Gesellschaft nur selten erleben. Natürlich folgt man hier dem hierarchischen Prinzip. Doch vom Feuerwehrhauptmann bis zum jüngsten Teammitglied herrscht Respekt untereinander und für die Gemeinschaft, in der man aktiv ist. Das muss auch so sein, denn das Leben jedes Einzelnen hängt davon ab. Bei Callie hatte ich es erneut mit einem Hund zu tun, der sich gestresst fühlte, weil man ihm eine Aufgabe anvertraute, der er nicht gewachsen war. Ich verglich die Hündin mit einem Neuzugang in der Feuerwehrtruppe, einem blutigen Anfänger, der an seinem ersten Tag die Verantwortung für den Einsatz der ganzen Mannschaft aufgebürdet bekommt. Das Ehepaar verstand sofort, was ich meinte, und begann bald die Techniken des Amichien Bonding anzuwenden.

Natürlich gibt es keine zwei Fälle, die sich aufs Haar gleichen. Oft sind zusätzliche Übungen nötig, damit die Hundebesitzer schließlich den gewünschten Erfolg erzielen. In diesem Fall ließ ich Susie und Tom, abgesehen von den vier Elementen des Bonding, auch nach den Sauberkeitsmethoden arbeiten, die ich ansonsten Welpenbesitzern empfehle. Ich forderte sie auf, Callie zu beobachten und zu belohnen, wenn sie ihr Geschäft an dafür vorgesehenen Orten erledigte. Gleichzeitig sollte es aber auch kein großes Drama bedeuten, wenn sie das nicht tat. Gelassenheit und Konsequenz waren wieder mal die Schlüssel zum Erfolg. Denn man kann einen Hund nicht von Druck befreien, indem man selbst neuen Stress erzeugt.

Auch ich war überrascht, wie schnell es funktionierte. Ich erinnere mich, die Familie an einem Samstagnachmittag besucht zu haben. Schon am Sonntag bekam ich einen Anruf mit der Neuigkeit, Callie habe auf den Fußboden uriniert. Unter anderen Umständen wäre das natürlich keine besonders erfreuliche Nachricht gewesen, in diesem Fall bedeutete es jedoch einen echten Fortschritt. Am darauf folgenden Mittwoch erfuhr ich, dass die Hündin begonnen hatte, den dafür vorgesehenen Platz vor dem Haus zu benutzen. Zugleich hatte sie an diesem Tag erstmals nicht mehr ins Haus gemacht.

Die Leichtigkeit, mit der Callie von ihrem Problem befreit wurde, steht in scharfem Kontrast zu einem anderen Fall. Während meiner Arbeit für das Yorkshire Fernsehen hatte ich eine Moderatorin kennen gelernt. Georgie war eine junge, attraktive und sehr lebenslustige Frau. Ihren Bichon frisé namens Derek liebte sie abgöttisch. Unglücklicherweise hatte Derek sich angewöhnt, überall in ihrer Wohnung Häufchen zu hinterlassen. So fand Georgie jeden Abend, wenn sie nach Hause kam, in ihrem Wohnzimmer Hundekot. Die gleiche Angewohnheit pflegte Derek auch nachts.

Zu allem Überfluss war das Wohnzimmer auch noch mit einem flauschigen dunkelbraunen Teppichboden ausgelegt, sodass Dereks Hinterlassenschaften oft auf den ersten Blick gar nicht zu sehen waren. Georgies erste Aufgabe bestand daher jeden Morgen darin, auf dem Fußboden herumzukriechen und den Teppich nach Hundekot abzusuchen. Georgie gestand mir, schon ein Vermögen für Gummihandschuhe und

Desinfektionsmittel ausgegeben zu haben, und auch wenn sie versuchte, das Ganze mit Humor zu nehmen, war sie mit ihrer Geduld längst am Ende.

Als ich sie zu Hause besuchte, war mein erster Eindruck, dass Derek ihr auf Schritt und Tritt folgte. Wann immer sie sich setzte, fügte sie sich sofort seinem Wunsch und nahm ihn auf den Schoß. Zudem beging sie all die klassischen Fehler, etwa indem sie ihm viel Aufmerksamkeit schenkte, sobald sie nach Hause kam. Eindeutig hatten die Exkremente in der Wohnung mit Trennungsängsten zu tun. Ich erfuhr, dass Derek sich vor allem auf den Bereich vor der Tür konzentrierte, der für ihn quasi den Eingang zur Höhle des Rudels darstellte.

Wie so viele Leute war auch Georgie leicht schockiert, als ich ihr meine Methode erklärte. Die Vorstellung, dem Hund ihre Aufmerksamkeit zu entziehen, war ihr schrecklich. Ihre natürliche Reaktion bestand schließlich darin, bei jeder sich bietenden Gelegenheit ein Riesentamtam um den Hund zu veranstalten. Dieses Verhalten hing meiner Ansicht nach zumindest teilweise mit dem schlechten Gewissen zusammen, das sie hatte, weil sie ihn tagsüber allein ließ. Irgendwie schien sie das Gefühl zu haben, dafür bei ihm etwas gutmachen zu müssen. Dennoch erkannte sie rasch die Vorzüge meiner Methode.

Wie immer hatte ich schon beim Betreten der häuslichen Umgebung des Hundes alle nötigen Signale ausgesendet, um ihn wissen zu lassen, dass ich sein Rudelführer war. Daraufhin hatte sich Derek nach den üblichen Versuchen, meine Aufmerksamkeit zu erregen, zurückgezogen. Um sich selbst zu beschäftigen, war er in die Küche getrippelt, wo er sich mit einem Kauknochen befasste. Erst ein paar Minuten später fiel Georgie auf, dass er das noch nie zuvor gemacht hatte. Ich erklärte ihr, dass er aus meinem Verhalten geschlossen hatte, dass ich die Rudelführerin war; so hatte er seine Rolle als

Babysitter ablegen können. Ihre Aufgabe bestand nun darin, ihn für ihre Person ebenfalls davon zu überzeugen.

Wir nahmen uns das Bonding vor und konzentrierten uns auch in diesem Fall auf die Methoden, die ich anwende, um Welpen stubenrein zu bekommen. Außerdem gab ich Georgie noch einen Putz-Tipp: Man sollte immer biologisches Waschmittel statt Desinfektionslösung verwenden, wenn man Exkremente von Hunden entfernt. Nur so lassen sich die Fettenzyme im Kot auflösen. Wenn das nicht geschieht, kann der Hund seinen Geruch immer noch wahrnehmen und wird mit großer Wahrscheinlichkeit zielsicher wieder an dieselbe Stelle machen.

Natürlich hatte auch Georgie die Nase gestrichen voll davon, hinter Derek herzuputzen. Im Unterschied zum Feuerwehrmann Tom und seiner Frau fiel es ihr jedoch ziemlich schwer, sich an meine Methode zu halten. Als ich sie zwei Wochen später im Fernsehstudio traf, war es ganz offensichtlich, dass sie den Regeln nicht hundertprozentig folgte. Derek saß aufmerksam im Studio und blickte zu allen möglichen Leuten, nur nicht zu seiner Besitzerin, um sich die nötige Sicherheit zu holen. Es entging mir auch nicht, dass Georgie ein Paar Gummihandschuhe in ihrer Garderobe hatte.

An jenem Tag waren Georgie und Derek Gast in meiner Sendung. Georgie selbst attestierte Derek große Fortschritte: Er lief ihr nicht mehr so viel hinterher und machte nachts nicht mehr in die Wohnung. Später gestand Georgie mir, dass sie sich nicht ganz strikt an die Fünf-Minuten-Regel gehalten hatte. Ich musste ihr klar machen, dass es sich hier nicht um eine Sache handelt, die sich mit einem allabendlichen zwanzigminütigen Vortrag an Dereks Adresse erledigen ließ. Meine Methode verlangte eine dauerhafte Änderung in ihren Gewohnheiten und ihrer Einstellung gegenüber dem Hund.

Weil die Botschaft für Derek nicht deutlich genug erkennbar war, bat ich Georgie, die Fünf-Minuten-Regel auf

15 Minuten auszudehnen. Diese Extrazeit erschien mir weniger wegen Dereks Charakterstärke nötig als vielmehr wegen der fehlenden Konsequenz seines Frauchens, die so noch keine überzeugende Rudelführerin abgab. Georgie ist kein Einzelfall, sehr häufig habe ich es mit Hundebesitzern zu tun, denen es nicht auf Anhieb gelingt, ihrer Zuneigung eine andere Richtung zu geben.

Meiner Erfahrung nach ist jedoch jeder, der dem Zusammenleben mit seinem Hund wirklich eine neue Qualität geben will, in der Lage, mit jeder beliebigen Schwierigkeit fertig zu werden, die meine Methode ihm auferlegt. So war es zu meiner besonderen Freude schließlich auch in Georgies Fall. Zwei Wochen nachdem ich sie das letzte Mal gesehen hatte, schickte sie mir einen Brief, in dem sie berichtete, dass Derek sich vollkommen verändert hätte. Sie hätte sich in den vergangenen zwei Wochen ständig mein Mantra vorgesagt, wäre ruhig und konsequent mit Derek gewesen und – siehe da – jetzt verrichtete er sein Geschäft nur noch am richtigen Fleck. Er hatte keinerlei Überraschungen mehr für sie auf dem Teppich deponiert. Ich war hocherfreut über den Brief, aber noch glücklicher über das beigelegte Foto. Es war ein Schnappschuss von Derek mit den Gummihandschuhen seines Frauchens in den Pfoten. Weil sie im Haus ja nicht mehr gebraucht wurden, waren sie nun sein Lieblingsspielzeug.

KAPITEL 18

Stellenangebot: Probleme mit der Rangordnung in einem erweiterten Rudel

An einem Herbstabend im Jahr 1997 bekam ich einen Anruf aus Irland von einem Herrn namens Ernest. Ernest stand im Begriff zu heiraten und wendete sich wegen eines ernsthaften Problems an mich. Das betraf allerdings weder seine Hochzeit noch seine Braut, sondern seinen Hund. Ernest kannte Enid, die Dame, die er zu heiraten gedachte, schon seit über dreißig Jahren. Beide waren verwitwet, und ihre Freundschaft hatte überdauert, obwohl Enid in Nordengland und Ernest inzwischen in Irland lebte. Jetzt hatten sie beschlossen zu heiraten und zusammen in einen Bungalow, der gerade im County Louth gebaut wurde, zu ziehen. Darauf freuten sie sich sehr, ihre jeweiligen Hunde aber offensichtlich gar nicht. Ernest hatte sich kurz nach dem Tod seiner Frau einen Mischlingswelpen angeschafft. In den sieben Jahren, die er Gypsy jetzt schon bei sich hatte, war sie zum absoluten Mittelpunkt seines Lebens geworden. Enid verspürte eine ganz ähnliche Zuneigung zu ihrer Hündin, einem 13-jährigen Labradormix namens Kerry. Bisher hatte Ernest Enid einmal im Monat in Nordengland besucht, und dabei hätten die Hunde Gelegenheit gehabt, sich anzufreunden, aber sie wollten absolut nichts voneinander wissen. Das Paar hatte alles versucht, war sogar schon bei einem Verhaltenstherapeuten für Tiere gewesen. Nichts konnte die Beziehung zwischen den beiden Hunden verbessern und alle vier Beteiligten waren ziemlich niedergeschlagen.

Ich arrangierte ein Treffen mit dem künftigen Paar und ihren Hunden in der Hundepension einer Freundin. Dort wollten wir zuerst alle einen Spaziergang unternehmen. Es war rasch erkennbar, dass sich die beiden Hunde misstrauisch musterten. Dabei war Gypsy ehrlich gesagt noch extremer als Kerry. Es handelte sich definitiv um eine angespannte Beziehung. Die Schwierigkeit bestand darin, dass Kerry Enid beschützte und Gypsy Ernest. Beide Hündinnen hielten sich für die Anführerinnen ihres jeweiligen Rudels. Jetzt ging es für sie um die Besetzung der Alphaposition im neuen, erweiterten Rudel. Was mir vorschwebte war, dass das Wohlbefinden beider Hunde von ihrer Kameradschaft abhängen sollte. Ich wollte, dass sie quasi ihr eigenes Rudel bildeten. Erst dann würde ich damit beginnen, sie zu gleichrangigen, aber untergeordneten Mitgliedern in ihrem eigentlichen Rudel zu machen.

Als Erstes bat ich Ernest und Enid, ihre Hunde in dieser Pension nahe bei Enids Zuhause zu lassen. Ein paar Tage lang brachten wir sie in benachbarten Zwingern unter. Dadurch sollten sie während der Abwesenheit ihrer geliebten Besitzer die Gegenwart des jeweils anderen spüren. Am dritten Tag kam ich sie besuchen und ging mit ihnen auf das große Übungsgelände. Sie sollten sich aus dem Weg gehen können, sich gleichzeitig aber in derselben Umgebung aufhalten. Beide hatten genügend Freiraum.

Die Hunde hielten Abstand zueinander, beachteten sich aber ansonsten relativ wenig. Das ließ mich hoffen. Dieses Programm bekamen Gypsy und Kerry drei Tage lang verordnet und am dritten schienen sie sich kennen lernen zu wollen: Sie gingen schwanzwedelnd aufeinander zu und lockten einander mit ausgelassenen Gesten. Das war für mich das Zeichen, zur nächsten Stufe überzugehen. Am nächsten Tag kamen sie in einen gemeinsamen Zwinger. Darin gab es zwei Lager, zwei Näpfe – sodass sie alles trennen konnten, wenn sie das wollten, außerdem bot dieser Doppelzwinger ausreichend Platz. Am Abend bekam ich einen Anruf von meiner Freundin, der die Hundepension gehörte. Sie berichtete mir, das zweite Lager sei bereits überflüssig, weil die beiden sich eines teilten. Ich war begeistert.

Doch ich widerstand der Versuchung, Enid von den Fortschritten zu berichten, weil es nichts Schlimmeres gibt, als jemandem zunächst Hoffnungen zu machen und ihn oder sie dann doch enttäuschen zu müssen. Stattdessen konzentrierte ich mich auf die nächste Stufe. Wir ließen die beiden eine gute Woche zusammen, in der sie prima miteinander auskamen.

Weil Ernest ja in Irland wohnte, fand sich Enid als Erste wieder in der Hundepension ein. Das Wichtigste war jetzt, beiden Hunden in der Rangordnung des erweiterten Rudels einen Platz unter ihren Besitzern zuzuweisen. Das würde ihnen klar machen, dass es sinnlos war, sich um den Posten des Rudelführers zu bemühen, weil der Job ja bereits vergeben wäre. Also bat ich Enid, die beiden beim ersten Wiedersehen vollkommen zu ignorieren. Meine Überlegung dahinter war, dass Kerry automatisch denken würde: »Da ist ja mein Schützling, jetzt wirds lustig«, während Gypsy sich ausgeschlossen fühlen musste. Ich wollte stattdessen, dass sie sich beide ausgeschlossen vorkämen und sich deshalb wieder einander zuwenden würden. Wir absolvierten eine nette Übungseinheit von etwa einer halben Stunde, in der Enid den Tieren überhaupt keine Zuneigung entgegenbrachte: Sie streichelte sie nicht, sie suchte nicht einmal ihren Blick. Das mag sehr hart klingen, aber schließlich wollte ich den beiden klar machen, dass es keinen Grund zu Konkurrenzgefühlen gab, solange Enid anwesend war. Wir machten noch ein paar solcher Einheiten und ganz langsam wurde Enid freundlicher: Sie streichelte die beiden, gab ihnen Belohnungen, aber alles geschah sehr ruhig. Sie wusste, dass Ruhe und Beständigkeit der Schlüssel zum Erfolg waren.

Bei seinem nächsten Besuch in England bat ich Ernest, das gleiche Programm zu absolvieren wie Enid. Und ich wollte, dass er es wie sie allein tat. Als Gypsy ihn erblickte, wurde sie wirklich sehr, sehr aufgeregt. Und sie knurrte Kerry mehr als einmal an. Hätte sich Ernest ihr in dieser Situation zugewandt, wäre es gut möglich gewesen, dass Gypsy aggressiv gegenüber Kerry geworden wäre. Und genau das war ja das Letzte, was wir anstrebten. Wieder zeigte Ernest sich entschlossen und schaffte es, auch wenn ihm das Ignorieren schwer fiel. Wir wiederholten das Ganze auch an den zwei folgenden Tagen mit großem Erfolg.

Bevor Ernest wieder nach Irland zurückflog, wagten wir eine gemeinsame Runde, zu fünft. An diesem großen Tag standen wir alle entspannt und glücklich auf dem Übungsplatz. Ich kann Ihnen gar nicht sagen, wie ich mich freute, weil diese Menschen mir zugetraut hatten, eine so entscheidende Verbesserung in ihrem Leben zu bewirken. Und es funktionierte tatsächlich.

Kurz darauf wurde ich zu Enids und Ernests Hochzeit eingeladen. Nach der Kirche bat man mich zu meiner Überraschung auch zur Feier, wo man mir einen Platz an der Ehrentafel zuwies. Und dann begann Ernest auch noch seine Rede mit einem Dank an mich für alles, was ich für die beiden getan hatte. Ich war mehr als überwältigt. Bis zu jenem Augenblick war mir nicht bewusst gewesen, wie viel so ein Veränderungsprozess manchen Leuten bedeuten kann. Es war einer der ergreifendsten Augenblicke meines Lebens. Damit die beiden wirklich glücklich sein konnten, mussten zuerst die Hunde, die jeder von ihnen so liebte, miteinander auskommen.

Am darauf folgenden Wochenende wurden die Hunde zu Ernest und Enid in ihr neues Zuhause verfrachtet. Es gab ein paar Telefonate hin und her, aber dabei ging es nur um Kleinigkeiten. Insgesamt lebte sich die neue Familie wunderbar ein. Doch etwa einen Monat später erhielt ich einen Anruf von einer völlig aufgelösten Enid. Sie waren an jenem Tag zum Einkaufen in Dublin gewesen und irgendwie war Kerry aus dem Auto entwischt und verloren gegangen. Sie war einfach verschwunden. Enid und Ernest gingen zur Polizei, wandten sich ans Lokalradio und hängten Vermisstenmeldungen aus. Alles ohne Erfolg. Die beiden waren am Boden zerstört und ich konnte es ihnen nachfühlen.

Nach zehn Tagen, als sie praktisch schon aufgegeben hatten, bekamen sie einen Anruf von jemandem aus Dublin, der einen streunenden Hund bei sich aufgenommen hatte, auf den die Beschreibung passte. Sie fuhren sofort hin – und siehe da: Es war Kerry. Enid rechnete schon damit, dass der Hund sich freuen würde, sie wiederzusehen. Wirklich ergriffen war sie jedoch, als sie sah, wie Kerry an ihnen vorbei sofort zum Auto raste, in dem Gypsy wartete. Als sie die Tür aufmachten, sprang Gypsy heraus, jaulte, sprang herum und war außer sich vor Freude, ihre Freundin wiederzuhaben.

Zu Weihnachten bekomme ich nach wie vor eine Karte von den vieren – »Ernest, Enid und die Girls« –, und dann stelle ich mir jedes Mal wieder diesen Moment vor.

KAPITEL 19

Der Biss in die fütternde Hand: Schwierige Esser

Auf den ersten Blick könnte man meinen, die Fressenszeit sei das Einfachste im Tagesablauf eines Hundes. Schließlich ist die Nahrungsaufnahme ja der elementarste Instinkt jedes Lebewesens. Eigentlich ist es doch auch ganz einfach, eine Schüssel Futter auf den Boden zu stellen und den Hund fressen zu lassen, oder etwa nicht? Die Antwort lautet Ja und Nein. Vorausgesetzt, man hält sich beim Füttern an gewisse Regeln, sollte das Fressen kein Problem darstellen. Die Schwierigkeiten fangen, wie ich in einer Vielzahl von Fällen festgestellt habe, dann an, wenn man Hunde diese Regeln selbst bestimmen lässt – das ist ihnen natürlich das Liebste. Was dann folgt, ist reine Anarchie.

Unter allen Hunden, mit denen ich je zu tun hatte, war sicher ein elf Monate alter Lhasa Apso namens Jamie der interessanteste. Jamie war mit acht Wochen zu seinen Besitzern gekommen und von Anfang an heikel gewesen. Irgendwann hatte die Familie damit begonnen, ihn aus der Hand zu füttern. In dem Monat, bevor man mich zu Rate zog, hatten sich seine Fressgewohnheiten jedoch dahingehend verschlimmert, dass er praktisch gar nichts mehr fraß. Er verweigerte konsequent alles, was seine Besitzer ihm vorsetzten. Mit wachsender Verzweiflung hatten diese schon alles Mögliche ausprobiert, vom Filetsteak bis zu den teuersten Fertigfuttersorten. Einmal hatten sie ihm sogar ein Essen beim nächsten chinesischen Take-away bestellt, in der Hoffnung, das würde ihn an seine Wurzeln erinnern. Doch vergebens. Jamie war inzwischen schrecklich dünn und seine Rippen begannen hervorzustehen. Besonders frustrierend für seine Familie war, dass der Hund endlos lange um den Napf herumschlich, ohne jemals etwas zu fressen. Der Tierarzt konnte keine körperliche Ursache für dieses Problem entdecken und empfahl den Besitzern, bei mir anzurufen.

Wie ich schon erwähnt habe, fiel mir erst bei der Beobachtung des Alltags im Wolfsrudel die unglaubliche Bedeutung des Fressens auf. Ich erinnere mich da an eine besondere Szene aus einem Dokumentarfilm. Die Kamera verfolgte einen Kojoten, der um den Kadaver eines Elchs herumschlich. Ein Wolfsrudel hatte das Tier erlegt und sich daran satt gefressen. Die Wölfe ruhten sich nun aus, nachdem sie drei Viertel ihrer Beute verspeist hatten. Die Anwesenheit dieses Kojoten behagte ihnen nicht, und so übernahm es die Alphawölfin, ihn zu verjagen. Interessant war jedoch, was danach passierte. Nachdem sie den Schnorrer verscheucht hatte, kehrte die Wölfin zum Kadaver zurück und riss sich demonstrativ ein Stück Fleisch davon herunter. Die Botschaft an den Kojoten war eindeutig: Es stand in ihrer Macht zu entscheiden, wer wann fraß. Sie untermauerte ihren Führungsanspruch mit der denkbar eindrucksvollsten Geste.

Ich habe fast das gleiche Verhalten auch an Hunden beobachtet. Unheimliche viele Hundebesitzer finden es süß, wenn ihr Vierbeiner regelmäßig mit einem Keks im Maul auftaucht. Und ein Teil von ihnen ist sichtlich enttäuscht, wenn ich ihnen erkläre, dass der Hund den Keks nicht bringt, um anzuzeigen, dass er Hunger hat. Vielmehr möchte er damit seine Stellung als wichtigster Nahrungsbeschaffer unterstreichen.

Als ich Jamie und seine Familie traf, war rasch klar, dass auch Jamie sich für den Nahrungsbeschaffer hielt. Schon als ich das Haus betrat, erkannte ich die klassischen Anzeichen eines Hundes, der glaubt, er sei der Boss. Er sprang herum, bellte wütend und bezweckte damit eindeutig, mir meinen Platz in der Rangordnung zuzuweisen. Als ich mich mit seiner Familie hinsetzte, sprang er ihnen auf den Schoß, um im Mittelpunkt des Geschehens zu stehen. Es überraschte mich nicht, in einer Ecke der Küche einen Napf voller Futter stehen zu sehen. Ich wunderte mich auch kaum, als ich erfuhr, dass das Futter mindestens dreimal täglich erneuert wurde und ihm rund um die Uhr zur Verfügung stand. Eindeutig besaß Futter für Jamie eine besondere Bedeutung. Nur um mir hundertprozentig sicher zu sein, bewegte ich mich auf die Schüssel zu. Im selben Augenblick stürzte Jamie los und bellte noch wütender.

Daraufhin erklärte ich seiner Familie, was hier vor sich ging. Der Grund dafür, dass er nicht fraß, war nicht fehlender Appetit. Alle Hunde reagieren unterschiedlich, wenn sie sich unvermittelt in der Rolle des Rudelführers wiederfinden. Die Reaktion dieses kleinen Welpen bestand in seiner Fixierung aufs Fressen; er sah darin das ultimative Symbol seiner Macht. Deshalb bewachte er es auch wie Fort Knox und hätte wohl nicht einmal seinen Besitzern gestattet, davon zu essen. Und darum fraß er auch selbst nie aus dem Napf. Oberflächlich betrachtet mag das vollkommen widersinnig erscheinen. Schließlich würde er sich mit diesem Verhalten letztlich umbringen. Und ich zweifelte nicht daran, dass dieser kleine Kerl sich tatsächlich zu Tode gehungert hätte. Aber warum sollte er sich nach der Logik einer anderen Spezies richten? Aus seiner Sicht war dieses Verhalten seinen Besitzern gegenüber durchaus sinnvoll. Warum sollte ein Anführer seine Machtbasis auffressen?

Die Reaktion der Familie war das absolute Gegenteil dessen, was vonnöten gewesen wäre. Natürlich verstand ich vollkommen, warum sie Fressen über das ganze Haus verteilt hatten. Mir war aber auch klar, dass der Entschluss, Jamie aus der Hand zu füttern, die Sache erst zum Eskalieren gebracht hatte. Dem Hund musste dieses Verhalten als die größte Unterwerfung überhaupt erscheinen. Es stärkte seine Annahme, das Rudel sei total von ihm abhängig. Ich musste also der Familie die nötige Machtverschiebung innerhalb des Haushalts erklären – und natürlich die Wirksamkeit fester Essenszeiten. Dazu empfahl ich die Bonding-Methode. Gleichzeitig sollte die Familie sich aber auf die Essenzeiten konzentrieren und dreimal täglich die »Ess-Gebärde« ausführen. Verweigerte Jamie sein Fressen trotzdem, mussten sie es wegnehmen und ihm erst wieder vorsetzen, wenn es Zeit für die nächste Mahlzeit war. Das ließ Jamie keine Wahl: Er konnte nur zu den festen Zeiten fressen – oder eben hungern.

Jamies Magen war bereits so geschrumpft, dass ich zu ganz kleinen Portionen riet. Zusätzlich bekam er natürlich eine Menge Leckerbissen für richtiges Verhalten. Am ersten Tag unseres Programms fraß er fast nichts, was einerseits mit seinem Zustand zusammenhing, andererseits aber auch damit, dass seine Besitzer ihm Signale gaben, die er zwar noch nie bekommen hatte, aber verstand. Er brauchte Zeit zum Nachdenken. Am zweiten Tag hatte er die Botschaft dann kapiert und fraß wieder. Er nahm zwei Maul voll von seiner ersten Mahlzeit, drei von der nächsten. Zur Freude der ganzen Familie verputzte er am Abend bereits seine ganze Portion. Am fünften Tag fraß er drei komplette Mahlzeiten und um die Zeit seines ersten Geburtstags herum hatte er wieder sein optimales Gewicht erreicht und zeigte alle Anzeichen eines ganz normalen, ausgeglichenen kleinen Hundes.

Jamies Probleme waren für einen Welpen absolut nicht ungewöhnlich. In kaum einer anderen Situation kann man mehr falsche Signale aussenden als rund ums Fressen. Deshalb ist es auch eines der wichtigsten Elemente meiner Methode.

Falsche Signale können katastrophale Folgen haben. Und zwar umso mehr, je jünger und leichter zu beeindrucken der Hund noch ist. Kein Wunder also, dass viele Leute hier Fehler machen. Und ich muss leider sagen, dass zum Thema Fressen eine Menge verwirrender und teilweise sogar gefährlicher Ratschläge kursieren. So habe ich etwa angebliche Experten selbst sagen hören, es sei gut, einem fressenden Hund sein Futter wegzunehmen. In einer Fernsehsendung, die man in einem der bekanntesten Tierheime Großbritanniens aufgenommen hatte, wurden Hundetrainer gezeigt, die einen angeleinten Hund in einen Raum brachten. Dort stand ein gefüllter Napf, den es dem Hund wegzunehmen galt, während er daraus fraß. Je heftiger sie ihn zu stören versuchten, desto mehr brummte der Hund und schnappte nach den Leuten. Aufgrund seines Verhaltens in dieser Situation wurde der Hund eingeschläfert.

Meiner Ansicht nach haben diese so genannten Fachleute das Tier ohne triftigen Grund getötet. Wie ich ja bereits erläutert habe, ist die Zeit des Fressens in der natürlichen Umgebung eines Hundes absolut heilig. Jeder Hund kommt an die Reihe, und während er dran ist, lässt er sich durch rein gar nichts davon abhalten. Ich kann mir keine effektivere Methode vorstellen, um einen Hund dazu zu bringen sich zu verteidigen, als ihn beim Fressen zu stören. Die Argumentation des Tierheims – ein Hund, dem man sein Fressen nicht wegnehmen kann, sei zu aggressiv, um ein neues Zuhause zu bekommen – ist schlichtweg unfair. So etwas bringt mich zum Heulen.

Die Form von Aggression, die dieser arme Hund an den Tag legte, habe ich schon viele Male beobachtet. Und keiner zeigte deutlicher als der gold-braune Cockerspaniel Mulder, wie effektiv meine Methode bei der Beseitigung dieser Schwierigkeiten ist. Mulder hatte einen wunderbaren Appetit, sein Problem war nur, dass er sich in seinem Verlangen, sich selbst um seine Mahlzeiten zu kümmern, allzu ungeduldig und aggressiv gebärdete. Wann immer es Zeit für sein Fressen war, begann Mulder zu knurren. Während sein Frauchen Yvonne eine Dose für ihn aufmachte, wurde er immer gereizter. Das Schlimmste war jedoch seine Angewohnheit, an ihr hochzuspringen und sie in die Hand zu beißen, während sie seinen Napf auf den Küchenboden stellte. Er war der klassischste Fall von einem Hund, der die fütternde Hand beißt, mit dem ich je zu tun hatte. Für das Alphatier Mulder ergab es keinen Sinn, dass ein rangniedrigeres Rudelmitglied ihn fütterte. Jeder Hundebesitzer, dem sein Vierbeiner schon mal ein totes Tier gebracht hat, weiß, wie der Hund versucht, diese Rollenverteilung umzukehren. In Mulders Augen benahm sich Yvonne schlecht, weil sie vor ihm Zugang zum Fressen hatte.

Als ich auf den Plan trat, bestand meine Aufgabe darin, Yvonne zu zeigen, wie sie das Füttern von nun an handhaben sollte. Mulder war nach dem Helden der Fernsehserie *Akte X* benannt worden, aber ich bin mir sicher, dass Yvonne sich vor keiner Sendung so gefürchtet hat wie vor ihrem eigenen Hund. Mulder hatte ihre Nerven schon dermaßen strapaziert, dass sie heftig zitterte, als sie in die Küche ging. Irgendwie schaffte sie es aber, sich zusammenzureißen: Sie legte sich einen Keks zurecht, füllte Mulders Napf und platzierte beides an einer etwas erhöhten Stelle. Mulder war starr vor Schreck, als er Yvonne vor ihm essen sah. Er konnte ihre Dreistigkeit offenbar gar nicht fassen. Ich ermahnte Yvonne, sich Zeit zu lassen. Genau das tat sie und kaute eine gute Minute lang auf dem Keks, während ihr Hund sie unverwandt anstarrte.

Erst als sie ihm deutlich gezeigt hatte, dass sie fertig war, bekam Mulder sein Fressen. Yvonne war jedoch so verängstigt, dass sie sich angewöhnt hatte, das Fressen fast auf den Boden zu werfen. Um sie zu beruhigen, stellte deshalb ich den Napf ohne einen Laut von mir zu geben auf den Boden. Dann ließen wir Mulder damit allein. Die Essensgeste vermittelt eine der wirkungsvollsten Botschaften, die die Hundesprache zu bieten hat. Und sie war nie deutlicher zu verstehen als in Mulders Fall. Nach zwei Wochen mit dieser Methode konnte Yvonne Mulder in aller Ruhe füttern. Er hat seither keinerlei Schwierigkeiten mehr gemacht.

KAPITEL 20

Habe Hund, kann nicht verreisen: Chaos im Auto

Vielen Hunden erscheint der Rücksitz eines Autos wie die Hölle auf Erden. Im Verlauf meiner Arbeit hatte ich es einmal mit einem Hund zu tun, der die 320 Kilometer oder vier Fahrstunden von Lincolnshire bis nach Schottland durchbellte. Ein anderer versuchte jedes Mal, wenn man mit ihm auf der Autobahn fuhr, aus dem Fenster zu klettern. Viele Hundebesitzer haben die Waffen gestreckt und sich von der Vorstellung verabschiedet, mit ihren schreckensstarren Haustieren weiter als ein paar Kilometer von Zuhause wegzufahren.

Dabei ist die Furcht eines Hundes, wenn man genauer über sie nachdenkt, eigentlich nicht erstaunlich. In fast jeder Hinsicht ist das Auto nichts anderes als eine verkleinerte Version der eigenen Höhle. Wann immer der Hund hineinsteigt, ist er in Gesellschaft von einem oder mehreren Rudelmitgliedern. Von allen Seiten stürmen dann visuelle und akustische Eindrücke auf ihn ein, die er nicht versteht, nicht erreichen kann und die – da ist er sich sicher – seine Schützlinge bedrohen. Wer würde in einer solchen Situation nicht in rasende Panik verfallen? Tatsache ist aber, dass jeder Hundebesitzer mit der Autoproblematik fertig werden kann. Zwei Fälle aus meiner Praxis sollen Ihnen zeigen, wie leicht und dauerhaft sich selbst extrem gestörte Hunde in fröhliche Reisende verwandeln lassen.

Das Ehepaar Cleethorpe hatte bereits alles versucht, um seinen Labrador-Border-Collie-Mischling Blackie davon abzuhalten, sich jedes Mal in eine Rakete zu verwandeln, sobald er hinten ins Auto einstieg. Sie hatten das Radio auf volle Lautstärke gedreht, den Hund angeschrien – nichts half. Jede Reise war ein Albtraum. Und das galt sogar für den halben Kilometer Fahrt zum Strand, wo Blackie anschließend seinen Spaziergang genoss.

Die erste Stunde meines Besuchs bei ihnen verbrachte ich in der üblichen Weise. Während ich Blackies Besitzern meine Methode erklärte, bombardierte ich den Hund schon mit den entscheidenden Signalen. In dem Maß, in dem Blackie begann, seinen Leuten weniger Beachtung zu schenken, war er für mich besser zugänglich. Wenn Menschen das erste Mal erleben, dass ihr Hund eine Beziehung zu mir entwickelt, sind sie oft besorgt. Sie fragen sich, ob ich ihnen seine Zuneigung irgendwie entziehe, ihnen vielleicht etwas wegnehme. In Wirklichkeit ist es natürlich so, dass der Hund in mir eine Rudelführerin erkennt, von der er glaubt, dass sie sich um alle Mitglieder seines Rudels kümmern kann. Diesen Prozess müssen die Hundebesitzer dann auch für sich selbst absolvieren. Die beste Möglichkeit, die Wirkung meiner Methode zu veranschaulichen, besteht darin, sie selbst anzuwenden. Die Beziehung der Besitzer zu ihren Hunden bleibt dieselbe – nur die Grundlage ihres Einflusses ändert sich.

Bald hatte ich das Gefühl, bei Blackie weit genug gekommen zu sein, um mit ihm und seinen Besitzern eine Autofahrt zu unternehmen. Als wir einstiegen, nahmen die beiden ihre üblichen Plätze vorne ein. Blackie kam wie immer in den hinteren Bereich des Kombis. Ich setzte mich dazwischen auf den Rücksitz. Im Unterschied zu vielen Leuten, die ihre Hunde frei im Auto herumspringen lassen – was ich für absolut falsch halte –, hatten Blackies Besitzer ihren Hund hinter ein Sicherheitsgitter verbannt. Ich hielt ihn an der Leine, die ich durch das Gitter führte, um ihn so ein wenig besser unter Kontrolle zu haben.

Als der Motor ansprang, saß ich so still und ruhig wie nur möglich. Und schon beim Losfahren steckte ich einen Arm durch das Gitter nach hinten und legte ihn auf Blackies Schulter. Als Blackie Anstalten machte aufzuspringen, übte ich ein wenig mehr Druck aus. Sofort sank er wieder entspannt zurück.

Wir fuhren ein paar Kilometer herum und zwar absichtlich in den belebtesten Stadtvierteln, um Blackie mit so vielen Anblicken und Geräuschen wie möglich – für ihn waren es lauter Bedrohungen – zu konfrontieren. Während der ganzen Fahrt ließ ich meinen Arm auf seiner Schulter. Jedes Mal, wenn er Anzeichen von Alarmiertheit und Aufregung zeigte, erhöhte ich meinen Druck sanft. Der Grat zwischen Gewalt und Beruhigung ist bei dieser Geste schmal. Die meisten dosieren ihren Druck jedoch instinktiv richtig. Wer sich das richtige Maß nicht vorstellen kann, sollte an den ersten Besuch eines Kindes beim Zahnarzt denken. Der ist oft schmerzhaft, aber unvermeidlich. Wenn es einem gelingt, dafür zu sorgen, dass das Kind ruhig sitzen bleibt, wird das Erlebnis weniger traumatisch sein. Als wir nach Hause zurückkamen, brauchte Blackie meinen Arm kaum mehr. Er hatte den größten Teil der Fahrt damit verbracht, einfach dazusitzen und die Welt an sich vorbeiziehen zu lassen. Seither fährt er tagtäglich gerne Auto.

Wie Menschen können auch Hunde unter den Nachwirkungen früherer Erfahrungen leiden. Jeder, der zum Beispiel in einen Verkehrsunfall verwickelt war, wird sich hinterher erst einmal schwer tun, wieder in ein Auto zu steigen. Das ist bei Hunden nicht anders, wie ich anhand eines besonders schweren Falles erfahren konnte, bei dem man mich um Hilfe bat. Das Erlebnis des Dobermanns, um den es sich handelte, war so schrecklich gewesen, dass er damit sogar auf der Titelseite einer Lokalzeitung gestanden hatte. Man hatte ihn verletzt und völlig verstört neben einer Autobahn gefunden, und auch wenn man sich das kaum vorstellen kann, scheinen ihn seine ehemaligen Besitzer tatsächlich aus dem fahrenden Auto geworfen zu haben. Die Verletzungen waren so schwer, dass er auf eine Intensivstation musste. Und irgendwann rechnete man nicht mehr damit, dass er durchkäme, doch dann erholte sich das Tier langsam, aber sicher. Ein neues Zuhause fand es schließlich bei einem Paar in dem Dorf Barnetby und bald stießen die neuen Besitzer auf die große Blockade, die dem Dobermann von seinem schrecklichen Erlebnis geblieben war.

Dobermänner sind ansonsten ja nicht gerade zimperlich, doch diesem Hund genügte schon der bloße Anblick eines Autos, um in Panik zu geraten. Als es seinen Besitzern trotzdem gelungen war, ihn in den Wagen zu verfrachten, hatte er überallhin uriniert. Sein Trauma war so schlimm, dass es nahe gelegen hätte, diesen Hund als hoffnungslosen Fall abzuschreiben. Aber wieder hatte ich es mit Leuten zu tun, denen wirklich am Wohlbefinden ihres Tieres gelegen war. Und sie waren entschlossen, alles in ihrer Macht Stehende zu versuchen.

An dem Tag, den ich bei ihnen verbrachte, erklärte ich ihnen, dass sie ein langes Stück Weg vor sich hätten. Dieser Hund würde eine Menge Sicherheit brauchen, bevor er sich auch nur wieder in die Nähe eines Autos wagte. Zum Glück lernten seine Besitzer ausgesprochen schnell. Nach etwa zwei Wochen hatten sie auf die übliche Weise ihre Rudelführerschaft etabliert. Danach forderte ich sie auf, so viele Aktivitäten wie nur möglich in die Nähe ihres Wagens oder sogar direkt ins Auto zu verlegen.

So begann ein weiterer Trainingsmonat. Zunächst stellten sie die volle Futterschüssel in die Einfahrt – mit dem Auto im Blick. Die Idee dahinter war, dass sich der Hund davon lösen sollte, mit einem Pkw immer nur Negatives zu assoziieren. Dann arbeiteten wir uns langsam immer näher an das Auto heran. Auch hier betonte ich wieder die Bedeutung von Ruhe und Beständigkeit. Die Leute nahmen sich Zeit und begannen sogar damit, ihr Abendessen auf Gartenmöbeln in der Einfahrt einzunehmen, um die Botschaft für den Hund zu verdeutlichen. Schließlich machte sich die ganze Mühe bezahlt. Der Durchbruch war da, als der Hund sich überzeugen ließ, hinten in ihrem parkenden Wagen zu fressen. Danach folgten Apportierspiele aus dem Auto und um das Auto herum.

Der Erfolg stellte sich zwar quälend langsam ein, aber bald konnten die Besitzer schon den Motor anlassen, während der Hund hinten fraß. Später fuhren sie dabei in der Einfahrt vor und zurück. Die seelischen Wunden des Tieres waren jedoch so tief, dass es fast acht Wochen dauerte, bis alle drei mit dem Auto hinaus auf die Straße konnten. Ich bin stolz berichten zu können, dass sie heute ganz problemlos überall hinreisen.

KAPITEL 21

Pfotenkauen und den eigenen Schwanz jagen: Wie man nervliche Wracks rettet

Jeder Hund hat seinen eigenen Charakter. Wie bei den Menschen gibt es verspielte und eher ruhige Typen, extrovertierte und introvertierte. Darum geht auch jeder Hund anders mit dem Stress um, den es für ihn bedeutet, wenn ihm die Rolle des Rudelführers zufällt. Während manche sich wild gebärden, ziehen sich andere in sich selbst zurück und entwickeln dabei extrem selbstzerstörerische Gewohnheiten. Im Laufe meiner Beschäftigung mit Problemhunden habe ich eine Vielzahl von teilweise unglaublichen Symptomen dafür kennen gelernt.

Ich bin Hunden begegnet, die sich bei dem kleinsten, harmlosesten Geräusch duckten. Schon das schwache Klingeln eines Telefons genügte, um sie in Deckung gehen zu lassen. Einige Hunde sind so verschreckt und nervös, dass ich es als großen Erfolg betrachte, wenn sie sich am Ende meines Trainings näher als einen Meter an mich herantrauen. Ich habe Hunde erlebt, die beim Anblick einer Uniform erstarrten, oder solche, die sich zum Zeichen totaler Unterwerfung flach auf den Bauch warfen und urinierten. Ich gehe davon aus, dass ich – solange ich mit Hunden arbeite – immer neuen Formen dieses Problems begegnen werde. Die eigentliche Ursache dieses Verhaltens ist jedoch immer dieselbe: Der Hund fühlt sich einfach überfordert von seiner Verantwortung als Rudelführer. Das kommt durch Nervosität und zwanghaftes Verhalten zum Ausdruck.

Riby war ein vier Jahre alter schwarzer Labrador, den man nach dem gleichnamigen Dorf nahe Grimsby, in dem er lebte, getauft hatte. Seine Besitzer baten mich um Hilfe, weil Riby den besonders schlimmen Tick entwickelt hatte, an seinen Pfoten zu kauen. Das Ganze hatte als gelegentliche Unsitte begonnen, war jedoch immer zwanghafter geworden. Als ich den Hund kennen lernte, war er schon so weit, dass er permanent an sich herumbiss. Das war natürlich alles andere als gesund und so wies Riby eine Reihe hässlicher offener Wunden auf. Wenn er so weitermachte, war es wahrscheinlich, dass seine Pfoten sich infizierten und brandig würden. Damit wäre sein Schicksal besiegelt gewesen, denn man hätte ihn einschläfern müssen. Verständlicherweise bemühten sich seine Besitzer verzweifelt um eine Lösung. Sie hatten es schon mit den verschiedensten Behandlungsmethoden versucht, unter anderem auch mit Beruhigungsmitteln. Als ich zu Besuch kam, trug Riby einen weißen Kunststofftrichter um den Hals, den ich immer »Elisabethanischen Kragen« nenne. Dieser Kragen hinderte ihn daran, mit der Schnauze an seine Pfoten zu kommen.

Riby zeigte die übliche Bandbreite von Symptomen. Viele Leute halten es für ganz normal, wenn ein Hund hochspringt, an der Leine zerrt oder Besucher belästigt. Ich kann Ihnen jedoch versichern, dass es das nicht ist. Auch Riby machte all das. Am aussagekräftigsten war jedoch, dass er sich angewöhnt hatte, morgens in seinem Korb liegen zu bleiben, wo er richtig feierlich thronte. Er kam erst heraus, wenn er dazu gezwungen wurde. Für mich war das ein deutliches Signal dafür, dass ich es wieder einmal mit einem Hund zu tun hatte, der sich für den Rudelführer hielt.

Ich begann mit dem ganz normalen Bonding. Riby sprach gut darauf an. Ich bekam ziemlich schnell den Eindruck, hier einen ängstlichen Hund vor mir zu haben, der seine Führungsposition nur zu gern und lieber heute als morgen abgab. Nach etwa eineinhalb Stunden bat ich seine Besitzer, ihm den Trichter abzunehmen. Sofort begann er wieder an seinen Pfoten zu kauen. Ribys Problem war vergleichbar mit dem Selbstverstümmelungstrieb mancher Menschen. Wichtig war hier, ihm zu beweisen, dass er keinen Grund dazu hatte und dass es andere Aktivitäten gab, für die er belohnt würde.

Ich hockte mich auf den Boden und lockte ihn mit einem Leckerbissen. Als er zu mir kam, bedeckte ich mit einer Hand seine Vorderpfoten und streichelte ihm mit der anderen über den Kopf. Dabei sagte ich kein Wort, weil dies ein völlig stressfreies, ruhiges Erlebnis für ihn sein sollte. Er ließ sich für ein paar Augenblicke ablenken, begann jedoch bald wieder an seinen Pfoten zu knabbern. Sofort lenkte ich ihn erneut ab. Diesmal sollte er bei Fuß gehen und wurde wieder mit einer Leckerei belohnt. Das war eine weitere positive Assoziation. So machte ich eine Zeit lang weiter. Jedes Mal, wenn wir eine Pause machten und er sich seinen Pfoten zuwandte, gab es eine neue Aufgabe für ihn. Ich sorgte einfach dafür, dass er beschäftigt war. Nach etwa zwanzig Minuten benahm er sich schon bedeutend besser, sodass ich mit seiner Besitzerin in die Küche ging, um eine Tasse Tee zu trinken. Während wir uns unterhielten, vergaßen wir Riby für kurze Zeit. Ein paar Minuten später bemerkten wir, dass er im Wohnzimmer fest eingeschlafen war. Endlich hatte der Hund die stressige Rolle des Aufpassers abgelegt und sich entspannt.

Dies war die erste so extreme Verhaltensstörung, mit der ich je zu tun gehabt hatte, weshalb ich Ribys Besitzer bat, mich über seine Fortschritte in den nächsten Tagen auf dem Laufenden zu halten. Ich glaube, ich hörte in den darauf folgenden Wochen nur ein oder zwei Mal von ihnen. Aber es gab auch nicht viel zu berichten: Ribys Pfoten waren verheilt und er hatte zu einem ganz normalen Hundeleben zurückgefunden.

Die Psyche des Hundes wäre ein Thema für ein weiteres – und ziemlich umfangreiches – Buch. Deshalb möchte ich die Vorgänge im Hundehirn hier auch nicht analysieren. Was ich Ihnen jedoch sagen möchte, ist, dass ein Hund genauso wie wir Menschen zwanghafte Verhaltensweisen entwickeln kann. Ich habe im Lauf vieler Jahre die seltsamsten Formen davon erlebt. So war etwa ein Deutscher Schäferhund namens Rusty imstande, stundenlang seinem eigenen Schwanz hinterherzujagen. Seine Besitzer konnten sich keinen Reim darauf machen und baten mich um Hilfe. Bei meiner Ankunft traf ich auf einen ziemlich ausgeglichenen Hund mit nur wenigen typischen Rudelführersignalen. Er sprang hoch und jaulte ein wenig, aber das war ja nicht ungewöhnlich.

Es hätte mich einige Zeit kosten können, dem Problem auf die Spur zu kommen, aber irgendwie schien mir das Glück an jenem Nachmittag hold zu sein. Während ich mich mit Rustys Besitzern unterhielt, schlief deren dreijährige Tochter ein. Rusty liebte das kleine Mädchen offensichtlich sehr und rollte sich unmittelbar neben ihr zusammen. Das Kind schlief jedoch nicht sehr lange. Kurz nachdem es aufgewacht war, ging mir ein Licht auf: Das Mädchen griff nämlich instinktiv nach Rustys Schwanz und begann dessen Spitze wie ein Spielzeug zu schütteln. Praktisch im selben Moment verwandelte sich Rusty in einen tanzenden Derwisch. Er war aufgesprungen und drehte sich wie ein Kreisel.

Den Eltern des Mädchens war das zuvor nie aufgefallen. Ich erklärte ihnen, dass Rustys Tick vom Spiel der Tochter mit seiner Rute ausgelöst wurde. Wie ich an anderer Stelle bereits erwähnt habe, kann es sich schwierig gestalten, einem kleinen

Kind beizubringen, sich gegenüber einem Hund richtig zu verhalten. In diesem Fall bat ich die Eltern daher, die beiden nicht unbeaufsichtigt zusammen spielen zu lassen. Ich forderte sie auch zu Spielen auf, die die Aufmerksamkeit des Mädchens vom Hundeschwanz ablenken würden, wie zum Beispiel Apportieren. Schon bald hatte Rusty sein zwanghaftes Verhalten abgelegt. Er jagte nicht mehr seinem Schwanz hinterher, sondern nur noch Bällen im Park.

KAPITEL 22

Der Jo-Jo-Effekt: Die Probleme von Hunden aus dem Tierheim lösen

Ziemlich viele Leute halten Tierheime und ähnliche Einrichtungen für ideal, wenn sie auf der Suche nach einem neuen Haustier sind. Natürlich spricht vieles für die Überlegung, einen Hund bei sich aufzunehmen, der in seinem Leben schon Schlimmes durchgemacht hat. Für Hundeliebhaber ist es eine herzerwärmende Vorstellung, diesen herrenlosen Vierbeinern und Streunern endlich die Zuneigung zu schenken, die ihnen bisher gefehlt hat. Wer einen Hund mit Verhaltensstörung bei sich aufnimmt, geht meist davon aus, dass es ihm schon gelingen wird, dieses Tier wieder »hinzukriegen«. Allerdings sind solche Hunde mit einer Reihe ganz eigener Probleme behaftet. Meiner Erfahrung nach tritt in den häufigsten Fällen das Verhalten, das ein Tier ursprünglich ins Heim gebracht hat, immer wieder auf. Und dann sind auch Besitzer, die zunächst die besten Vorsätze hatten, oft nicht in der Lage, damit umzugehen. Darum werden so viele dieser Tiere zu Jo-Jo-Hunden, wie ich sie nenne. Das heißt, sie verbringen ihr Leben in immer wieder neuen Familien und dazwischen im Tierheim. Im Laufe der Zeit schwinden natürlich ihre Chancen auf eine erfolgreiche Vermittlung und manchmal werden sie dann sogar eingeschläfert. Nur wer die besonderen Schwierigkeiten solcher Hunde versteht, kann ihnen ein derartiges Schicksal ersparen und auf Dauer ein schönes Zuhause bieten.

Als Erstes möchte ich deutlich machen, dass es nie der Fehler des Hundes ist, wenn er in einen solchen Teufelskreis gerät. In 99,9 Prozent der Fälle ist sein Verhalten die unmittelbare Folge menschlicher Fehler, etwa Bequemlichkeit, Dummheit oder – was ich am traurigsten finde – Grausamkeit. Die Probleme fast aller Tierheimhunde wurden durch die Gewalt verschärft, der sie irgendwann in ihrem Leben ausgesetzt waren. Denn Gewalt erzeugt immer neue Gewalt. Traurige Ironie an der Sache ist, dass sich die Hunde, die man, weil sie Menschen angegriffen haben, zur Strafe ins Tierheim gibt, größtenteils nur selbst verteidigt haben. In der Regel gerieten sie in eine Situation, in der ihnen die Möglichkeit zur Flucht verwehrt wurde. Unter uns Menschen ist Selbstverteidigung ein absolut legitimes Prinzip. Bei Hunden muss jedoch immer das Tier die Konsequenzen tragen – ganz egal, wer eigentlich schuld war.

Den unmittelbarsten Eindruck von den traumatischen Folgen schlechter Behandlung bekam ich durch meinen eigenen Hund aus dem Tierheim: Barmie ist jener kleine Bursche, der mich so viel gelehrt hat, als ich meine Methode gerade erst entwickelte. Wenn es eine zentrale Lektion gibt, die ich bei meiner Arbeit mit ihm gelernt habe, dann die, dass das Vertrauen zwischen dem Hund und seinem Besitzer in Fällen wie diesem noch wichtiger ist als sonst. Barmie hegt, vollkommen zu Recht, ein tiefes Misstrauen gegenüber allen Menschen. Wie alle Heimtiere musste auch er erst lernen, dass Hände, die ihm Schmerz zugefügt hatten, auch streicheln und füttern können.

Wie in der Medizin ist auch hier Vorbeugen besser als Heilen. In der Zeit, als ich Sendungen fürs Fernsehen machte, wurde ich gebeten, jemanden auf die Ankunft eines besonders schwierigen kleinen Hundes vorzubereiten. Tara war von meinem Freund Brian, der ein Tierasyl in Leeds führte, bei ihm aufgenommen worden. Er war einen Tag, bevor sie getötet werden sollte, auf sie aufmerksam geworden. Was den Fall noch herzergreifender machte, war die Tatsache, dass die Hündin damals trächtig war. Brian hatte Tara geholfen, ihre Jungen zur Welt zu bringen, und suchte jetzt einen guten Platz für die Hündin. Hilary war dafür geradezu perfekt: Sie liebte Hunde und war dringend auf der Suche nach einem neuen Hund, mit dem sie ihr Leben teilen konnte.

Wie so oft bei Heimtieren, ließ sich auch in Taras Fall nicht herausfinden, was ihr Problem war. Sie hatte sich im Tierasyl vorbildlich benommen und schien ein ganz normaler, ausgeglichener Hund zu sein. Meiner Erfahrung nach zeigt es sich nach etwa zwei Wochen, ob mit einem Hund etwas wirklich schief läuft. In dieser Zeit kann sich ein wunderbarer, friedfertiger Hund in ein Tier verwandeln, das scheinbar mit dem Rest der Welt auf Kriegsfuß steht. In Taras Fall ging es sogar noch schneller, als ich erwartet hatte.

Zunächst lungerte Tara einfach nur herum. Hilary war so wild darauf, sich um die Hündin zu kümmern, dass ich sie immer wieder ermahnte, Tara auch mal sich selbst zu überlassen. Nach kurzer Zeit steuerte Tara direkt auf ihre neue Besitzerin zu. Sie legte ihren Kopf in Hilarys Hände – und genau in diesem Moment beging Hilary einen großen Fehler: Instinktiv streichelte sie ihre neue Gefährtin. Offen gestanden hatte sie sich ja schon seit der Ankunft des Hundes danach gesehnt, ihm ihre Zuneigung zu zeigen. Doch das war der Auslöser, auf den Tara nur gewartet zu haben schien. Sie begann sofort hochzuspringen, herumzutoben und wurde vollkommen hyperaktiv. Es schien, als hätte Hilary einen Schalter im Kopf der Hündin umgelegt. Tara wirkte regelrecht schizophren. Offenbar war schon eine Reihe von Besitzern mit diesem Verhalten nicht zurechtgekommen und Tara deshalb durch so viele Hände gegangen.

Hilary war jedoch entschlossen den Teufelskreis zu durchbrechen und bereit, sich mit den Ursachen auseinander zu setzen. Ich hatte ihr meine Methode bereits in Grundzügen erläutert. Während wir Tara dabei zusahen, wie sie durchs Haus tobte, erklärte ich Hilary, dass die Wurzeln für Taras Verhalten aufgrund ihrer Vorgeschichte noch tiefer lagen. Für einen Hund aus dem Tierheim ist der Stress, den die Rolle des Rudelführers mit sich bringt, schier unerträglich, weil die Anforderungen an ihn noch größer sind. Das lässt sich eigentlich ganz leicht nachvollziehen: Wir haben es mit einem Tier zu tun, das sich verzweifelt wünscht, Mitglied eines ganz normalen Rudels zu sein. Doch sobald es ein Zuhause findet, das ihm gefällt, wird ihm die Führungsposition aufgedrängt. Wenn so ein Hund merkt, dass er dieser Verantwortung nicht gewachsen ist, bemüht er sich noch stärker, seinem Besitzer zu gefallen. Reagiert der Mensch wütend oder gar gewalttätig, gerät der Hund immer mehr außer sich. Das Ganze entwickelt sich dann in mehrerlei Hinsicht zum Teufelskreis. Die Reaktion des Hundebesitzers verschlimmert die Situation meistens und schließlich kommt der Hund wieder in das Heim zurück, aus dem man ihn geholt hatte. Sein Ruf, ein Problemhund zu sein, hat sich durch das, was vorgefallen ist, verfestigt. Und das Jo-Jo-Spiel kann weitergehen.

Ich erklärte Hilary, dass die Lösung darin besteht, sich eher mit dem grundlegenden Problem als mit seinen Symptomen zu befassen. Tara musste lernen, dass dies das vollkommen falsche Benehmen in ihrem neuen Zuhause war. Zu der Einsicht konnte Hilary beitragen, indem sie neue Regeln aufstellte. Wie immer legte ich besonderen Wert auf deutliches, starkes Führungsverhalten. Ich forderte Hilary auf, ruhig zu verharren und Tara bei ihrer dominierenden Vorstellung zu ignorieren. Mein Gefühl sagte mir, dass man in der Vergangenheit immer genau entgegengesetzt auf Taras Verhalten reagiert hatte. Jedes Mal wenn Hilary kurz vor dem Aufgeben stand, erinnerte ich sie daran, was Tara bevorstand, falls wir scheiterten.

Natürlich beruhigte Tara sich bald. Es gab noch einige unvermeidliche Versuche, uns auf ihren Kurs zurückzuzwingen, wenn sie etwa versuchte, Blickkontakt zu Hilary herzustellen, aber vergebens. Nach einer Weile legte sie sich einfach auf den Boden. Sobald sie sich total entspannt hatte, bat ich Hilary, noch weitere fünf Minuten zu warten. Danach rief sie Tara zu sich und gab ihr eine Belohnung. Tara begriff nicht sofort, was das bedeutete, und begann wieder herumzuspringen. Da riet ich Hilary wegzugehen und sie zu ignorieren. Erst wenn sich Tara genau an Hilarys Spielregeln hielt, gab es auch eine Belohnung. Es war unsere Aufgabe, ihr zu zeigen, wie sie sich benehmen sollte. Nach nur einer halben Stunde war Tara ein anderer Hund. Von da an waren sie und Hilary die besten Freundinnen, der Teufelskreis war durchbrochen und Tara kein Jo-Jo-Hund mehr.

KAPITEL 23

Spielzeug statt Beute: Die Macht des Spiels

Ich möchte Ihnen nicht den Eindruck vermitteln, alle meine Ideen seien einzigartig und ich hätte eine ganze Palette von noch nie da gewesenen Methoden ersonnen. Wie ich zu Beginn dieses Buches schon ausgeführt habe, stammen viele meiner ursprünglichen Ideen aus der Verhaltensforschung. Oft spornt es mich auch an, wenn ich Elemente meiner Arbeit anderswo wiederfinde. Aber ich war nie so überrascht wie im Frühling 1998, als ich zur größten und angesehensten Hundeausbildungsstätte Großbritanniens, der London Metropolitan Polizeihundeschule bei Bromley in Kent, eingeladen worden war.

Ich nahm an der Stunde eines erfahrenen Trainers namens Eric teil, der einer Gruppe Deutscher Schäferhunde beibrachte, Menschen, die sich versteckt hatten, aus der Deckung zu zwingen. Zu diesem Training gehörten ein paar faszinierende Details. So wurde den Hunden etwa beigebracht, mindestens eineinhalb Meter Abstand von der Zielperson zu halten. Eric erklärte, dass dies schlichtweg dem Schutz der Tiere diente. Wenn sie sich näher heranwagten, waren sie der Gefahr von Fußtritten oder schlimmer: Messerstichen ausgeliefert.

In dieser äußerst anspruchsvollen Situation tat Eric etwas, das mich wissend lächeln ließ. Ziel der Übung war, den Hund dazu zu bringen, so wütend zu bellen, dass die Zielperson aufgab. Tatsächlich zwang uns der erste Hund mit der reinen Wildheit seines Gebarens in eine Ecke. Weil er sich freute, dass der Hund gemacht hatte, was von ihm verlangt wurde, zog Eric nichts anderes hervor als das Lieblingsspielzeug des Hundes: einen abgenutzten alten Gummiball. Als er den Ball über die Schulter des Hundes warf, verwandelte sich das einen Augenblick zuvor noch Furcht erregende Tier in einen herumtollenden Welpen. Der Hundetrainer hatte dem Hund natürlich ganz zu Beginn seines Übungsprogramms beigebracht, so auf seinen Ball zu reagieren. Von da an fungierte dieses Spiel als starkes Signal dafür, dass er eine Aufgabe richtig gelöst hatte. Es war eine Art Belohnung.

Das Spiel mit dem Hund ist die perfekte Gelegenheit, um Spaß mit Lernen zu verbinden. Gerade weil es eine so wichtige Stellung in der Beziehung zwischen Mensch und Hund einnimmt, muss man das Spiel allerdings in die richtigen Bahnen lenken. Das mag einem als geringfügiges Problem erscheinen, doch kann es, wenn man die Sache falsch anpackt, katastrophale Folgen haben. Jeder Hundebesitzer hat eine solche Situation schon erlebt: Endlich hat man sich nach einem harten Tag gemütlich niedergelassen und schon kommt der Hund mit kläglichem Gesichtsausdruck und seinem Lieblingsspielzeug im Maul angelaufen. Er will spielen, und zwar jetzt. Selbst wenn die meisten Leute darin auf Anhieb keine große Sache sehen, stecken in so einer Konstellation eine Menge potenzieller Probleme.

Auch hier gilt ein Prinzip, das sich bis zum Wolfsrudel zurückverfolgen lässt. In der Wildnis hängt das Überleben des Rudels von der Eignung der Rudelführer ab. Deshalb muss das Alphapaar regelmäßig unter Beweis stellen, dass es diese Position auch verdient. Hunde stellen ihre Rudelführer ständig in ähnlicher Weise auf die Probe. Das gemeinsame Spiel bietet die beste Gelegenheit dafür. Wenn man Hunde in dem Glauben lässt, die Kontrolle über die Trophäen zu besitzen, die der Mensch ihnen wirft, werden sie das auf ihren Status im Rudel übertragen. Daher ist es zwingend, dass sich der Hundebesitzer auch beim Spielen als Rudelführer behauptet.

Die Schwierigkeiten beginnen, wenn der Mensch sich weigert mitzuspielen. Fast wie ein Kind, dass einen Wutanfall bekommt, wenn man ihm irgendwas verweigert, kann ein Hund unerfüllte Erwartungen mit schlechtem Benehmen quittieren. Ich kenne Tiere, die jeden Abend wegen ein paar Spielsachen außer sich gerieten, und dann sogar destruktiv und aggressiv agierten.

Ich wende beim Spielen ein paar einfache Regeln an. Die erste und wirkungsvollste, aber auch einfachste besteht darin, die Zeit zum Spielen selbst zu bestimmen. Ich empfehle in diesem Zusammenhang, nicht alle Spielsachen des Hundes in der Wohnung herumliegen zu lassen. Ein guter Kompromiss sind ein oder zwei Dinge, damit der Hund sich alleine beschäftigen kann, wenn er will. Es ist jedoch entscheidend, dass die Sachen, mit denen Mensch und Tier gemeinsam spielen, an einem für den Hund unerreichbaren Ort aufbewahrt werden. So liegt die Entscheidung zum Spiel von Anfang an in der Hand des Menschen. Er und nur er bestimmt, wann und womit gespielt wird.

Für das Spiel selbst lautet eine meiner goldenen Regeln: sich niemals auf eine Art Tauziehen mit dem Hund einlassen. Dafür gibt es zwei gute Gründe: Erstens würde das dem Hund erlauben, die Spielregeln zu bestimmen. Zweitens – und das ist bedeutend gefährlicher – könnte der Hund dabei seine körperliche Überlegenheit entdecken. Und wenn er sich erst einmal für stärker hält, wird Ihr Hund auch bald Ihren Anspruch als Rudelführer infrage stellen.

Ich persönlich nutze Spiele oft als Gelegenheit, um einige der Schlüsselfähigkeiten meiner Hunde zu trainieren oder zu verbessern. Das Zurückrufen oder Bei-Fuß-Gehen etwa muss regelmäßig aufgefrischt werden. Wenn wir uns voneinander entfernen, weil ich einen Ball werfe und sie ihn apportieren, sporne ich meine Hunde an, zu mir zurückzukommen. Sie wollen am liebsten immer weiterspielen. Aber sie wissen, dass das nur geschieht, wenn sie den Ball zurück in meine Hand legen. Um das Spiel fortzusetzen, verhalten sie sich also entsprechend.

Auf diesem Gebiet wurde ich schon mit allen möglichen Schwierigkeiten konfrontiert. Der interessanteste Fall war Benji, ein hübscher West Highland Terrier. Seine Besitzerin Mavis rief mich an und berichtete mir, wie seltsam sich der Hund benahm, als sie ihm einen neuen Quietschball mit nach Hause brachte. Benji hatte immer gerne gespielt, und zwar am liebsten mit quietschenden Bällen. Der Anblick dieses neuen Balls schien den Hund jedoch regelrecht zu verwandeln. Als ich Mavis besuchen kam, konnte ich mich mit eigenen Augen davon überzeugen: Er legte sich hin, presste den Kopf gegen den Boden und zitterte nur noch.

Ich brauchte nicht lange, um herauszufinden, was dahinter steckte. Mavis hatte mir erzählt, dass Benji jedes andere quietschende Spielzeug innerhalb von Minuten so zerbiss, dass es nicht mehr quietschte. Dieser neue Ball war jedoch heil geblieben, weil es dem Hund nicht gelang, ihn zwischen seine Kiefer zu bringen. Nun gelten Terrier ja als ausgezeichnete Rattenjäger, und ich vermutete, dass Benjis Angewohnheit, quietschendes Spielzeug zu zerbeißen, damit zu tun hatte. In diesem Fall war es dem Hund offenbar nicht gelungen, den Rattenkönig, also den großen Ball, zu töten, was ihm einen Riesenschreck einjagte.

Ich kniete mich mit einem Schraubenzieher neben Benji, damit er genau sehen konnte, was ich als Nächstes tat. Er beobachtete aufmerksam, wie ich den Schraubenzieher in den Ball bohrte, sodass das Quietschen aufhörte. Seine Reaktion war unglaublich. Sobald das Geräusch aufhörte, packte Benji den Ball, schleuderte ihn in die Luft und sprang ihm hinterher. Seine Ohren waren gespitzt und sein ganzer Körper zitterte – diesmal jedoch vor Aufregung. Sein Todfeind war vernichtet. Als ich ihm den Ball warf, rannte er triumphierend damit herum. Noch monatelang blieb er Benjis Lieblingsspielzeug.

KAPITEL 24

»Wie haben Sie das bloß geschafft, Lady?«

Seit ich mir meine ersten Gedanken zu diesem Thema gemacht habe, wird mir die Einzigartigkeit der Beziehung zwischen Mensch und Hund immer klarer. Und jedes Mal, wenn ich in einer Zeitung oder Fachzeitschrift von neuen Beweisen dafür lese, wächst in mir die Überzeugung, dass die wirkungsvollen Formen der Kommunikation, die ich verwende, irgendwie eine Brücke zu unseren Vorfahren schlagen.

Je mehr ich mit verschiedenen Rassen und den unterschiedlichsten Problemen zu tun habe, desto stärker kreisen meine Ideen um die Methoden, die ich Ihnen auf den vorangegangenen Seiten vorgestellt habe. Auch das ist, wie unsere Beziehung zum Hund, ein sich ständig weiterentwickelnder Prozess. Oft bezeichnen Leute mich als Expertin. Darauf erwidere ich immer dasselbe: Der eigentliche Experte ist der Hund. Ich bin nur jemand, der gelernt hat, ihm zuzuhören und jetzt in der Lage ist, anderen mitzuteilen, was er gehört hat.

Damit habe ich hoffentlich vielen Menschen gezeigt, wie sie ihre Hunde einfühlsam ausbilden können. Natürlich hat es auch Fälle gegeben, in denen meine Bemühungen nicht ausreichten. Letztendlich hängt es vom Hundebesitzer selbst ab, ob und wie er meine Methoden in die Tat umsetzt. Schließlich handelt es sich hier um kein schnelles Heilmittel, das man gleich wieder vergessen kann, sondern darum, wie man mit seinem Haustier lebt. Einige Menschen – zum Glück nur sehr wenige – haben das nicht begriffen und ihre Hunde hatten unter den Folgen zu leiden.

In der überwältigenden Mehrheit der Fälle war ich jedoch in der Lage zu helfen. Und je größer meine Glaubwürdigkeit wurde, desto häufiger konnte ich auch in gefühlsbedingten Situationen helfen. Inzwischen hat man mich auch in vielen Fällen zu Rate gezogen, wo es um Hunde ging, die von Gesetz wegen getötet werden sollten. Einer davon war der Akita-Rüde Dylan.

Dylan gehörte einer Handelsvertreterin namens Helen, die ihren Hund immer mitnahm, wenn sie kreuz und quer durchs Land reiste. Er fungierte als ihr Begleiter und Beschützer. Nachdem es sich bei Akitas um eine sehr Furcht einflößende Rasse handelt, gelang ihm Letzteres mit Leichtigkeit. Leider erwies sich sein Beschützerinstinkt jedoch als zu ausgeprägt.

Eines Tages lud Helen auf dem Parkplatz des heimischen Supermarkts gerade ein paar Einkaufstüten in den Kofferraum ihres Wagens, als eine Bekannte auf sie zukam. Dabei stand die Autotür offen. Als Dylan sah, wie die Frau ihre Hand nach Helen ausstreckte, stürzte er sich auf sie. Die Verletzungen waren so gravierend, dass die Frau ins Krankenhaus kam und mit zahlreichen Stichen am Arm genäht werden musste. Wegen der Schwere des Angriffs wurde die Polizei hinzugezogen und nach britischem Gesetz hatte in diesem Fall ein Richter zu entscheiden, ob Dylan eingeschläfert werden sollte.

Über ihren Anwalt nahm Helen Kontakt zu mir auf. Zum einen wollte sie natürlich unter allen Umständen ihren Hund retten, zum anderen unbedingt herausfinden, warum er das getan hatte.

Ihre Ratlosigkeit war bei ihrem ersten Anruf unüberhörbar. »Ich verstehe nicht, warum er das gemacht hat«, sagte sie immer wieder, »er ist ein so lieber Hund.« Wie andere Hundebesitzer auch hatte Helen die weiteren Symptome, die ihr Liebling an den Tag gelegt hatte, übersehen. Als ich sie fragte, ob er ihr zu Hause auf Schritt und Tritt folgen würde, sich aufregte, wenn Besucher kämen, und dazu neigte, sie zu beschützen, antwortete sie jedes Mal mit Ja.

Ich sagte Helen, dass sie meine Methode absolut konsequent anwenden müsse. Die Gefahr, die drohte, wenn sie das nicht tat, hatte sich am Fall eines anderen Akita, mit dem ich zu tun hatte, gezeigt. Trotz meiner Ermahnungen hatten die Besitzer meine Signale nicht konsequent benutzt, sodass der Hund außerstande war, sich zu ändern. Als er wieder zubiss, musste er eingeschläfert werden, auch wenn jener Fall damals nicht vor Gericht kam.

Helen hatte etwa zwei Monate Zeit, bevor der Richter über Dylans Schicksal entscheiden musste. Am Ende dieses Zeitraums sollte ich dem Gericht ein detailliertes Gutachten über Dylan und sein Verhalten vorlegen. Sein Leben hing also davon ab, ob es uns gelingen würde, sein Verhalten bis dahin zu ändern.

Dass Dylan sich für den Rudelführer hielt, war klar. Wie immer musste ich ihn ganzheitlich behandeln und ihm den Führungsanspruch mit allen Signalen ausreden, die zum Repertoire des Amichien Bonding gehörten. In Dylans speziellem Fall hatte ich jedoch besonderes Gewicht auf die Situationen zu legen, die er als gefährlich wahrnahm. Nur wenn ich Dylan dazu bringen würde, sich in solchen Momenten richtig zu benehmen, konnte ich ihn retten.

Es war nicht schwer herauszufinden, warum Dylan einen so ausgeprägten Beschützerinstinkt entwickelt hatte. Zu Hause waren er und Helen unzertrennlich. Sein Status wurde dadurch gefestigt, dass sie ihm erlaubte, zur Tür zu stürzen, an der Leine zu ziehen und Streicheleinheiten einzufordern, wann immer es ihm beliebte. Als Helen begann das

Amichien Bonding anzuwenden, sah Dylan sie auf einmal in einem ganz neuen Licht: Sie war jetzt diejenige, die Entscheidungen traf und ihn beschützte. Sich um das Rudel zu kümmern, war nicht mehr seine Aufgabe.

Etwa eine Woche vor der Gerichtsverhandlung verfasste ich mein Gutachten. Ich hielt Dylan für keine Gefahr mehr. Ich schrieb dem Richter: Dylans Besitzerin hat erkannt, dass sie ihrem Hund früher falsche Signale gegeben hat. Nachdem sie jetzt die richtigen Signale kennt, wird sie nicht zulassen, dass der Hund noch einmal in eine ähnliche Konfrontation gerät. Es stand dem Gericht natürlich frei, meinen Standpunkt zu ignorieren, doch ich war tatsächlich der Meinung, dass wir Dylans Verhaltensstörung beseitigt hatten.

Ich habe selbst immer das Gefühl, die Hunde, mit denen ich arbeite, beschützen zu müssen, und schieße dabei manchmal etwas über das Ziel hinaus. Zugegebenermaßen kostete es mich viele Stunden Schlaf, darüber nachzugrübeln, wie es Helen und Dylan bei Gericht ergehen würde. Am Morgen der Anhörung rief Helen mich noch aus dem Gerichtssaal an. Sie war den Tränen nahe und konnte nur drei Worte hervorbringen, bevor sie losheulte. »Er ist gerettet«, sagte sie.

Der Richter hatte den Fall innerhalb von zehn Minuten bewertet und dann beschlossen, Dylan nur zu verwarnen. Sofern er nicht noch einmal jemanden attackierte, konnte Helen ihn behalten. Ich habe inzwischen fünf solche Gerichtsfälle gehabt und bin stolz, berichten zu können, dass es mir in jedem von ihnen gelang, das Leben des Hundes zu retten.

Viele Leute nennen mich eine Träumerin, weil ich angeblich zu sehr auf das Gute in anderen vertraue und jeder Erfahrung unter dem Aspekt, daraus zu lernen, etwas Positives abgewinne. Dem möchte ich gar nicht widersprechen, denn ich stehe dazu, ein Glas eher als halb voll, denn als halb leer zu betrachten. Ironischerweise war ich trotzdem die Letzte, die

die dramatischen Umstände, unter denen sich meine Methode im Jahr 1998 bewährte, als positive Erfahrung erkannte.

An einem warmen Sommerabend machte ich mich mit meinem Rudel Hunde zu einem Spaziergang an einem der schönsten Flecken in Lincolnshire auf. Ich hatte die Tiere ins Auto gepackt und einen Fußweg neben einem hübschen kleinen Fluss angesteuert. Ich erinnere mich noch genau, dass ich dachte, was für ein wunderschöner Abend, während wir dort entlangliefen. Die Sonne stand schon tief im Westen, die Vögel sangen und mir wehte eine angenehme leichte Brise ins Gesicht. Auch die Hunde beklagten sich nicht. Sie rannten frei herum und sprangen immer mal wieder ins Wasser. Es schien einfach perfekt.

Doch plötzlich verwandelte sich die Idylle in einen Albtraum. Die Hunde waren, wie so oft, vorausgelaufen, aber das war in Ordnung, weil ich ja wusste, dass sie auf mein Rufen sofort zurückkommen würden. Für einen Augenblick verlor ich sie aus den Augen, weil der Weg eine Kurve nach rechts machte. Da hörte ich ein lautes Heulen. Während ich dem Geräusch nachrannte, fiel ich fast über Molly, einen meiner Spaniels, die sich jaulend am Boden wälzte und panisch um sich schnappte. Als ich aufsah, entdeckte ich auch die übrigen Hunde, die ebenfalls wie wahnsinnig bellten und herumsprangen. Innerhalb von Sekunden erfasste ich die Lage: Vor uns standen Bienenstöcke und die Hunde wurden einer nach dem anderen von einem Schwarm attackiert.

Die nächsten Sekunden schienen in Zeitlupe abzulaufen. Während ich mich um einen klaren Kopf bemühte, merkte ich, wie ich selbst angegriffen wurde. Das war eines der schlimmsten Erlebnisse, die ich je hatte. Ich kann die Angst, die ich verspürte, nicht genau erklären. Wegen der Bienen, die mich umschwirrten, konnte ich kaum richtig sehen. Meine Ohren waren erfüllt von ihrem Gesumm und irgendwo vor mir jaulten und quiekten meine panischen Hunde.

Ich reagierte instinktiv und rannte so schnell ich konnte auf mein Auto zu, das ich etwa fünfhundert Meter entfernt geparkt hatte. Dabei kam ich nur quälend langsam voran. Ohne viel auszurichten, wedelte ich mit den Armen. Dann begann ich mit den Hundeleinen, die ich um den Hals hängen hatte, durch die Luft zu schlagen. Erstaunlicherweise spürte ich nichts von den vielen Stichen an Kopf, Hals und Armen. Ich stürmte nur vorwärts, wobei ich mehrmals hinfiel. Noch nie waren mir fünfhundert Meter so weit vorgekommen.

Schließlich erreichte ich das Auto. Meine Hände zitterten so stark, dass es eine kleine Ewigkeit dauerte, bis es mir gelang, den Schlüssel ins Schloss zu stecken. Ich öffnete als Erstes die Heckklappe und scheuchte die Hunde hinein. Dann sprang ich auf den Fahrersitz, ließ den Motor an und öffnete alle Fenster und das Sonnendach, damit die Bienen hinausfliegen konnten. Nun trat ich das Gaspedal bis zum Anschlag durch und raste los. Die Bienen folgten uns noch fast zwei Kilometer weit auf dem schmalen Weg. Als wir jedoch die befestigte Straße erreicht hatten, konnte ich sie abhängen.

Ich erinnere mich nicht mehr daran, wie ich es bis nach Hause schaffte. Dort brachte ich jedenfalls die Hunde nach drinnen und begann den Schaden zu begutachten. Barmie hatte es am wenigsten getroffen, was vielleicht daran lag, dass er nicht so groß war. Die Spaniels Molly und Spike Milligan waren nur an ein paar Stellen gestochen worden. Ihre langen, flauschigen Ohren hatten offenbar ihre Gesichter geschützt. Ironischerweise hatte es meine größten und stärksten Hunde – die Schäferhunde – am schlimmsten erwischt.

Am ärgsten war Chaser, Sadies sechs Monate alter Sohn, zugerichtet. Sein rechtes Auge war komplett zugeschwollen und das Lid feuerrot. Als ich den Tierarzt anrief, stimmte er mir zu, den Hund sofort in die Klinik zu bringen. Die anderen Hunde standen zwar unter Schock, waren aber außer Gefahr.

Deshalb ließ ich sie zu Hause, um mich um das schlimmste Opfer zu kümmern.

In der Tierklinik versorgte uns Simon, ein alter Bekannter. Er warf einen Blick auf Chaser und spritzte ihm sofort ein Antihistaminikum. Dann untersuchte er ihn auf weitere Stiche. Nach der Behandlung konnte ich mich zum ersten Mal entspannen. Inzwischen war eine ganze Stunde vergangen. Erst jetzt begann mein Adrenalinspiegel zu sinken und ich bemerkte den pochenden Schmerz in meinem Kopf sowie die zahlreichen Stiche in meinem Gesicht, am Hals und auf meinen Armen. Vermutlich gab ich ein ziemlich klägliches Bild ab. Ich tat mir auch ziemlich Leid, denn es war eine der traumatischsten Erfahrungen meines ganzen Lebens gewesen. Meine Hunde in solcher Angst zu sehen, war etwas, das ich um keinen Preis noch mal erleben wollte. Erst als Simon begann, mich über den Vorfall auszufragen, wurde mir dessen Bedeutung bewusst.

Simon kannte mich und meine Hunde gut. Als ich die Geschichte kurz wiedergab, war er schockiert. »Wie lange hast du gebraucht, um alle Hunde zu finden und sie zusammenzuhalten?«, fragte er mich. »Die müssen vor Schreck ja meilenweit auseinander gerannt sein.« Erst da dämmerte mir, dass meine Hunde in all dem Schmerz und Chaos an meiner Seite geblieben waren. Ich hatte gar keine Zeit gehabt, mir das in dem Moment zu vergegenwärtigen. Ich hatte es für selbstverständlich gehalten, dass sie hinter mir waren, als ich das Auto aufriss, und so war es ja auch gewesen.

Erst auf der Fahrt nach Hause wurde mir die Bedeutung dieser Sache wirklich klar. Obwohl sie viel schneller rennen konnten, die Möglichkeit gehabt hatten, in jede beliebige Richtung zu laufen, und in extremer Panik gewesen waren, hatten meine Hunde an meiner Seite ausgeharrt. Sie hatten darauf vertraut, dass ich sie in Sicherheit bringen würde. Und sie hatten den Beweis erbracht, dass meine Methode auch unter den härtesten Bedingungen, die man sich vorstellen konnte, funktionierte. An jenem Abend saß ich zu Hause auf dem Boden und gab all meinen Hunden besondere Leckerbissen zu fressen. Danach saß ich noch eine Weile lachend so da, während mir die Tränen übers Gesicht liefen.

Der vielleicht befriedigendste Aspekt meiner Arbeit ist für mich immer gewesen, dass sie meinem Leben eine neue, interessante Wendung gegeben hat. So wurde ich etwa im Herbst 1998 gefragt, ob ich nicht Reporterin beim Lokalradio BBC Humberside werden wolle. Vier Jahre lang war ich regelmäßig Gast in einer Sendung gewesen, bei der die Zuhörer direkt anrufen konnten. Dort hatte ich Fragen zu Hunden und ihren Macken beantwortet. Die Redakteure dort freuten sich über das Feedback und forderten mich auf, doch intensiver mitzuarbeiten. Meine erste Reportage war der Bericht über einen Tag bei Cruft's, der größten Hundeschau der Welt, und erzeugte genügend Resonanz, sodass man mich mit einem zweiten Beitrag beauftragte. Ich gebe zu, dass es mir erst mal die Sprache verschlug, als man mich fragte, ob ich Lust zu einem ausführlichen Interview mit niemand Geringerem als Monty Roberts hätte.

Durch den Erfolg seines Buches *Der mit den Pferden spricht* hatte Monty weltweite Berühmtheit erlangt. Robert Redfords populärer Film *Der Pferdeflüsterer* hatte das Interesse an seiner einzigartigen, humanen Methode, mit Tieren zu arbeiten, noch gesteigert. Es stellte sich heraus, dass Monty wieder in Großbritannien war und eine Vorführung in der Nähe von Market Rasen plante. Er hatte sich zu einem Interview mit dem Radiosender bereit erklärt.

In den Jahren seit ich ihm zum ersten Mal begegnet war, hatte ich Monty bei der Arbeit mit etwa zwanzig Pferden beobachtet. Jedes Mal war mein Respekt für seine Arbeit noch gewachsen. Jedes Mal war meine Gewissheit, dass der

Mensch in der Lage ist, mit anderen Spezies zu kommunizieren, bestärkt worden. Ich bin keine ausgebildete Journalistin, deshalb war ich einerseits begeistert von der Aussicht, Monty wieder bei der Arbeit zuzusehen, andererseits hatte ich aber unheimliche Angst davor, ein professionelles Interview zu führen. Ich reiste also mit ziemlich gemischten Gefühlen nach Market Rasen.

Dort unterhielt ich mich auch mit Kelly Marks, Montys offizieller Partnerin in England. Ich fühlte mich ungeheuer geschmeichelt, als Kelly, die früher Jockey gewesen war und inzwischen zu Montys engsten Vertrauten zählte, meinte, sie habe schon von mir und meiner Arbeit gehört. Völlig verblüfft war ich jedoch, als sie sich an Monty wandte und zu ihm sagte: »Hey, das hier ist Jan Fennell.« Monty war immer noch derselbe geniale, untypische Cowboy, den ich Jahre zuvor das erste Mal gesehen hatte. Er kam mit einem warmherzigen Lächeln auf mich zu. »Ist da was dran, dass Sie – wie ich höre – meine Methode auf Hunde anwenden?«, fragte er. »Wie haben Sie das bloß geschafft, Lady?«

»Ich habe ihnen zugehört!«, erwiderte ich. Da musste er lachen. Wir unterhielten uns noch kurz, bevor wir das Interview machten. Zu meiner großen Freude lud Monty mich ein, doch dabeizubleiben, während er die Pferde für seine Vorführung am selben Abend aussuchte. Das bedeutete eine Menge nützliches Material für meinen Radiobeitrag, weshalb ich begeistert zustimmte. Später fragte Monty mich, ob ich vorhätte, zur Vorführung am Abend zu kommen. Als ich das bejahte, bat er mich, ihn dann doch wieder aufzusuchen. »Vielleicht können wir was zusammen machen«, sagte er, als wir uns vorläufig verabschiedeten.

Ehrlich gesagt dachte ich mir nichts weiter bei dieser Äußerung. Ich war vollauf damit beschäftigt, mein Interview sendefertig zu machen und rechtzeitig zu meinen Hunden nach Hause zu kommen, mich umzuziehen und am Abend pünktlich wieder da zu sein. Erst als ich wieder in Market Rasen eintraf und erneut Kelly begegnete, dämmerte mir, dass etwas im Busch war. Die Zuschauerränge füllten sich zusehends. Montys Anziehungskraft war inzwischen so groß, dass die Tausend Eintrittskarten schon seit Wochen ausverkauft waren. Kelly bat mich, sie in die Mitte der Arena, gleich neben Montys rundem Pferch, zu begleiten. Ich suchte mir zwar den unauffälligsten Platz aus, war aber trotzdem unglaublich stolz.

Monty präsentierte seine übliche faszinierende Show. Er gab zwei jeweils halbstündige Vorführungen. Bei der ersten sattelte er ein Pferd, das noch nie zuvor geritten worden war. In der zweiten bändigte er ein Tier, das die Angewohnheit hatte, nach Leuten auszuschlagen. Erst in der zweiten Hälfte der Show begann mir zu dämmern, was Kelly und Monty planten. Als Monty zurückkam, begleitete Kelly mich in den berühmten runden Pferch. Als ich eine Sekunde lang zögerte, grinste Monty und lockte mich wie einen widerspenstigen Mustang, mit dem er gerade erst zu üben begann. Bevor ich wusste, wie mir geschah, stellte Kelly mich schon dem Publikum vor.

Sie hielt eine kurze Ansprache, in der sie berichtete, dass Montys Methode eine Reihe anderer Tiertrainer inspiriert hätte. In all den Jahren, seit er mit seiner Methode an die Öffentlichkeit gegangen sei, habe er immer wieder über die Arbeit dieser Menschen gestaunt. Kelly gestand, dass es sie und Monty am meisten überrascht habe, von einer Engländerin zu hören, die mit Hunden arbeitete. An dieser Stelle wurde ich vor Verlegenheit knallrot. Bevor ich etwas dagegen tun konnte, beendete Kelly ihre Ansprache, kündigte an, ich würde nun meine Arbeit erklären, und drückte mir das Mikrophon in die Hand. Im ersten Augenblick schlug mir das Herz bis zum Hals. Aber irgendwie fasste ich mich und begann den Tausend Menschen um mich herum zu erzählen, wie es mein Leben verändert hatte, Monty bei der Arbeit zuzusehen. Ich erklärte, wie man die bemerkenswerten Ergebnisse, die sie gerade an Pferden erlebt hatten, auch bei Hunden erzielen konnte. Erst danach, als die Leute verstanden zu haben schienen, was ich gesagt hatte, wurde mir klar, wie ausgereift meine Ideen inzwischen waren.

Irgendwie sehe ich das alles nur verschwommen vor mir – mit Ausnahme eines Bildes. Als ich Kelly das Mikrophon zurückgab, hörte ich Applaus aufbranden. Ich drehte mich um und sah, dass Monty selbst zu klatschen begonnen hatte. Alles, was ich in den letzten neun Jahren unternommen hatte, war von seiner Arbeit inspiriert worden. Seine Überzeugung, wonach Mensch und Tier in Harmonie zusammenarbeiten können, bildet die Basis von allem, was ich getan habe. Und jetzt stand er da und billigte meine Arbeit in aller Öffentlichkeit. Das war ein ungeheuer erhebender Moment in meinem Leben. Einer, den ich nie vergessen werde.

Dank

Es hat mich knapp 25 Jahre gekostet, meine Ideen zu entwickeln und sie dann in die Form zu bringen, die Ihnen in Gestalt dieses Buches vorliegt. Ich kann Ihnen verraten, dass das ein langer, langsamer und manchmal schmerzhafter Prozess war, den ich ohne die Hilfe und Unterstützung einer Reihe ganz besonderer Menschen sicher nicht durchgestanden hätte. Eines der größten Vergnügen nach Fertigstellung dieses Buches ist, mich bei ihnen allen herzlich bedanken zu können.

Doch zuerst möchte ich einer der am meisten verfolgten Spezies auf diesem Planeten meine Reverenz erweisen: dem Wolf. Diese edle Kreatur hat mich viel gelehrt, nicht nur, was das Verhalten von Hunden angeht, sondern auch in Bezug auf die Unzulänglichkeiten meiner eigenen Gattung. Es erscheint paradox, dass die Menschheit diese Tierart fast ausgerottet hat, während ihr Nachkomme, der Hund, uns so ans Herz gewachsen ist. Außerdem erinnere ich mich dankbar an die Hunde, mit denen ich mein Leben geteilt und von denen ich so vieles gelernt habe.

Von meinen eigenen Artgenossen will ich hier an erster Stelle denen danken, die als Erste Interesse an meinen Ideen gezeigt haben, dem Team von BBC Radio Humberside. Mein Dank gilt auch Maureen Snee, Blair Jacobs, Judi Murdon und

Paul Teage, die mich ermutigt und mir ungeheuer geholfen haben. Meine Arbeit mit ihnen führte zu Auftritten in der Sendung *Tonight* von Yorkshire Television. Ich möchte dem Team der ganzen Show, aber insbesondere meinem Kameramann Charlie Flynn danken – unsere professionelle Beziehung hat sich zu einer Freundschaft entwickelt, die mir viel bedeutet. Ich hatte wahrlich Glück damit, dass HarperCollins dieses Buch veröffentlicht hat, denn so kam mir der unschätzbare Rat und gute Stil von Val Hudson zugute. Die Redaktion dürfte kein beneidenswerter Job gewesen sein. Umso mehr danke ich Monica Chakraverty dafür, wie wunderbar sie diese Aufgabe gelöst hat. Außerdem möchte ich mich bei Andrea Henry und Fiona McIntosh für entscheidende Anregungen bedanken.

Es war meine Agentin Mary Pachnos, die mich zu HarperCollins brachte. Ihr Wissen und ihre Erfahrung wurden durch Tora Fost, Sally Riley und das restliche Team von Gillon Aitken Associates in London ergänzt. Ohne Mary gäbe es dieses Buch nicht. Ohne ihr anfängliches Interesse und ihren Humor, der mich auch in schwierigen Zeiten durchhalten ließ, hätte ich diese Aufgabe nie bewältigt.

Abgesehen von Mary verdanke ich drei Männern am meisten. Der Erste ist mein Lebensgefährte Glenn Miller, der die Entstehung dieses Buches mit viel Geduld und Unterstützung begleitet hat. Die allerwichtigste Rolle spielte jedoch Monty Roberts, der durch seine Inspiration mein Leben verändert hat. Wenn ich ihn nicht vor gut einem Jahrzehnt bei der Arbeit beobachtet hätte, hätte mir die Voraussetzung für meine Erfolge gefehlt. In den Jahren seither haben mir Monty, seine bewundernswerte Agentin Jane Turnbull und seine liebe Frau Pat so viel Freundlichkeit und Gutes erwiesen, wie ich es nie erwartet hätte. Ich danke euch allen sehr.

Schließlich möchte ich noch meinen Sohn Tony würdigen. In den oft schwierigen Zeiten war er mir mehr als ein Sohn. Mein engster Freund und zuverlässigster Verbündeter. Tony war der erste Mensch, der mir das Gefühl gab, etwas Lohnenswertes erreichen zu können. »Du schaffst es, Mum«, wurde für mich ein Mantra, das ich in harten Zeiten öfter wiederholte, als ich mir selbst eingestehen möchte. Vor kurzem ist Tony mein Kollege geworden und hilft mir, meine Arbeit einem größeren Publikum zugänglich zu machen. Er war eine unschätzbare Hilfe beim Schreiben dieses Buchs. Ich könnte mir ein Leben ohne ihn nicht vorstellen. Ihm widme ich dieses Buch.

Jan Fennell, Lincolnshire, im April 2000

Bildnachweis

Die Autorin und der Verlag danken folgenden Personen und Institutionen für die Erlaubnis zur Verwendung ihres Bildmaterials:
Abbildung 1 © *Daily Mail*;
Abbildung 3 und 5 © Tracey Anne Brooks, Mission Wolf;
Abbildung 7 und 8 © Scunthorpe Evening Telegraph.